惠安女

一个特殊女性群体
社会形象变迁中的国家与乡村

（20世纪30—90年代）

汪炜伟 著

中央编译出版社
Central Compilation & Translation Press

图书在版编目（CIP）数据

惠安女：一个特殊女性群体社会形象变迁中的国家与乡村：20世纪30—90年代／汪炜伟著． —北京：中央编译出版社，2022.3

ISBN 978-7-5117-4015-1

Ⅰ. ①惠… Ⅱ. ①汪… Ⅲ. ①妇女-社会生活-研究-惠安县-现代 Ⅳ. ①D669.68

中国版本图书馆 CIP 数据核字（2021）第 177354 号

惠安女：一个特殊女性群体社会形象变迁中的国家与乡村（20世纪30—90年代）

责任编辑	郑永杰
责任印制	刘　慧
出版发行	中央编译出版社
地　　址	北京市海淀区北四环西路69号（100080）
电　　话	（010）55627391（总编室）　（010）55627319（编辑室） （010）55627320（发行部）　（010）55627377（新技术部）
经　　销	全国新华书店
印　　刷	北京时捷印刷有限公司
开　　本	710毫米×1000毫米　1/16
字　　数	250千字
印　　张	15.75
版　　次	2022年3月第1版
印　　次	2022年3月第1次印刷
定　　价	70.00元

新浪微博：@中央编译出版社　　微　信：中央编译出版社（ID: cctphome）
淘宝店铺：中央编译出版社直销店（http://shop108367160.taobao.com）　（010）55627331

本社常年法律顾问：北京市吴栾赵阎律师事务所律师　闫军　梁勤
凡有印装质量问题，本社负责调换，电话：（010）55626985

教育部人文社会科学研究青年项目"特殊性别文化变迁中国的国家与乡村——以福建'寡妇村'现象为例(1950—1990)"(项目编号：14YJC770031)资助

序

杨齐福

社会性别史研究是妇女史研究中衍生的一个研究取向。"二战"后，由于西方女性解放运动的兴起和女权主义运动的发展，妇女史研究也开始转向，"剥离出被传统史学掩蔽的部分"，重建女性的历史。1986年，美国历史学家琼·瓦拉克·斯科特提出将"社会性别"作为"历史分析的一个有用的范畴"，从而开创了妇女史研究的新局面。随着20世纪90年代"社会性别"概念被引入中国，社会性别史研究蓬勃兴起并得到学界高度重视。有学者认为，妇女史引入"社会性别"概念，提供了一个理解和阐释历史的全新视角。学者们进一步指出，"妇女—社会性别史"作为史学新的生长点，担负着对历史知识建构的全面审视和包容两性经验在内的新的历史知识建构的任务。近年来，妇女/性别史学者越来越关注在地问题和本土立场。如何在本土历史和现实情境中形成自洽的社会性别话语体系，这是当下学界亟待解决的难题。

汪炜伟的《惠安女：一个特殊女性群体社会形象变迁中的国家与乡村（20世纪30—90年代）》一书，以惠安女为研究对象，运用社会性别理论，考察这一特殊群体社会形象的建构过程，探究近代以来国家政治力量与社会性别文化之间的互动关系，凸显了作者对于性别史研究的独特思考，即将性别史视为通往社会整体发展史研究的一条路径。

惠安女因其独特的外在装束和迥异的文化习俗，长期以来成为社会

惠安女：一个特殊女性群体社会形象变迁中的国家与乡村（20世纪30—90年代）

各界关注的焦点。新中国成立以前，惠安女集体自杀成风。社会舆论多将其归因于惠安女长住娘家习俗。作者在文中指出"长住娘家致因论"在理论和实际上都存在着一些不太合理之处，"姊妹社群"的广泛存在和强大约束力才是影响这一特殊风习的关键所在。难得的是，作者还指出这种特殊风习不仅仅限于惠安一地，在广东、广西、江西、湖南、湖北等地农村中也曾出现过，这拓宽了人们对华南地区社会的认知。

新中国成立以后，在中国共产党的领导下，妇女解放、男女平等成了新社会的亮点和新时代的象征。新中国成立初期，政府采取积极措施使广大妇女从传统性别制度的束缚中解放出来，使她们更好地服务于新政权和新社会的建设。惠安女深深卷入社会变动狂潮中，社会形象发生根本转变。一方面，由于与国家政治密切联系的"劳动"成为定义女性的新的文化框架，惠安女的劳动形象开始被凸显出来；另一方面，也由于国家政治的需要，许多妇女加入民兵组织，"不爱红装爱武装"亦构成惠安女的新形象特征。此时，惠安女社会形象的变化实质上是其形象国家化、政治化深入发展的表现。

在集体化时代，地方政府动员和组织妇女参与水利建设。惠安女在惠女水库建设过程中扮演了重要角色，发挥了极大作用，留下了深刻的印象。作者在文中运用"仪式"理论，通过对惠女水库建设过程中动员仪式、竞赛仪式、奖惩仪式、管理仪式等分析，揭示国家是如何塑造符合新社会要求的惠安女形象的，这种新的女性形象具备哪些特点。改革开放后，中国社会发生了巨大的变化。惠安女形象再次出现重大转变，传统、乡土的气息被激活；惠安女也进一步摆脱其悲剧命运，走向新的生活世界。

作者在史料挖掘方面用力甚多，走进档案馆寻找尘封的档案，深入图书馆搜寻当时的小报，尤其是走向田野寻找亲历者进行访谈，从而使得史料更加多元化，也更具说服力。此外，作者在理论探索方面也颇费功夫，积极汲取学界的新理论、新方法，大胆尝试图像证史、文史互证等手段，彰显了一定的创新精神。作者正处于学术成长时期，希望他"百尺竿头更进一步"。

目 录

导 论 …………………………………………………………… 1
 一、写作缘起 ………………………………………………… 1
 二、学术前史 ………………………………………………… 3
 三、理论借鉴 ………………………………………………… 12
 四、研究思路 ………………………………………………… 15
 五、史料来源 ………………………………………………… 17

第一章 特殊风气与新中国成立以前惠安女形象之建构 ……… 20
第一节 惠安乡间的特殊风气 ………………………………… 21
 一、惠安女的联袂轻生之风 ………………………………… 21
 二、长住娘家并非必要条件 ………………………………… 26
 三、姊妹社群乃是重要致因 ………………………………… 33
 四、生死信仰亦是加强因素 ………………………………… 39
第二节 舆论与惠安女形象建构 ……………………………… 43
 一、社会恐慌：舆论关注度上升的关键原因 ……………… 44
 二、反思妇运：舆论关注度上升的重要推力 ……………… 47
 三、"问题"女性：舆论中的惠安女早期形象 ……………… 51
第三节 扭转风气的努力与困境 ……………………………… 58

一、民间乏力、扭曲的应对之举 …………………… 58
　　二、知识分子改良社会的努力 ……………………… 63
　　三、地方当局的介入与失利 ………………………… 65
　小　结 ……………………………………………………… 70

第二章　政治变动与新中国成立初期惠安女形象之转变 ……… 72
　第一节　政治变动与惠安女的解放 ……………………… 73
　　一、妇女组织的建立 ………………………………… 73
　　二、舆论环境的重塑 ………………………………… 77
　　三、扫盲运动的兴起 ………………………………… 86
　第二节　特殊风气的延续及其治理 ……………………… 89
　　一、对特殊风气成因的调查 ………………………… 90
　　二、治理特殊风气之努力 …………………………… 96
　第三节　转变中的惠安女社会形象 ……………………… 101
　　一、翻身的妇女：新形象的总色调 ………………… 102
　　二、劳动的妇女：传统元素的新意涵 ……………… 105
　　三、武装的妇女：新元素的滋生 …………………… 109
　小　结 ……………………………………………………… 112

第三章　水利建设与全面建设社会主义时期惠安女形象之重塑 …… 114
　第一节　水库的空间、女性主体与组织结构 …………… 116
　第二节　"万女锁蛟龙"：惠女水库的建设过程 ………… 122
　　一、"国家仪式"：理解水库建设过程的重要路径 … 122
　　二、水库民工动员中的"仪式" ……………………… 128
　　三、水库建设劳动中的"仪式" ……………………… 135
　　四、水库奖惩活动中的"仪式" ……………………… 143
　　五、水库日常管理中的"仪式" ……………………… 149

目 录

第三节 "仪式活动"如何模塑惠安女 …………………… 158
 一、外在——"铁娘子"的典范 ……………………… 158
 二、内在——男性气质的转向 ……………………… 166
第四节 舆论中的惠女水库 …………………………… 171
 一、惠女水库之舆论宣传 …………………………… 171
 二、舆论中的国家—女性 …………………………… 174
小 结 …………………………………………………… 177

第四章 文艺热与改革开放初期惠安女形象新变化 …… 179
第一节 改革开放初期的惠安女社会形象 …………… 180
 一、独特服饰的传统文化意蕴 ……………………… 181
 二、悲剧命运文化解读的新倾向 …………………… 185
 三、劳作身影的改革文化象征 ……………………… 190
第二节 改革开放与惠安社会性别文化之变迁 ……… 193
 一、传统性别文化的回潮与困扰 …………………… 193
 二、新的经济、文化生活方式的出现 ……………… 196
小 结 …………………………………………………… 200

结 论 …………………………………………………… 202

附录 20世纪30年代女性报刊对乡村妇女问题的诊断与求解
 ——以《女子月刊》为例 ……………………………… 206

参考文献 ……………………………………………… 222
 一、报刊资料 ………………………………………… 222
 二、史志和文史资料 ………………………………… 222
 三、档案资料 ………………………………………… 224

四、惠女水库纪念馆馆藏主要资料 …………………………… 225

五、其他资料 ……………………………………………… 227

六、著作 …………………………………………………… 228

七、论文 …………………………………………………… 235

后　记 ……………………………………………………………… 239

导　论

一、写作缘起

　　新中国成立至今已 70 多年。70 年多来，中国的政治、经济、文化、社会发生前所未有之巨变。然则，这一巨变对中国乡村妇女起了怎样的影响？中国乡村妇女生活有了哪些变化？她们的思想观念、行为方式又有何发展？社会舆论讨论乡村妇女之话题、思路又有何转变？性别文化的转变又是如何展现数十年来国家与乡村社会之间的关系演变？这些都十分值得研究。尽管如此，中国之大，区域与区域、人群与人群之间差异甚巨，常使欲进行宏观研究者望洋兴叹。如若以一定的区域、人群为个案，对相关之史事进行细细爬梳、分析、阐述，或能得出许多有益的启发。纵观当前中华人民共和国妇女/性别史之研究，区域性的讨论已有不少，但以一个女性群体进行观察研究则仍有空间。笔者家乡的惠安女[①]便

[①] 惠安女，广义上指的是惠安籍的女性，即包括所有出生并生活在惠安的女性。这既是从地缘上进行的定义，也是从文化上进行的定义。本书基本上采用此种定义，将惠安全县（指 2020 年泉港分离之前）的女性纳入研究视野中。狭义上指的是惠安东部沿海的小岞、净峰、崇武、大岞、山霞等地区的女性，她们身着奇特服饰，与惠安其他地方的女性在外在形象上有显著区别，目前社会各界将她们通称为惠安女，也有称惠东女。狭义上所指的惠安女或惠东女更多的是一种文化上的定义，本书第五章所引文献中即有不少用此定义，这并不违背本书的主题。

惠安女：一个特殊女性群体社会形象变迁中的国家与乡村（20世纪30—90年代）

是中国妇女中较为特殊的一个群体。她们在新中国成立以来①的社会形象，以及与此紧密相关的生活方式、社会习尚、思维方式、公共参与等的变迁，可为人们观察新中国成立后中国妇女/性别史的发展，管窥其间所反映之国家与乡村社会的关系，提供一特别的视角。

惠安地处福建东南，北邻莆仙地区，西接洛江区，东临台湾海峡，南与晋江市隔海相望，其传统地域包括今惠安县、泉港区、泉州台江投资区三个县（区）。长久以来，惠安妇女流行的一些风俗习惯，如奇特服饰、长住娘家、集体自杀等，一直引发社会各界关注。人们啧啧称奇于她们的奇特服饰，称叹于她们的怪异婚俗，也不时对她们的集体自杀行为讶异不已。文艺家则喜欢将惠安女的风俗习尚作为描述对象，使这一群体时常见诸各种传播媒介。这一历史已至少延续上百年之久。据笔者寡闻所及，关于惠安女诸种风俗之介绍，早在1906年便已出现在报刊之上。20世纪三四十年代②，惠安女的奇风异俗成为中国主流报刊热议对象，这也是惠安女作为一个特殊女性群体被世人熟知之肇始。新中国成立后，在各种社会改革运动中，惠安女的反应亦常为人所注意，其正反两方面的事例屡屡出现于《人民日报》《福建日报》等重要政府舆论喉舌上。社会舆论对于惠安女的关注，以及伴而随之的对于这一群体的社会形象建构，本书各个章节均将论及。

惠安女的特殊性别文化来自漫长的历史源流，保存于特殊的社会环境中，因而对于当代中国妇女/性别史而言，它们的变迁并不具有普遍性意义。然而，正是由于这些地域的、特殊的性别文化，不断在1949年以后的政治与社会变迁中受到冲击、改造、纠偏，以适应全国一体化的历史过程，对它们进行研究便更加可能从一定程度上揭示当代中国社

---

① 本书并不准备探讨21世纪以来惠安女社会形象的变迁，在笔者看来目前社会舆论中的惠安女形象，大致延续了20世纪八九十年代形成的基本样态，未有质的变化。同时，作为一项历史性的研究，本书也无意对当下正在发生的现象下任何论断。故此，将讨论时限截止于20世纪90年代。

② 本书即以此为讨论的时间开端。

会性别文化变迁的广度与深度，同时也能从中看到国家政治如何影响和重塑传统文化景象十分丰富的地域乡村社会。

二、学术前史

（一）当代中国妇女/性别史的研究概况

尽管本书的讨论时间起于20世纪30年代，甚至追溯到更远的晚清时期，但讨论主体是1949年以后的相关变迁。因此，此处对于中国妇女/性别史的学术回顾主要聚焦于当代。

新中国成立后，中国共产党（以下简称中共）以马克思主义为指导，对中国社会进行一系列改造与重建。在此情境下，"男尊女卑""三纲五常"等传统文化被否定，同时通过一系列法律、政策以及行政和司法手段，一些不合理的社会性别文化风习被取缔，中国妇女的社会地位得到前所未有的提高、社会权益得到有力的保障。由此，在很长一段时间内，人们认为中国"妇女已经解放，妇女/性别史研究已无太多的现实必要"，相关学术研究便"潜沉"了下来。[①] 20世纪80年代以后，随着一系列妇女/性别问题被社会舆论所揭示和重视，妇女/性别研究史又重新得到关注并逐渐兴盛起来。

自20世纪80年代以来，一些通史性作品纷纷出版，为人们勾勒出当代中国妇女/性别史的基本面貌。罗琼先后出版了《妇女解放问题基本知识》《当代中国妇女》等著作。前者基于革命史研究范式对中国"女性意识"在近代以来的觉醒过程作了介绍。该书最后一章对新中国成立初期，国家有关女性解放的立法工作、政策调整以及女性的社会参与等作了描述。后者主要对新中国成立至改革开放初期，中国妇女权益

---

① 杜芳琴、蔡一平：《中国妇女史学科化建设的思考》，见李小江、朱虹、董秀玉主编：《批判与重建》，生活·读书·新知三联书店2000年版，第67—97页。

惠安女：一个特殊女性群体社会形象变迁中的国家与乡村（20世纪30—90年代）

发展的各方面状况作了介绍。① 日本学者小野和子的《中国女性史——1815—1958年》论述了1950年《中华人民共和国婚姻法》（以下简称《婚姻法》）实施对中国女性解放的重大意义，分析了人民公社化对妇女解放有利的一面，对中国政府的妇女权益保护政策给予了较高的评价。② 计荣的《中国妇女运动史》也将新中国成立初期中国女性权利的发展史纳入讨论范围中，并将之以革命史的风格呈现。③ 顾秀莲主编的《20世纪中国妇女运动史》分上中下三卷，其中卷和下卷对1949—2000年中国妇女运动发展的方方面面进行了探讨。该书的不少内容，如"婚姻法的颁布实施与婚姻制度的变革""妇女参加扫除文盲运动"，全面建设社会主义时期④妇女的劳动参与等，对本书的写作具有重要参考价值。⑤

当代中国妇女/性别史更为丰富的研究内容是学者从不同角度进行的细部论述。整体而言，这些论述又主要集中于女性职业、婚姻家庭、女性地位、妇女生活、女性形象等方面。

在女性职业与性别分工方面。高小贤以20世纪50年代陕西关中一带"规模最大的一场以妇女为主体的劳动竞赛——'银花赛'为案例"，运用了大量一手文献和口述资料，"分析这场社会动员背后的多种因素，呈现国家的经济政策如何与妇女解放的策略交织在一起，如何在推动妇女走向社会的同时制造并维持了社会性别差异和社会性别不平等"⑥。江沛、贺萧（Gail Hershatter）等关注了新中国成立初期废除娼妓业的历

---

① 罗琼：《妇女解放问题基本知识》，人民出版社1985年版；罗琼：《当代中国妇女》，当代中国出版社1994年版。
② ［日］小野和子：《中国女性史——1851—1958年》，高大伦、范勇编译，四川大学出版社1987年版，第190—213页。
③ 计荣：《中国妇女运动史》，湖南出版社1992年版。
④ 全面建设社会主义时期一般指1956—1966年，本书因具体论述对象的关系，讨论的是1958年以后的相关史事。
⑤ 顾秀莲主编：《20世纪中国妇女运动史》（中），中国妇女出版社2013年版；顾秀莲主编：《20世纪中国妇女运动史》（下），中国妇女出版社2013年版。
⑥ 高小贤：《"银花赛"：20世纪50年代农村妇女与性别分工》，载《社会科学研究》，2005年第4期。

程。其中，美国学者贺萧的《危险的愉悦——20世纪上海的娼妓问题与现代性》一书十分引人注目。该书论述了20世纪上海娼妓业的兴衰，亦对1949年以后人民政府废除娼妓业、改造妓女的过程有所交代，其重点是讨论废娼之阻力、人民政府所采取的解决措施和最后所取得的效果等。值得注意的是，该书以娼妓业改良为窗口，让人们了解到新中国成立初期国家权力（Power）在社会性别制度改造中所起的作用。① 美国学者罗丽莎的《另类的现代性——改革开放时代中国性别化的渴望》以杭州振福丝绸厂女工为考察对象，比较了新中国成立初期、"文革"时期、20世纪80年代以后等各个时期女工群体在工作、政治和社会性别文化上的不同态度，展示了"中国在全球想象的不平等交叉中进行的各种现代性想象，以及女工们与中国各个现代性项目之间的多样关系"②。金一虹分析了"文革"时期大庆地区的"男工女耕"和"铁姑娘"两种典型的性别分工模式，指出国家动员和行政干预如何影响女性新的劳动角色的形成。③ 此外，贺萧、李洪河、王瀛培等对新中国成立初期产婆改造和接生员培养的研究，也是这一领域的令人耳目一新的成果。④

在婚姻家庭史方面。许多学者致力于新中国成立初期的《婚姻法》宣传贯彻运动，以及由此推动的婚姻制度改革、家庭结构变化、妇女家庭地位变迁和面临的问题等的研究。其中，张志永、李洪河、庄秋菊、满永、白若楠、张海等人对1950年颁布之《婚姻法》在中国各地的宣

---

① 江沛：《天津娼业结构及其改造：1949—1957》，载《中国社会史评论》第5辑，商务印书馆2004年版；[美] 贺萧：《危险的愉悦——20世纪上海的娼妓问题与现代性》，韩敏忠、盛宁译，江苏人民出版社2003年版，第304—337页。

② [美] 罗丽莎：《另类的现代性——改革开放时代中国性别化的渴望》，黄新译，江苏人民出版社2006年版。

③ 金一虹：《"铁姑娘"再思考：中国"文化大革命"期间的社会性别与劳动》，载《社会学研究》，2006年第1期。

④ [美] 贺萧：《生育的故事：1950年代中国农村接生员》，见王政、陈雁主编：《百年中国女权思潮研究》，复旦大学出版社2005年版，第301—327页；李洪河：《新中国成立初期的旧产婆改造》，载《中共党史研究》，2014年第6期；王瀛培：《团结与改造：从旧产婆到社会主义接生员——以上海为例的讨论》，载《妇女研究论丛》，2017年第4期。

传贯彻情况进行了研究。① 张华则对1950年《婚姻法》的主要目标进行探讨，认为这场运动"所要建立的新民主主义家庭，具有新文明创制性特征"，其新家庭目标为"团结生产""民主和睦"。② 肖爱树、李洪河、汤水清、刘长林等对《婚姻法》宣传贯彻运动中的妇女自杀和被杀现象进行讨论。学者普遍认为，《婚姻法》赋予了女性一定的权利，但她们在实际生活中却无法得到相应的尊重，这种落差感使一些妇女选择自杀。③ 而与以上研究不同的是，王跃生在研究20世纪30—90年代冀南农村婚姻家庭问题时，更多地从人口学特征——如初婚年龄、婚姻圈、生育、家庭结构、家庭规模、分家行为和家庭人口的生存条件——进行观察，从中分析社会变革如何促使这些婚姻家庭因素的变化。④

在妇女的社会地位上。张宇莲、黄嫣梨、刘维芳等认为，1949年以后，中国"妇女的政治地位明显提高；妇女获得了经济独立权；妇女受教育水平不断提高；妇女的婚姻家庭地位明显提高；妇女的特殊权益受

---

① 张志永：《建国初期华北农村婚姻制度的改革》，载《当代中国史研究》，2002年第5期；李洪河：《新中国成立初期华北地区婚姻制度的嬗变》，载《河南师范大学学报》（哲学社会科学版），2009年第4期；庄秋菊：《1950年〈婚姻法〉的颁布与北京工人婚姻观念的变化》，载《党史研究与教学》，2013年第2期；满永、孙静：《一九五三年上海市婚姻法运动月研究——以上海工业局档案为中心的考察》，载《党史研究与教学》，2019年第1期；张海：《新中国成立初期湖南省宣传贯彻婚姻法运动研究》，中共中央党校博士学位论文，2017年；白若楠：《新中国成立初期贯彻婚姻法运动研究——以陕西省为中心》，陕西师范大学博士学位论文，2018年。

② 张华：《"民主和睦"：1950年〈婚姻法〉的宣传实施与新家庭建构》，载《开放时代》，2018年第4期。

③ 肖爱树：《建国初期妇女因婚姻问题自杀和被杀现象研究》，载《齐鲁学刊》，2005年第2期；李洪河：《建国初期与婚姻家庭相关的妇女死亡问题探析》，载《妇女研究论丛》，2008年第3期；汤水清：《20世纪50年代初期中国乡村贯彻〈婚姻法〉过程中的死亡现象探析》，载《社会科学》，2010年第2期；刘长林、章磊：《上海因婚自杀报道与实施新〈婚姻法〉动员》，载《史学月刊》，2015年第8期。

④ 王跃生：《社会变革与婚姻家庭变动：20世纪30—90年代的冀南农村》，生活·读书·新知三联书店2019年版。

到保护"①。关于妇女地位提升的具体研究,学者们也有一定探索。周长鲜、耿化敏等从制度史角度研究了妇女参政历程。②刘筱红、徐晓琴等专注于对农村妇女社会地位的变迁,讨论了农村妇女社会地位变迁的总趋势,分析影响这些变迁的各种因素。③

在妇女生活上。郭于华以陕北骥村为调查研究对象,深入分析了骥村女性对20世纪50年代农业合作化过程的认知,指出了集体化对于农民具有深刻影响,促使他们从心灵上实现集体化。④左际平从中国城市夫妻的经历与感受切入,对20世纪50年代的妇女解放和男女义务平等进行了讨论。⑤李巧宁探讨了20世纪50年代中国农村妇女社会动员中的影响因素,认为妇女广泛参与社会劳动,但在不同阶层、不同时间中反映不一。尽管如此,参加社会活动促进了农村妇女自我意识的觉醒。⑥阎云翔以黑龙江省下岬村为例,展现了1949年以来中国农村私人领域的变革,探讨了"感情"如何在"合作社模式"的中国传统家庭结构中起作用。其作品中对1949年以来中国农村女性的角色变迁、地位升潜和观念转换多有反映。⑦韩敏的《回应革命与改革:皖北李村的社会变迁与延续》一书,以皖北李家楼村为例,探讨了1949年以后改革给农

---

① 张宇莲:《新中国性别平等政策与妇女地位》,载《中华女子学院学报》,1996年第2期;黄嫣梨:《建国后妇女地位的提升》,载《清华大学学报》,1999年第3期;刘维芳:《新中国妇女地位的历史巨变》,载《当代中国史研究》,2010年第5期。

② 周长鲜:《妇女参政:新中国60年的制度(1949—2009)》,中国社会科学出版社2009年版;耿化敏:《中国共产党妇女工作史(1949—1978)》,社会科学文献出版社2016年版。

③ 刘筱红:《改革开放以来中国农村妇女角色与地位变迁研究——基于新制度主义视角的观察》,中国社会科学出版社2012年版;徐晓琴:《新中国成立以来农村妇女社会地位变迁——以忻州为例》,中国妇女出版社2014年版。

④ 郭于华:《心灵的集体化:陕北骥村农业合作化的女性记忆》,载《中国社会科学》,2003年第4期。

⑤ 左际平:《20世纪50年代的妇女解放和男女义务平等:中国城市夫妻的经历与感受》,载《社会》,2005年第1期。

⑥ 李巧宁:《1950年代中国对农村妇女的社会动员》,载《社会科学家》,2004年第6期。

⑦ 阎云翔:《私人生活的变革:一个中国村庄里的爱情、家庭与亲密关系(1949—1999)》,龚小夏译,上海书店出版社2006年版。

惠安女：一个特殊女性群体社会形象变迁中的国家与乡村（20世纪30—90年代）

村宗族和农民所带来的影响，以及农民的应对方式，其中涉及性别、婚姻与姻亲关系的变迁。① 加拿大学者宝森的《中国妇女与农村发展：禄村的六十年变迁》，"围绕'中国妇女与农村发展'这个主题，以独特的视角与方法挖掘并梳理了缠足与纺织、农地制、农业与非农业就业、贫困与富裕、婚姻家庭、人口变迁及政治文化等诸多领域的社会性别问题，从而再现了乡土中国汉人社会性别制度嬗变的微观动态"②。贺萧的《记忆性别：农村妇女和中国集体化历史》一书，以陕西省某村的72位老年妇女为研究对象，分析了她们在20世纪五六十年代的人生际遇，进而从女性视角讨论了乡村社会变迁对普通妇女生活所产生的影响。③

在妇女形象上。李巧宁对1949—1965年的中国新女性形象塑造进行梳理后指出，20世纪五六十年代"为了适应国家建设的需要……新中国通过多种方式和渠道着力塑造了一种新型的女性形象：积极参加生产劳动；婚恋自主，把共同的共产主义理想作为爱情和婚姻的主要基础；勤俭持家，一切听党的话。这一塑造活动对当时女性的生产生活方式、活动范围以及精神气质都产生了深刻的影响"。④ 史春风分析了新中国成立初期女性服饰变迁所包含的妇女与国家的关系。⑤ 黄巍考察了"文革"时期中国女性形象的形态塑造及其政治影响因素。⑥ 王海洲通过对女民兵宣传的分析，厘清了新中国女性国家认同建构的基本特征。⑦

---

① 韩敏：《回应革命与改革：皖北李村的社会变迁与延续》，陆益龙、徐新玉译，江苏人民出版社2007年版。
② ［加］宝森：《中国妇女与农村发展：禄村的六十年变迁》，胡玉坤译，江苏人民出版社2005年版。
③ ［美］贺萧：《记忆性别：农村妇女和中国集体化历史》，张赟译，人民出版社2017年版。
④ 李巧宁：《中国对新女性形象的塑造：1949—1965》，载《山西大学学报》，2006年第6期。
⑤ 史春风：《从服装变迁看新中国成立初期妇女与国家》，载《扬州大学学报》（人文社会科学版），2013年第4期。
⑥ 黄巍：《自我与他我——中国的女性与形象（1966—1976）》，社会科学文献出版社2016年版。
⑦ 王海洲：《新中国女性的国家认同建构（1949—1984）》，载《学海》，2016年第3期。

（二）关于惠安女的研究

学术界关于惠安女的研究起步较早。早在20世纪20年代，厦门大学历史系叶国庆教授就在《厦门周刊》（第9卷第3期）上发表《滇黔粤的苗瑶壮俗与闽俗之较》，对惠安东部地区"妇女婚后长住娘家习俗的起源问题"进行研究。1948年，陈兆英撰写了《惠安妇女自杀的症结及其解救途径》一文，对惠安女自杀的成因进行解读，并提供了一些防治建议。20世纪50年代，著名人类学家林惠祥教授撰写了《论长住娘家风俗的起源及母系制到父系制的过渡》，对惠安东部地区"长住娘家"风俗进行解释，认为它是惠安原始时代由母系社会到父系社会过渡的"残留"。[①] 然而，由于种种原因，这些研究并没有在20世纪六七十年代得到进一步巩固和发展。

20世纪八九十年代，随着学术研究进一步繁荣，惠安女研究也被重新推进。这一时期的研究主要倾向于人类学、民俗学的考察，学者的兴趣点集中在惠安"长住娘家"习俗、惠女服饰、惠东人的族群来源、惠安人体质等方面。20世纪八九十年，学界陆续发表了许多优秀的作品，如蒋炳钊的《论福建惠安妇女长住娘家婚俗的特点及其残留的历史原因》（《人类学研究》，1985年试刊号）、《惠安女是否是少数民族》（《东南学术》，1988年第5期）、《惠安地区长住娘家婚俗的历史考察》（《中国社会科学》，1989年第3期），吴绵吉的《惠安妇女长住娘家习俗述议》（《东南文化》，1988年第2期），曾惜惜的《惠安崇武人体形态特征的初步研究》（《厦门大学学报》，1989年第2期），蓝达居的《历史学与人类学的对话：惠东人文研究》（《厦门大学学报》，1995年第4期）《历史传承与族群互动——福建惠东女现象试析》（《广西民族学院学报》，1997年第2期），郭志超的《田野调查与历史文献稽考：

---

① 汪峰：《惠安县东部地区人类学研究概况》，见《惠安文史资料》第二十辑，中国人民政治协商会议福建省惠安县委员会文史资料委员会编，2006年，第113—114页。

惠安女：一个特殊女性群体社会形象变迁中的国家与乡村（20世纪30—90年代）

惠东文化之谜试解》（《厦门大学学报》，1998年第3期）。除此之外，一些有关惠安地区的人类学著作，也对惠安女进行了研究。如在1987年崇武建城六百周年纪念大会后结集出版的《崇武研究》（陈国强主编，中国社会科学出版社1990年版）一书中，收录了陈国强的《崇武的衣饰与族属试探》、乔健的《为"不落夫家"设一解"》等7篇有关惠安女问题的文章。值得一提的是，乔健在《为"不落夫家"设一解》一文中，对林惠祥等人的"母系社会残留说"提出质疑，认为这经不起学理上的推敲。乔健从功能主义的角度，对"不落夫家"风俗形成原因进行了假设，认为只有将这一风俗与惠安其他社会现象相联系，探究其社会功能，方能解释其在惠安长盛不衰的原因。陈国华的《惠东居民族源再探》一文，则从多个方面论证惠东居民属于百越族的一支——黎族。与之相反，陈国强在其论文《崇武的衣饰与族属试探》中指出，崇武现存的特色服饰是1949年以后才改装的，认为崇武郊区的居民都是汉族而非少数民族。[①] 其他专著如《崇武人类学调查》（陈国强主编，福建教育出版社1990年版）、《崇武大岞村调查》（陈国强、石奕龙主编，福建教育出版社1990年版）、《惠东人研究》（乔健、陈国强、周立方主编，福建教育出版社1992年版）也刊载了大量相关研究性文章。综观20世纪八九十年代的惠安女研究可以发现，研究者的主体力量是人类学、民俗学学者，研究视角也主要集中于人类学、民俗学方面，从社会性别发展史角度对惠安女的探讨相对较少。

进入21世纪后，一些学者开始在新的方向上寻求突破。李丽敏的硕士论文《惠安女子教育的历史、现状与展望》，试图对惠安女子教育的历史与现状进行考察，分析其存在的问题及形成原因，提出应对措施。[②] 王文杰的硕士论文《惠安妇女自杀死亡现状及其影响因素分析》，从医学的角度对惠安女自杀进行了现状分析，对其原因进行探讨，并提

[①] 陈国强主编：《崇武研究》，中国社会科学出版社1990年版，第251—263页。
[②] 李丽敏：《惠安女子教育的历史、现状与展望》，福建师范大学硕士论文，2003年。

供了防治建议。① 罗波对清末民国时期广东留隍县与惠安县的妇女集体自杀现象进行了比较，认为"两地的妇女集体自杀在自杀的方式、自杀主体的特征、自杀的组织、自杀的干预效果及自杀的原因方面表现出极大的共性。这说明两地妇女自杀并非偶然而是社会制度使然"②。王冬梅的《新中国成立初期〈婚姻法〉的宣传和贯彻实施——以福建省惠安县惠东地区为例》一文，考察了惠安东部一带宣传贯彻《婚姻法》所采取的策略，如全面召开各类会议、典型调研、与党的中心任务相结合、与社会改革运动相结合等。作者认为，这对《婚姻法》宣传贯彻具有重要意义，但她同时也指出，惠安东部一带的"《婚姻法》宣传和贯彻中存在着落实不全面、效果不平衡、贯彻不持久等问题"。③ 值得一提的是，罗波、王冬梅等人的研究与本书旨趣相通，对本书的写作具有重要参考价值。不过，21世纪以来这种多学科多角度的研究取向还处于尝试阶段。大多数学者仍延续传统，在前人开拓的领域内继续耕耘。这些成果如张进福、刘向敏的《刍议民俗风情的评价与引导——以福建惠安女民俗为例》（《福建论坛》，2000年第12期）、吴建华的《福建崇武半岛惠安女奇特民俗考略》（《浙江海洋学院学报》，2005年第3期）、周仕平、林联华的《大岞村惠安女服饰探源》（《黎明职业大学学报》，2006年第4期）、王秀华的《惠安女服饰文化和婚俗文化探析》（《经济与社会发展》，2008年第7期）、张振岳、高卫东的《解读惠安近代服饰纹样中的文化寓意》（《纺织学报》，2008年第11期）、卢新燕、童友军的《福建惠安县小岞镇渔女发饰考察研究》（《装饰》，2014年第2期）等。

综上所述，无论是1949年以后中国妇女/性别史研究，还是有关惠

---

① 王文杰：《惠安妇女自杀死亡现状及其影响因素分析》，中国协和医科大学硕士论文，2002年。
② 罗波：《清末民国时期留隍与惠安两地妇女集体自杀共性探析》，载《广西师范大学学报》（哲学社会科学版），2014年第5期。
③ 王冬梅：《新中国成立初期〈婚姻法〉的宣传和贯彻实施——以福建省惠安县惠东地区为例》，载《妇女研究论丛》，2017年第1期。

安女的研究，均已取得不少成果。但其中也存在不少仍待拓展的空间，如本书所关注的特殊女性群体、文化在1949年以后如何受政治与社会大变动的影响，还很少有学者认真关注。尽管从民国时期开始，尤其是新中国成立后，学者即开始重视对惠安女的研究，但既有成果主要集中于对其习俗、服饰进行人类学式和民族学式的分析，而从性别文化发展的角度出发，对这个特殊群体进行的观察，仍比较缺乏。转换研究范式，拓展研究空间也许能发现更多、更有意义的问题。本书便是希望在既有成果基础上，以惠安女历史上存在的特殊文化为切入点，以乡村妇女的生活变迁及其所表现的国家与乡村社会的关系为思考重点展开讨论，从而为当代中国妇女/性别史研究及惠安女问题研究添砖加瓦。

三、理论借鉴

与以往对于惠安女的研究不同，本书更关注的是惠安女的特殊文化如何作为一个妇女/性别问题，而非单纯的地方风俗问题。因而，对于社会性别理论的借鉴，是本书的一个重要理论倾向。一直以来，妇女史研究都是人尽皆知的重要研究领域。然而，妇女史如何书写？它的研究的对象、内容、目的的坐标系应如何确定？这仍是被广泛争论的话题。20世纪80年代以来，社会性别研究的兴起并逐渐实现理论的本土化，正是对这些争论的回应。

社会性别研究发源于西方，20世纪下半叶作为对性别生物决定论的反击而出现，并引发广泛兴趣。1949年法国哲学家波伏娃出版《第二性》一书，对社会性别理论的建构起了极其重要的影响。此后，社会性别作为一种新的分析范式被人们引进到妇女研究中。20世纪80年代，妇女研究在中国复兴后，社会性别理论也被引入，并为学界广泛接受。何谓社会性别研究？学者指出，社会性别（gender）与性别（sex）不同，它是"以文化为基础、以符号特征判断的性别，它表达由语言、交流、符号和教育等文化因素构成的判断一个人性别的标准"。社会性别强调的是性别的文化特性,"是社会与文化赋予男性气质与女性气质的种种意义"。不过,社会性别与生物性别也并非截然分离,它们"相互嵌入、相互关联和相互作用"。"社会性别并非是简单的人们通过某些文化象征来识别男女的事情,而是一整套确定两性社会地位和社会角色的社会制度,它通过文化、政治和经济的作用,使女性处于社会中的从属地位。"这套社会制度被称为社会性别制度,它具有延续性、复杂性和可变性等特征。因此,社会性别研究的"核心是揭示社会性别制度的状况,分析导致其产生和再产生的社会机制,以最终实现两性平等"①。

20世纪80年代以来,史学界把社会性别理论引入妇女史中便形成社会性别史研究,实现妇女史研究的范式转变。由于男性中心主义传统的禁锢,中国妇女史研究长期无法摆脱"添加史"的嫌疑。20世纪八九十年代,社会性别史的兴起"使得我们跳出单纯就妇女论妇女的局限,而将这种关系延伸到社会关系的方方面面",这样妇女史便不再成为以男性为中心的历史的"添加"史,而是"作为完整的中国历史的有机组成"。更为重要的是,社会性别理论有助于开拓妇女史研究的视野,也使学者的研究思维更加新颖、深入。②当女性不再是一个独立的、充满问题和矛盾的闭合性群体,而是作为社会的另一个必不可少的组成部分存在时,两性的伙伴关系(partnership)便建立起来,女性的问题已不是单纯的妇女问题,而是全社会的问题,是全人类的问题。这样由两性共同建构的人类史无疑更有助于史学朝着客观方向发展。

社会性别是"历史分析中一个有效范畴"③。然而,如何书写一部囊

---

① 佟新:《社会性别研究导论——两性不平等的社会机制分析》,北京大学出版社2005年版。
② 杜芳琴、蔡一平:《中国妇女史学科化建设的思考》,见李小江、朱虹、董秀玉主编:《批判与重建》,生活·读书·新知三联书店2000年版,第67—97页。
③ [美]琼·W. 斯科特:《性别:历史分析中一个有效范畴》,见李银河主编:《妇女:最漫长的革命——当代西方女性主义理论精选》,中国妇女出版社2007年,第120—130页。

惠安女：一个特殊女性群体社会形象变迁中的国家与乡村（20世纪30—90年代）

括两性的社会性别史呢？其内容应该有哪些取向？有学者指出："应该站在人类应该怎样认识自己的高度去回顾妇女的历程，探寻其中的规律。按照这个要求，人与自然的关系；人与社会的关系；人的主体地位和主体性；人的价值及人性等问题，都包括在我们研究的领域之内。"①从这一思路出发，借鉴社会性别理论书写而成的女性史比传统的妇女史内容更加丰富多样。如在两性分工上，它可以包含职业领域等公共领域内的两性分工、家庭范围等私人领域内的两性配合等。又如，在制度层面上，它可以研究社会性别的不平等体制的形成和发展等。不过，更为重要的仍是如何在具体研究实践中将女性视为男性的伙伴（partnership），如何使这个研究视角的优点得到更好的发挥。

本书将借鉴社会性别理论，研究性别因素在政府进行社会治理中的体现。近代以来，随着女权观念的崛起，国家在进行社会治理时不得不或多或少地将女性的利益考虑到其中。在此情境下，国家许多政策的制定，往往直接对中国的社会性别制度造成影响。但在1949年以前，国家对社会性别关系所起到的调节作用十分有限，中国社会性别关系的塑造和维持者仍是传统文化。究其原因，乃在于此时国家力量在基层社会中所发挥的影响力十分有限，许多政策并没有触及社会性别不平等的实质，这些政策的实施情况也不令人满意。1949年后，情况发生了巨大转变，国家力量对社会的调节作用达到前所未有的高度；同时，一些志在调节两性关系的合理的政策和法规得以制定，并能得到强有力推行。此时国家对社会性别的影响日渐增大，甚至有取传统文化而代之的趋势。这种趋势到全面建设社会主义时期发展到了极致，彼时国家力量几乎取代了传统文化，主导了中国社会性别关系的发展。这一发展趋势是通过各种政策、法规、舆论和空间建设，在一种多维的环境和复杂曲折的过程中形成的。但这种以国家力量为主导对中国社会性别制度的调节，以

---

① 郑必俊：《关于中国妇女史学的理论与实践》，见李小江、朱虹、董秀玉主编：《批判与重建》，生活·读书·新知三联书店2000年版，第101页。

及对女性思想和行为的塑造，在多大程度上推动两性平等的实现，仍是有待研究的课题。

总之，社会性别关系理论是本书的理论基础，我们将以之观察惠安女的形象变迁过程，从而研究其背后各种社会关系的博弈过程，并反思这一过程给女性主体带来的实际影响。

四、研究思路

作为特殊的女性群体，惠安女引人注目之处在于其特殊性别文化所造就的特异性别形象。今日，当人们一提起惠安女，头脑中便会呈现她们奇装异服的映像。但这只是惠安女形象的外在显示，百年来社会舆论关于惠安女社会形象的探讨并不局限于服饰，且在不同时期有不同主题。整体而言，这种讨论又可以分成四个阶段：一是20世纪三四十年代，因惠安女存在严重的集体自杀现象，社会舆论不断追索其因，大致认为长住娘家婚俗乃其症结，并由此将惠安女视为问题人群。二是新中国成立初期，一系列改造婚姻家庭及两性关系运动的展开，使惠安女的特殊性别文化不断被消解，惠安女成为锐变中的女性代表。三是全面建设社会主义时期，一如中国其他地区的女性那样，惠安女也广泛参与到水利建设、农业开垦、治山治水等社会生产运动中。在此过程中，惠安女开山劈石、推车运土，其强大的劳动能力令人瞩目，成为备受颂扬的"铁娘子"典范。四是改革开放之初，惠安女的外在形象和特殊婚俗又重新成为舆论热点，这特别表现在各种文学艺术作品中。此时，惠安女总体上被塑造成传统女性之代表，但她们也随着时代的变迁呈现新的精神面貌。"传统的新女性"成为这一群体的新形象。由此可见，惠安女的社会形象变迁史，构成了数十年来惠安女文化最显著的特点，这成为本书写作的第一条线索。

显然，惠安女社会形象在几十年中的变迁，有其深层次的推动力，即近代以来特别是1949年以后国家力量推动下的中国社会性别政策、

惠安女：一个特殊女性群体社会形象变迁中的国家与乡村（20世纪30—90年代）

社会性别文化的不断演变。近代以来，中国现代政治、现代社会的发展，使人们有了妇女解放、男女平等思维，也循此对传统性别文化有了新的认知。20世纪三四十年代，正是在近代妇女解放、男女平等的发展瓶颈期，人们开始注意并认真审视惠安女的集体自杀、长住娘家、奇特装束等文化，用现代思维进行分析，从而建构了惠安女最初的社会形象。1949年以后，中国的妇女解放、男女平等迅速发展到一定高度。这种发展根源于国家力量。在国家力量的强势推动下，20世纪50年代初，正式的妇女组织逐渐建立和完善，性别色彩浓厚的扫盲运动和各种宣传活动向乡村蔓延，《婚姻法》的颁布、实施影响更为强烈而深远。惠安女特殊性别文化以及她们的社会形象的变迁与此潮流紧密相关。全面建设社会主义时期，中国的社会性别政策在原有基础上，更倾向于推动妇女参与社会公共劳动，并极力推崇在生产劳动中通过突破生理界限，消除两性差异，实现男女平等。此时，惠安建设了不少大型水利工程，惠安女在这些工程中也很好地践行了国家的性别解放理想，从而成为"铁娘子"之典范。集体化时代的这种女性解放思路，在改革开放之后出现转变。自20世纪80年代初期起，随着国家政治、经济、社会、文化各方面政策的变化，中国的社会性别文化发生转向，人们倾向于以更多元的视角看待各种性别文化现象，同时国家力量对于各种性别文化的介入也不如此前强势。这是以文学艺术为主体的社会舆论，对惠安女特殊性别文化进行重新审视的重要原因，也是惠安女社会形象出现新趋向的主要动力。本书探讨惠安女社会形象变迁，便不得不关注到这一更深层次的历史动力，以及与之相关连的各种事件、现象。它们构成本书写作的第二条线索。

在这两条主线下，本书也将尝试讨论近代以来国家与乡村社会之关系，如何以性别文化为依托进行互动。实际上，本书一直保持着一种学术态度，即妇女/性别史并非单纯的专门史。它既是以弥补人类历史写作的性别视角缺失为初衷，便不能停留于"小写"历史层次。惠安女虽仅是东南一隅的女性群体，她们的特殊性别文化变迁并不一定具有普遍性意义，但这种奇特的社会文化景观的变幻，仍一定程度上揭示着某些大历史的主题，如本书所关注的国家与乡村社会之间的互动关系。这是本书写作的第三条线索。

基于这三条线索，本书除导论及结论外，各章内容如下：第一章"特殊风气与新中国成立以前惠安女形象之建构"，考察了近代以来惠安女集体自杀特殊风气的总体情况，着重对其成因进行了分析，同时讨论了这种特殊风气如何影响惠安女社会形象建构，以及民国时期地方政府对集体自杀现象的防治和失利的原因。第二章"政治变动与新中国成立初期惠安女形象之转变"，讨论了新中国成立初期政治变动影响下惠安乡村社会性别文化的变化和乡村妇女的反应，重点考察了这一时期地方政府对惠安女集体自杀特殊风气成因的调查，以及如何结合宣传贯彻《婚姻法》运动施展治理之策，本章同时还探讨了惠安女形象转变的基本趋势。第三章"水利建设与全面建设社会主义时期惠安女形象之重塑"，以彼时惠安最大的水利工程惠女水库建设为例，分析了集体化时代地方政府如何通过各种仪式、类仪式的方式，动员惠安女参与到社会生产之中，塑造符合时代需求的惠安女形象。第四章"文艺热与改革开放初期惠安女形象新变化"，讨论了各种文艺作品对惠安女特殊性别文化的重新关注，分析了国家政策的新变化对于惠安乡村社会性别的影响。

五、史料来源

史料为史学研究之基础，本书所使用的史料大致可以分为如下几类。

其一，报刊资料。民国时期的如《申报》《大公报》《东方杂志》《华报》《福建妇女》《惠安旬刊》《惠安旅厦学会月刊》等等，它们零零碎碎地保留了民国时期有关惠安女的一些社会新闻和观察评论，是研究民国时期惠安女社会形象及社会生活的主要依据。新中国成立后主要有《人民日报》《福建日报》《泉州日报》《晋江农民报》《闽中日报》《福建画报》《惠安报》等，它们提供了外界对于惠安女形象的解读方式，以及国家力量向乡村社会不断渗入的情况。

其二，档案与史志。本书所使用之档案主要为惠安县档案馆所藏之地方档案，也有部分来源于福建省档案馆。本书使用的地方志，主要有清至民国时期华南各县的志书，以及当代新修之《惠安县志》《惠安县水利水电志》《惠安县妇联志》《泉州市妇女组织志》等，它们为本书写作提供了许多重要线索。

其三，私人著述及艺术作品。如杂文集《惠安女的奥秘》、小说集《双镯》、戏曲集《毛敦礼戏曲集》、诗歌集《夕阳放歌》、纪实文学《万女锁蛟龙》、歌唱本《惠女锁蛟龙》、剧本《惠女新传》等，它们完成于各个历史时期，或提供了对惠安女文化的理性观察，或提供了人们相关的文化体验。其中，《万女锁蛟龙》《惠女锁蛟龙》《惠女新传》等，保留了众多有关惠女水库建设的历史记载，十分难得。

其四，口述资料。口述历史"可以填补重大历史事件和普通生活经历等没有文字记载的空白，至少弥补其不足"[①]。口述史对于女性史研究的意义还在于，它能提供女性主体的声音，"用女人自己的语言说话"。为了收集相关口述资料，笔者集中三次到惠安西部的H村对多名普通妇女展开访谈，同时多次对全面建设社会主义时期参与惠女水库建设的女民工以及水库建设的管理人员进行了口述访谈。通过倾听她们的声音，发现了一些文献资料及传统历史书写所忽略的材料。更重要的是，这些口述访谈让笔者了解到普通妇女如何理解她们所经历的历史事件。

其五，其他资料。包括各种简报、民谣、族谱、碑刻等。如惠女水库纪念馆馆藏资料便十分珍贵，包括许多简报和宣传诗歌，均为20世

---

① 杨祥银：《与历史对话——口述史学的理论与实践》，中国社会科学出版社2004年版，第26页。

纪五六十年代惠女水库建设者们的作品。虽然这些资料所使用之话语朴实无华，不少资料充满着政治口号，但是它们提供了当时水库宣传、动员、建设的一些基本史事，也反映了民工们的行为和观念。再如《中国歌谣集成福建卷·惠安分卷》辑录了各个时期流行于惠安民间的众多歌谣，它们是民众日常生活的结晶，反映惠安乡村的生活状态和民众意识，是深入了解惠安乡村历史文化的一把密钥。

第一章　特殊风气与新中国成立以前惠安女形象之建构

1934年6月25日,《申报》以简讯形式报道了一起震惊全国的妇女集体自杀事件:"惠安北门外潘姓同族姊妹松姑等七人、陈姓陈环二人九女联盟自杀。二十一夜互缚成阵投水,均死。诸女年龄十三至十九,已嫁或未嫁,除最幼一人,多因婚姻不满厌世。"①越四日,该报又以《惠安九女结盟自杀》为题将详情公之于众。值得注意的是,惠安九女集体自杀事件经《申报》披露后,立即引起《大公报》《益世报》等众多知名媒体的关注、报道和评论。正当时人为此嘘唏不已时,1935年9月13日,惠安辋川地区又发生七女自沉案:"死者均任姓,六为新嫁妇,一为童养媳,均二十岁左右。"②两起事件点燃的舆论风潮,使惠安妇女集体自杀由穷乡僻壤的常见现象,一跃而成举国关注的女界要闻。检索相关的历史文献可以发现,新中国成立以前,惠安女这一特殊女性群体的举国闻名,正是起于这两起轰动一时的集体自杀事件。然则,惠安女因何集体自杀成风?这种特殊风气源于何时,又为何恰在20世纪30年代成为媒体争相报道和议论的对象?这些报道和议论又是如何描述惠安女,如何使其举国闻名?面对惠安女的这种独特举动,惠安社会及

---

① 载《申报》,1934年6月25日。
② 《七个少妇同盟自杀》,载《大公报》,1935年9月21日。

地方政府采用了怎样的治理之策，其成效如何？这些均是本章所欲讨论的。

第一节 惠安乡间的特殊风气

尽管人类学、民俗学家对惠安女文化投入大量精力，却较少详细论及她们的集体自杀现象。事实表明，这种奇异、激进的非正常死亡现象根连着当地的社会文化生态且对地方社会影响甚巨，可以成为解读新中国成立以前惠安社会性别文化的重要切入点。实际上，由于妇女集体自杀现象并不只在惠安存在，而是弥散于南方数省的许多地区，因而对于这一特殊风气进行解读的意义将超出惠安一邑。

一、惠安女的联袂轻生之风

惠安女集体自杀现象不知起源于何时。但据目前所见，早在清朝初期，中国南方不少地区已存在此类现象，其中尤以广东各地最为盛行。如成书于乾隆三十九年（1774年）的《番禺县志》记载："国朝百年来，番禺一邑其所称贞女者，志不绝书，而其甚者相约不嫁，联袂而死。"[①] 这表明，当地在清初或者更早之前已发生众多此类事件。有清一代，粤省的妇女集体自杀现象最令人叹为观止的记载来自潮州府丰顺县。该县1943年出版的县志记述道，19世纪50—80年代，县属陆隆一带曾发生严重的妇女联袂轻生风潮，30年内"投江死者不下三四百人"。[②] 时全民国，除广东各县、福建惠安县外，中国南方的江西、湖南、安徽、广西等省份，也或多或少存有此种现象。如1933年，安徽

---

① 《番禺县志》卷17，海南出版社2001年版。
② 《民国新修丰顺县志·杂录》，汕头铸字局梅县分局，1943年。

惠安女：一个特殊女性群体社会形象变迁中的国家与乡村（20世纪30—90年代）

宿松县发生了五女投江事件①；1944年5月，江西全南县发生黄社风等六女投潭事件②；湖南道县的县志也记载道，该县在新中国成立以前常有乡间"结盟姊妹相约自缢而死"③现象；民初，广西南宁西北郊乡村也发生过"七八个姐妹集体投水自杀事件"④。

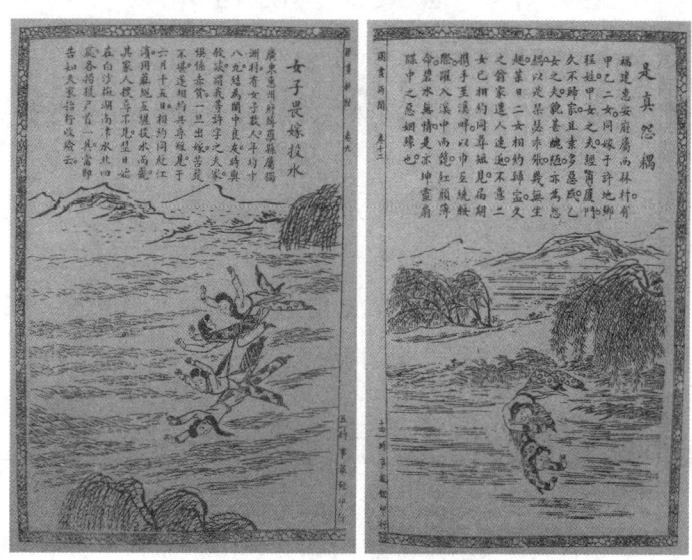

图1.1　晚清画报中的妇女集体自杀事件⑤

---

① 《宿松县志》，江西人民出版社1990年版，第24页。
② 王立之、黄天秀：《棺材潭里冤魂哭——六女投潭纪实》，见《全南县文史资料》第4辑，中国人民政治协商会议江西省全南县委员会文史资料研究委员会编，1994年。
③ 《道县志》，中国社会出版社1994年版，第716页。
④ 陈延超：《南宁西北郊蔗园人不落夫家婚俗》，见马建钊等主编：《华南婚姻制度与妇女地位》，广西民族出版社1994年版，第211页。
⑤ 《女子畏嫁投水》，载《时事报馆戊申全年画报》，1908年卷9；《真是怨偶》，载《时事报馆戊申全年画报》，1908年卷12。图1.1中左图为1908年广东博罗县独洲村的妇女集体自杀事件，右图为同年福建惠安县西林村的二女集体自杀事件。《时事报馆戊申全年画报》关于独洲村妇女集体自杀事件的描述如下：广东惠州府博罗县属独洲村，有女子数人，年均十八九，结为闺中良友。时与叙谈，谓我等许字之夫家俱系赤贫，一旦出嫁，苦楚不堪，遂相约共寻短见于六月十五日。相约同赴江滨，用麻绳互缠投水而毙。其家人搜寻不见，翌日始在白沙、梅湖、南津、水北四处，各捞获尸首一具，当即告知夫家，始行收殓云。报上关于惠安县西林村的二女集体自杀事件的描述，可见下引文。

第一章 特殊风气与新中国成立以前惠安女形象之建构

与广东相较,直至20世纪初,福建惠安女集体自杀现象才引发关注。而目前所见最早关于惠安女集体自杀事件的文献记载,是1908年上海《时事报馆戊申全年画报》的一则报道。这则题名为《真是怨偶》的报道写道:"福建惠安府属西林村,有甲乙二女,同嫁于许地乡程姓……某日,二女相约归宁。久之,翁家遣人速返。不意二女已相约同寻短见。届期携手至溪畔,以巾互绕腰际,跃入溪中而毙。"① 不过,从此之后直至20世纪20年代,惠安女集体自杀的新闻才又见诸报端。1922年,惠安人曾恬如在《惠安旅厦学会月刊》发表文章写道,本县"为女子者,每因小故而悬梁自缢、投水自沉,以害己而害人者,比比皆是,而惠东此风尤炽,每三五结队共没于水"②。由此可见,虽然报刊较少刊登此类新闻,妇女集体自杀却一直是困扰惠安县的社会问题。因此,1929年,《厦门晶报》的一则评论指出:"惠安北门外一带……(集体)自杀之事发生,当局忽之,人民效之,蔓延迄今者已十有年矣。"该报还粗略提供了当年5—9月的情况,称"自杀者,为数已达一百余人矣"。评论者极其忧虑地写道:"设当局不加以取缔,诚恐十年之后,惠北一带将成为荒村废廓矣。"③

然则,20世纪30年代,惠安女集体自杀现象并未缓和,而是进一步高发。有报道称,抗战前"曾达每周一起的纪录"④。这似有夸大之嫌,但一周数起之惨状确曾有之。如1930年9月14、15日,辋川标尾村连续发生两起集体自杀事件,先后5名少女香消玉殒。⑤ 正如前文所言,这一时期最受瞩目的惠安女集体自杀事件,当属1934年的九女投水及1935年9月13日的七女自沉。受这两起事件影响,此后各地报刊对惠安女及其集体自杀现象投入更多关注。时至20世纪40年代,惠安

---

① 《真是怨偶》,载《时事报馆戊申全年画报》,1908年卷12。
② 曾恬如:《村民泪》,载《惠安旅厦学会月刊》,1922年第2期。
③ 《惠北女子同盟自杀之怪俗》,载《厦门晶报》,1929年9月30日。
④ 《少妇集团自杀》,载《群言》,1948年第5期。
⑤ 《五女连日投水自尽》,载《惠安旬刊》,1930年第14期。

女集体自杀仍有月必数次的现象。如1948年7月10日,惠安峰北事件保刚发生少妇结伴投水事件,四天后螺城镇王孙保又有四少妇集体轻生事件。①

大体而言,新中国成立以前,惠安女集体自杀现象表现出如下几个特点。

首先,自杀人数众多且相延成"俗"。每次妇女集体自杀行为,"少则二三人,多至五六人。或同姓,或异姓。非姊妹则姑侄"②。如惠安的小岞半岛是该县妇女集体自杀现象最严重之地。据不完全统计,1945年,该地前内乡有27个妇女参与集体自杀行为③,南赛村则发生过14名妇女集体自杀事件④。1947年,小岞半岛妇女自杀人数达135人。⑤一个小镇一年之内有135个妇女选择轻生,其惨烈之状可见一斑。无怪乎一些有识之士痛心疾首地批评:"惠安风俗颓坏,一般青年妇女偶因细故服毒投水上缢自尽者指不胜屈。"⑥

其次,自杀的方式多种多样。据史料记载,惠安女的集体自杀,"或自缢或服毒或溺水,几足以至死者无术不用"⑦。总体而言,妇女集体自缢或服毒事件在惠安仅是偶发,而联袂投水自沉之举在各地经常发生,并具有明显的地域性特征。一般地,跳海自杀的主要集中在惠安东部沿海一带;跳洛阳江自杀的主要集中在惠南一带;投"池塘潭涧"自杀的则主要集中在惠西、城关及惠北一带。

再次,集体自杀者"多属豆蔻年华"⑧,且已婚未婚者兼而有之。如1930年5月,惠安北门外两女集体自杀事件,死者均已婚,其中一人24

---

① 《封建制度吃人 少妇集团自杀》,载《自由新闻》,1948年第5期。
② 挽鹅:《民俗志怪·跳壑》,载《华报》,1932年6月21日。"跳壑"即跳入潭涧溺亡。
③ 《婚姻法的光辉普照到渔庄》,载《福建日报》,1952年12月18日。
④ 陈国华:《惠安女的奥秘》,中国文联出版社1999年版,第80页。
⑤ 陈万里主编:《惠安县志》,方志出版社1998年版,第185页。
⑥ 《一女与痴汉口角自缢牺牲》,载《惠安旬刊》,1930年第11期。
⑦ 《一双无知少妇投水自尽》,载《惠安旬刊》,1930年第10期。
⑧ 挽鹅:《民俗志怪·跳壑》,载《华报》,1932年6月21日。

岁。① 同年9月，惠安辋川标尾乡一起三女集体自杀事件，死者中有两人23岁，另一人为24岁，均已婚。② 1934年，惠安北门外的九女自杀事件，自杀者分别为潘松姑16岁（已婚）、潘盛19岁（已婚）、潘叶19岁（已配未婚）、潘惯15岁（未字）、潘芹17岁（已婚）、潘徒19岁（已婚）、潘灶之女13岁（未字）、陈青之女16岁（未字）、陈环（年龄不详已配未嫁）。③

最后，自杀表现出较强组织性，并伴有啼哭相诉之前兆。如小岞妇女在集体自杀前，大都有一个准备阶段，其言语和行为也都特别异常。她们在跳水之前约定"把衣裤贴身扎紧，渐放宽舒，穿上三重、五重，以免身死又蒙羞受辱。这些都要经年长姐姐检查"。此后，依"暗订的时间"分头到约定的地点，用"绳子一个个拴在一起，由倡始者在前起跳，就这样，几个人一连串跳海身沉而死。她们在跳水之前，必须各诉心事，啼哭告别，然后下跳"④。集体自杀者"跳时咸以身上之束带，接续□结作长帛，互系于手腕或腰间。同时跳下，相与俱死，迨及家属起而捞之，则数尸紧抱而僵矣。香消玉殒，凄怆欲绝"⑤。1934年，惠安北门外九女集体自杀事件也大体如此。她们先是换上"乌云纱新衣裤，足徙木屐"，来到北门外的后宅潭，脱下木屐并排列在潭边，然后"以绳索互贯缚成串，一起投水"⑥。

那么，惠安女缘何常有联袂而死之举？或谓"长住娘家"婚俗乃罪魁祸首。此说究竟是否准确？除"长住娘家"外，又有什么因素影响这类事件发生呢？由于妇女集体自杀现象并非惠安独有，欲厘清这些因果关系，无疑需结合南方各省的事例进行综合比较研究。

---

① 《一奴尤知少妇投水自尽》，载《惠安旬刊》，1930年第10期。
② 《五女连日投水自尽》，载《惠安旬刊》，1930年第14期。
③ 炎：《哀惠安九女结盟自杀》，载《中央时事周报》，1934年第3卷第26期。
④ 陈朝卿：《忆述惠安小岞妇女的际遇》，见《泉州文史资料》第4辑，中国人民政治协商会议福建省泉州市委员会文史资料研究委员会编，1988年，第82—87页。
⑤ 挽鹅：《民俗志怪·跳鳌》，载《华报》，1932年6月21日。
⑥ 炎：《哀惠安九女结盟自杀》，载《中央时事周报》，1934年第3卷第26期。

二、长住娘家并非必要条件

"长住娘家"又有"不落夫家""不落家""坐家"等别称,系指女子婚后头三天住在夫家,第四天便开始回父母家长住,一直到生育了孩子以后,才名正言顺在夫家定居。在未生儿育女之前,仅有"时季"(即农忙季节)和"年节",夫家差人去请,女子才到夫家,但在第二天或第三天就得马上返回娘家。① "长住娘家"在西南少数民族中甚为流行,汉族主要存于福建惠安及广东一些县域。其中在粤省又有一种变化,部分妇女守贞不嫁,以后又"自梳"以示决心,衍出"自梳女"奇俗。尽管包括林惠祥在内的许多学者已对这一婚俗进行过深入解读,但迄今为止关于其起源仍未形成共识。

将这一风俗认定为惠安女集体自杀事件的祸首而言,1934年的九女集体自杀事件无疑有"首推之功"。1934年6月29日,《申报》的《惠安九女结盟自杀》一文指出,她们自杀的直接动机是"婚姻不满厌世"。为首者潘盛因丈夫流为匪,"屡规不悛,且时被挞楚……遂萌厌世之念"。潘叶因订婚之家"已先有养媳,感前途非福"。陈环则嫌未婚夫"体质弱小"。"三女遂招联盟姊妹九人,结盟自杀"。不过,九女以"结盟"形式自杀,仍有深层原因。文章分析道,惠安妇女劳动压力与家庭地位反差巨大:

> 女子均天足,农工一切工作均女子任之,耕於野、负戴于道途,无不优为。厦门石工及码头工即多惠安女子,男子反多居家理家事、抚小孩。顾惠安女子,虽经济生活均独立,亦为家庭之负担者,但在家庭中夫权则仍极重且有甚于他地。故女子之地位仍极卑下。

---

① 《惠安文化丛书》编委会编:《民俗风情》,福建人民出版社2003年版,第52页。

另一个更关键的原因是,当地存在"长住娘家"特殊婚俗。"全县除惠北外又有一奇俗,即女子嫁后仍须返住母家,年中仅年节日如除夕、七月半(即中元节)回夫家数日,余均住母家。""夫妇睽隔乃如天上织女一般。女子在痛苦与寂寞之余乃多结盟姊妹,互相慰藉、互相诉苦,联盟自杀之风从之以起。"那些"髫年尚未味人生者亦从而加盟自杀",则完全出于姊妹感情。受此流俗摧残,惠安集体自杀蔓延成风,至"有互缚至十余人投水"者。① 可以看到,《惠安九女结盟自杀》似乎将原因解释得十分圆满。有理由相信,一种阻滞正常婚姻生活之习俗的存在,加上经济负担与家庭地位巨大反差,可能逼使女性成群自沉。需要继续指出的是,尽管《惠安九女结盟自杀》并未将惠安女集体自杀完全归因于"长住娘家"婚俗,此后的不少相关报道却热衷于此。如1937年5月23日,上海《时报》报道了一起三名惠安女集体自杀事件,称"厌世之原因实缘于怪异之风俗",即"长住娘家"。② 1941年,《政干通讯》上的一篇文章直言道:"妇女联盟自杀与长住娘家这二件事,实是互为因果的。"③ 民国时期,舆论对于长住娘家导致集体自杀原因的分析存在这样一种逻辑:首先,受此风阻隔,"活寡妇遍地皆是,夫妇情感极为冷淡"④。其次,妇女"长住娘家"受孕机会降低;长期无法与夫同居,使她们缺乏归宿感,生活迷茫。⑤ 再次,"长住娘家"致妇女精神抑郁,不得已结群相互慰藉,从而有利于自杀集体化。⑥ 此后,大多数严肃的学术研究也基本认同这些观点。

然则,重审《惠安九女结盟自杀》一文,对比直接动机与根本原因,不免令人困惑。潘盛是因丈夫为匪且遭家暴愤而自杀,潘叶、陈环

---

① 《惠安九女结盟自杀》,载《申报》,1934年6月29日。
② 《闽惠安县妇女三人集团自杀》,载《时报》,1937年5月23日。
③ 参见崔钟瑛:《革除惠安妇女集团自杀》,载《政干通讯》,1940年第1卷第1期。
④ 《封建制度吃人 少妇集团自杀》,载《自由新闻》,1948年第5期。
⑤ 参见李拱宸:《惠安崇秃头山下风俗谈》,载《东方杂志》,1936年第33卷第4号。
⑥ 参见崔钟瑛:《革除惠安妇女集团自杀》,载《政干通讯》,1940年第1卷第1期。

则是对结婚对象不满。换言之，三人之死皆非"长住娘家""痛苦与寂寞"。再者，参与此事的潘伋已孕五月，按习俗，"俟临盆期届"，夫家将"奋兴迎迓，分娩后，则不回母家矣"①。因此，这起事件或许能令人感到妇女地位低下的影响，却难看出"长住娘家"如何导致悲剧。

实际上，彼时舆论中关于"长住娘家"导致集体自杀现象的推论，看似体贴女性心理，却与她们主体经验存在距离。许多历史资料表明，惠安妇女对婚姻幸福确实充满期待，但在婚姻不能自主的时代，她们对幸与不幸的评判，首先并非婚后能否与丈夫同居，而是父母为其择定怎样的对象，包括丈夫的职业、秉性、相貌等等。如当地民谣所言，"嫁着一个刣猪翁，肉头肉尾嗵炒葱……嫁着一个开店翁，脚干手干好命人"；但若嫁给好赌的丈夫生活颠三倒四，嫁给智障的丈夫便"无时无日嗵轻松"。②无论结婚对象如何，多数惠安妇女对初婚生活均感巨大压力。繁重的劳作任务是她们的主要压力，所谓"做人新妇真艰苦，双脚做摇鼓；暝日无贴床，磨到脸青黄"③。由于自然条件限制④，惠安耕地资源十分有限。为了生计，大量男性或出海捕鱼或往外地务工，家务及农耕由女性承担，"男耕女织"传统被转化为"男工（渔）女农"。故而当地民间娶妇，十分注重妇女劳动能力，甚至视为妇德标准。新妇劳动能力及行为举止时刻受到严格审视。为了不被讥为"懒惰女人"，她们"不敢吃饱""不敢睡足""不敢说话"，"怕劳动过重""怕姑、婆唠唠叨叨"⑤，恐惧感充斥生活中。

---

① 《民俗志怪·不住夫家》，载《华报》，1932年10月9日。
② 惠安县民间文学集成编委会编：《中国歌谣集成·福建卷·惠安县分卷》，1993年，第273页。刣猪：杀猪；嗵：可以；甲：语气助词。
③ 惠安县民间文学集成编委会编：《中国歌谣集成·福建卷·惠安县分卷》，1993年，第268页。暝日：一整天。
④ "本县（惠安）为滨海之区，多属沙壤。西北山谷及东南平原地带，得有山泉与河水灌溉，土壤颇为肥沃。其沿海一带多属沙地沙丘，常受水分缺乏之限制，土壤贫瘠，农业之利用颇感困难。"参见福建省政府秘书统计室编：《惠安人口农业调查》，1936年，第3页。
⑤ 《惠安文化丛书》编委会编：《民俗风情》，福建人民出版社2003年版，第54页。

第一章 特殊风气与新中国成立以前惠安女形象之建构

由是,"长住娘家"便有了长期存在的社会心理基础。许多妇女设法利用此俗推迟与丈夫同居,从而缓解角色转型之惧。那些对丈夫条件不满,或夫家至贫者,更会借故长居娘家。当地民谣云:"是【亻因】家内无好势,唔是咱查某唔欠债"①,意思便是夫家贫寒,妇女不愿生育子女落居夫家成为所谓"欠债"者。当然,除对婚姻绝望者外,多数惠安妇女不会永久长住娘家。按当地习惯,妇女25岁尚未有孕,夫家为传宗接代便抱养孩子让其落居夫家。"如果年纪大了还未住到夫家,也被认为是不光彩的事。"② 1952年,惠安东部某乡657名"已婚妇女都住过娘家",长住20年以上者5人,10年以上40人,5年以上261人,5年以下351人③。大多数妇女长住娘家在10年以内。彼时惠安妇女平均初婚年龄为十七八岁④,据此推算,该乡妇女落居夫家普遍在二十七八岁以前,基本合乎这一习惯。

因此,在现实生活中,"长住娘家"在惠安妇女看来往往并非坏事,她们亦会积极地利用以维护自身权利。如同九女自杀事件所示,清末以来描述较详细之案例均证明"长住娘家"婚俗对集体自杀影响有限。姑举四例为证。

(一) 1908年西林村二女自杀事件。直接缘由乃婚姻生活"琴瑟乖张,几无生趣"。甲女的苦恼虽由夫妇长期未同居造成,却是丈夫"经商厦门,久不归家"。乙女的矛盾则是"夫貌甚丑陋,亦为怨耦"。相关报道还提及二女死于"相约归宁"期间,"翁家"亦觉察二人"归宁"过久,"遣人速返"。这说明二人并非"长住

---

① 惠安县民间文学集成编委会编:《中国歌谣集成·福建卷·惠安县分卷》,1993年,第259页。【亻因】:他们。
② 蒋炳钊:《惠安地区长住娘家婚俗的历史考察》,载《中国社会科学》,1989年第3期。
③ 参见《惠安县贯彻婚姻法工作总结》(1952年),惠安县档案馆馆藏,档号:32-1.1-2-12。
④ 参见郭顺龙:《惠安家庭婚姻问题探索》,见《惠安县文史资料》第4辑,中国人民政治协商会议福建省惠安县委员会文史资料研究委员会编,1985年,第57页。

娘家",也非受其逼迫自杀。①

(二) 1930年辋川标尾乡五女自杀事件。9月14日自杀之潘金,年23岁。潘不可能死于长住娘家期间。据称,她16岁结婚,"小夫妻颇称和谐",两年前育有一女。只是生女后,"因小事斗口,夫妻顿形反目,相见如路人"。同死者陈朗曲亦23岁,其自沉也与"长住娘家"无直接关联,而是其夫"何成前年出洋,身上有多少洋钱,且为人带点洋气,每被人唆使,便将朗曲打骂,致夫妇失睦"。另一死者陈秋,极可能是"长住娘家"妇女。据说她年24岁,嫁潘懿为妻,但"结发十年,绝少见面"。尽管如此,陈秋并非因"长住娘家"自杀,而是不满其夫"为人带些呆气"。这导致她不与丈夫见面达十年之久,最后参与自杀。9月15日自杀之陈涓、陈幼,是否"长住娘家"无法判定,但二人死因应与此俗无关。据报道,陈涓是因生活不顺,"见虐于姑";陈幼则因丈夫"为人过于朴素",婚姻生活不称意。②

(三) 1930年6月26日辋川潘镇四女自杀事件。从相关资料可以看出,4人中除19岁的潘守成之妻外,皆有可能是"长住娘家"妇女。然则她们集体自杀,主要是因"家道贫寒"以及"夫妇情意不投""同床异梦"。无法看出"长住娘家"有何太大的影响。

(四) 口述访谈中的民国时期惠西三女集体自杀事件。"我们镇有一起三个人集体自杀。她们三个中有两个是童养媳,另一个的丈夫去当兵没回来,另一个她丈夫是个傻子,她婆婆很坏,当时又没法离婚。还一个叫乌琴,她丈夫早死。她们都很可怜。当时她们四个人睡在一张床上,那个人(没有参与集体自杀的那个人)也是死了丈夫的,但那一天她刚好回去(娘家)。这天晚上二点,她们三个要出去,同房的另一个人问她们这么早去哪里?她们骗她说去泉

---

① 《真是怨偶》,载《时事报馆戊申全年画报》,1909年卷12。
② 《五女连日投水自尽》,载《惠安旬刊》,1930年第14期。

第一章 特殊风气与新中国成立以前惠安女形象之建构

州拍照,当时人们照相都要跑到泉州。然后就到宫里吊死了。"①

从以上案例可知,多数惠安集体自杀妇女是因与夫同居产生的矛盾,或因对父母给定婚姻不满,基本未见有因受"长住娘家"压迫悲观绝望者。相反,部分妇女巧妙地将"长住娘家"转变为规避与不称意结婚对象同居的有效手段。"长住娘家"不是惠安妇女集体自杀的根本原因,甚至非必要条件。

其实,"长住娘家"致因论并不始现于惠安。广东同类事件也令人有如是错觉。道光辛巳举人梁绍壬指出,顺德女子"出嫁后归宁,恒不返夫家。至有未成夫妇礼,必俟同盟姊妹皆嫁,然后各返夫家。若促之过甚,则众姊妹相约自尽"②。又《粤小记》云:"广州村落女子多以拜盟为姊妹……出嫁后即归,恒不返夫家,至有未成夫妇礼,必俟同盟姊妹嫁毕,然后各返夫家。若促之过甚,则众姊妹相约自尽。"③ 而1774年《番禺县志》关于妇女守贞集体自杀的记录,令人联想到与"长住娘家"相关的"自梳女"风习的影响。但分析这些史料可发现,与舆论所认为的"长住娘家"导致惠安女集体自杀不同,广东妇女对"长住娘家"追求强烈,她们在此举受阻时采取过激行为。一些调查也证明,对婚姻生活恐惧是促成广东妇女自梳的关键心理因素。正因预感到"做人媳妇甚艰难",忧惧"婚后受虐待之苦",许多妇女"甘愿放弃婚姻"。④ 当无法达到目的时,自杀危险性也自然提高。因此,与其说"长住娘家"导致广东妇女集体自杀,不如说违背妇女主体意志的婚姻家庭文化逼使她们行此道路。

广东描述清晰的案例,直接提及"长住娘家"的也不多。1908年

---

① 陈S访谈资料。陈S,女,74岁,惠西H村人,访谈人汪炜伟,时间2008年5月16日下午,地点陈家大厅。
② 梁绍壬:《两般秋雨庵随笔》,上海古籍出版社1982年版,第222页。
③ 黄芝:《粤小记》卷4,见林子雄点校:《清代广东笔记五种》,广东人民出版社2006年版,第442页。
④ 吴凤仪:《婚姻的再诠释:广东顺德自梳与不落家之女性》,香港中文大学硕士学位论文,1996年,第82—83页。

惠安女：一个特殊女性群体社会形象变迁中的国家与乡村（20世纪30—90年代）

  独洲村事件中，妇女自杀的直接动因是对夫家经济状况不满，视婚姻为畏途。民国《丰顺县志》所述19世纪中叶鰡隍妇女集体自杀的原因较为奇特："为河伯娶妇所致"。该志引被救者口述称，"当时所见非水，有见为华屋楼台者，有见为楼船画舫者，中有男子招之"。文中还举小产村陈益彩之妻为例，说其"约同伴六人投江，其四人不及往，犹昏迷若狂，叹恨不得与之同居"①。"河伯娶妇"玄而又玄，难以令人信服，但其中明显可见婚姻家庭问题的严重影响。尤其是已婚陈益彩之妻也深陷其中，不免令人怀疑她是否对丈夫心存不满以死抗婚。当代学者访得的事例表明，新中国成立以前，鰡隍一些童养媳确会因拒绝与丈夫圆房集体以死相争。②

  除抗婚外，其他婚姻家庭矛盾也促成广东乡村妇女集体自杀。乾隆版《顺德县志》称，该县妇女"多矫激之行……至其夫家贫貌，偶有诟谇，从而轻生者，不可胜数"③。这种情况见诸实例之中。1918年，开平县发生一起六女投江事件，为首者换娣因丈夫习染烟赌，兼受婆婆虐待。另一死者三多因夫家"家道贫穷，丈夫往暹罗谋生，甚少书信寄回，家姑因此嫌怨媳妇命贱，不能旺夫益子"④。最近调查也指出，丰顺鰡隍妇女集体自杀，也多由"生活苦"或童养媳被家婆虐待等造成。⑤这印证了我们在惠安得到的结论："长住娘家"并非妇女集体自杀根本原因，甚至非必要条件。

---

① 刘禹轮、李唐编纂：《民国新修丰顺县志·杂录》，汕头铸字局梅县分局，1943年。
② 参见钟晋兰的《文献与田野中的妇女集体自杀研究——以清末以降的粤东鰡隍镇为中心》[载《嘉应学院学报》（哲学社会科学），2014年第6期]，以及罗波的《20世纪前后粤东留隍地区妇女集体投江与侨乡社会》（载《八桂侨刊》，2014年第3期）、《清末民国时期留隍与惠安两地妇女集体自杀共性探析》[载《广西师范大学学报》（哲学社会科学版），2014年第5期]。
③ 陈志仪修、胡定纂：《顺德县志》卷三，乾隆十五年刻本。
④ 邓名运：《六女投江始末》，见《开平文史资料》第11辑，开平县政协文史组编，1985年。
⑤ 钟晋兰：《文献与田野中的妇女集体自杀研究——以清末以降的粤东鰡隍镇为中心》，载《嘉应学院学报》（哲学社会科学），2014年第6期。

其他南方省份的乡村妇女集体自杀事件，也同样支持这一判断。仅以1944年5月江西全南县黄社风等六女投潭事件为例。这些妇女自杀均与"长住娘家"习俗无关，其中"黄社风生育了二个孩子，年约二十七八岁，其余都是十七八岁和二十刚出头的年少女子"。6人中也只有黄社风是成年后才结婚，其余均在十二三岁时定了亲，"有的女子的丈夫才七八岁，还在玩泥狗狗，也有的丈夫比媳妇年纪大得多，并且长病在身，犹如小老头"。她们集体走上自杀之路的直接原因是，"懵懂嫁人，冤屈积于胸中，无处申诉，度日如年"①。

综上所述，"长住娘家"并非惠安女集体自杀的根本原因，甚至非必要条件。或许人们能找到具体案例说明其作用，更多史料表明，婚姻家庭领域中的各种矛盾均能促成这一现象，"长住娘家"只是潜在因素之一。

三、姊妹社群乃是重要致因

吊诡的是，婚姻家庭生活不如意，乃中国乡村妇女普遍境遇，何以在南方演成集体自杀？讨论自杀集体化之成因或为解释之关键。

回顾九女事件，《申报》解释说，三名主导者在婚姻厌世后"招盟"其他六人。也有论者认为，惠安妇女饱受"长住娘家"之苦，不得已结群相互慰藉。这些说法并不准确。其实，惠安妇女自杀团体并非偶合群体，而是来自特定的姊妹社群。这种社群在许多人幼时已然出现，而非迟至"长住娘家"或婚姻厌世之后。

受流俗所染，招朋引伴结成亲密群体成为惠安少女的传统生活内容。这种姊妹社群以地缘为纽带，成员来自同族或同村，年龄稍长或有威望者为其领袖。姊妹伴常同耕同宿，生活及情感上互帮互助，即便落

---

① 王立之、黄天秀：《棺材潭里冤魂哭——六女投潭纪实》，见《全南县文史资料》第4辑，中国人民政治协商会议江西省全南县委员会文史资料研究委员会编，1994年。

惠安女：一个特殊女性群体社会形象变迁中的国家与乡村（20世纪30—90年代）

居夫家后仍如此。这种现象20世纪七八十年代仍能见到。彼时惠东大岠村女童依然因地缘和血缘关系，逐渐结成亲密的姊妹伴。女伴"东西互用""衣服共穿""劳动帮工"，"家庭有经济困难帮助解决"，"儿女私事，同心探讨"，"出嫁陪嫁"，还常"同睡谈心事"。① 在此种环境中，部分姊妹社群会正式结拜，于"佛前神前或当空"② 立下盟誓。更有少数姊妹社群缔结组织严密之"妇女会"。如惠东某会，"入会者缴白银伍元及鳗鱼十斤作为会费"。为保证群体不至解散，"妇女会"还试图干涉成员婚姻生活，规定"谁欲回夫家，须经批准，同时回去要保证不与丈夫同床，回来时尚须汇报"。③

惠安集体自杀多由这些姊妹社群发动，此类事件几个特征颇可印证。其一，参与者多同族或同村。1934年九女事件七潘姓女为同族，1935年七女自杀"死者均任姓"。姊妹社群并非一成不变，部分妇女亦与婆家女伴同死。如1930年6月26日辋川潘镇四女自杀事件，死者潘守成之妻陈某即由标尾乡嫁入者。该女在夫家与其他三名潘姓女子"既属邻居，又因各有所苦，同病相怜，引为良伴"，最后共殁于水。④ 即便如此，自杀者多为同村或同族关系，在这起事件中仍能看出。其二，自杀地多在母家，落居夫家者亦借归宁之机赴姊妹约。1908年西林村两女自杀是如此，九女事件主角亦是"齐集母家"后共沉。其三，一些幼女因特殊境况也会联袂而死。这种事件在民国时期较少见到，但1950年5月9日惠安三区一起集体自杀，主角便为一13岁和一12岁幼女。前者自幼孤苦，受姐姐打骂后怒而自杀；后者母亲病重，生活艰辛，在前者邀约下同死。⑤

---

① 蔡永哲：《崇武大岠儿童成长教养中性别差异的探讨》，见乔健等主编：《惠东人研究》，福建教育出版社1992年版，第123、126、127页。
② 林一星：《惠安妇女的特殊风俗》，载《福建妇女》，1944年第3卷第2—3期。
③ 转引自林惠祥：《论长住娘家风俗的起源及母系制到父系制的过渡》，载《厦门大学学报》（社会科学版），1962年第4期。
④ 《革除惠安妇女集团自杀》，载《政干通讯》，1940年第1期。
⑤ 详见《惠安县妇女自杀统计表》（1950年），惠安县档案馆馆藏，档号：32-1.1-1-6。

第一章 特殊风气与新中国成立以前惠安女形象之建构

姊妹社群是惠安集体自杀致命根源。这首先是因它已成家庭之外妇女归属感的重要指向。姊妹社群本身并没有任何的强制义务，成员之间"没有赡养老人的义务和分享家产的权利，只有互相帮助的不成文规矩"①，成员因能回避一些家庭矛盾而使得内部关系较为和谐。不仅如此，惠安传统社会重男轻女，往往对女性缺乏关爱，姊妹伴长期同耕共宿十分亲密，妇女从中获得的归属感甚至超越家庭所能给予的。新中国成立初期，惠安地方政府的一些调查材料便指出，乡村妇女"习惯上都集中在一起睡觉，因此姐妹伴的亲密是胜于自己的父母亲。女儿的思想有问题，一般说来父母难于了解，这样容易（使）欲自杀的妇女感情更狭小。加上家庭对她态度冷淡，使她们刺激越大"②。在群体认同感作用下，许多妇女惺惺相惜，甚至结"同生共死"之盟。当婚姻家庭生活遭遇苦境时，姊妹社群为她们唯一的情感发泄空间，集体自杀遂有其群体基础。

其次，姊妹社群成为妇女绝望情绪的传染媒介。正因"彼此感情特深，心中有事，首先诉说的对象是姊妹伴"③，部分人的绝望情绪很容易传染和扩大为集体情绪，妇女联袂而死有了直接心理基础。是故，惠安的许多妇女集体自杀事件，时常是"为着一人的事寻短见，有时竟联合一批姊妹们同时牵手投水自杀，所以姊妹中有一个发生什么不如意的事情，结果会害死好些个妇女"④。一些资料也表明，姊妹社群之间也出现绝望情绪相互传染的现象。如1930年9月14、15日辋川标尾乡相继发生的两起妇女集体自杀事件。后者直接受到前者影响，两名死者乃是"相约随前该三弱女投水自尽也"。⑤

再次，姊妹社群为惠安妇女自杀集体化提供了强制力量。如果说参

---

① 《惠安文化丛书》编委会编：《民俗风情》，福建人民出版社2003年版，第52、333页。
② 《惠安县制止妇女集体自杀工作总结》（1956年），惠安县档案馆馆藏，档号：32-1.1-4-11。
③ 乔健：《惠东地区长住娘家婚俗的解释与再解释》，见乔健等主编：《惠东人研究》，福建教育出版社1992年版，第264页。
④ 林一星：《惠安妇女的特殊风俗》，载《福建妇女》，1944年第3卷第2—3期。
⑤ 《五女连日投水自尽》，载《惠安旬刊》，1930年第14期。

惠安女：一个特殊女性群体社会形象变迁中的国家与乡村（20世纪30—90年代）

与者以同情、自愿为主，何需以绳索捆束？实际上，同情、自愿之外，惠安妇女集体自杀强制色彩也十分显著。"誓言"便是强制力量重要来源。据说，凡行结拜仪式者"便誓同生死，同伴中如有一人因婚姻不满或被丈夫压迫，则全体响应联盟投水自杀"①。誓言对于知识程度甚低的妇女来说是沉重的心理枷锁，如有悔誓者或"对自杀提异议者，则予以攻击，多方调笑揶揄"。使违誓者深受心理折磨的，还有"迷信"力量，"就是同盟的姊妹，既誓同生死，则同伴中如有不肯同时投水者，后来必被其作祟致死"②。这在鬼巫文化较浓的传统惠安社会极起作用。在侮辱、自责与恐惧中，众多意志薄弱的妇女遂盲目赴死。如1930年5月24日惠安北门外的二女集体自杀事件，自杀者并非出于家庭情感危机，而是因"二女伴在家时曾结七人立誓同自尽"，其他三人已溺死，她们"不能违背前约，故夫妇虽无反目亦轻生弃家自杀"。③正因不完全是你情我愿，捆束姊妹之绳索，便成惠安集体自杀事件的必有之物。

清以降，广东乡村妇女集体自杀的组织基础也在于此。妇女组群结谊之风，粤省颇盛。结谊者"多拜七姐，各自出嫁后仍互相往来，如亲姐妹"。这种行为尤以顺德、南海等县"金兰会"为著④，入会者"不住夫家"或"相约不嫁"⑤。乾隆间，顺德人罗天尺便以群体归属感讨论女子集体自杀，认为这和妇女年少结谊，"情痴不愿分嫁"⑥ 有关。同期，主政过广东数县的袁嘉德则说，这是"阴气甚则近于死"，指的也是女子以姊妹情谊为重，"稍有憾轧连袂而殒"。⑦ 乾嘉时期文学家乐钧亦云，因为姊妹社群，妇女"或相约不嫁，或同日嫁，一女见梗，则众

---

① 崔钟瑛：《革除惠安妇女集团自杀》，载《政干通讯》，1940年第1卷第1期。
② 崔钟瑛：《革除惠安妇女集团自杀》，载《政干通讯》，1940年第1卷第1期。
③ 《一双无知少妇投水自尽》，载《惠安旬刊》1930年第10期。
④ 萧亭：《广东省志·风俗志》，广东人民出版社2002年版，第66页。
⑤ 雷梦水、潘超等主编：《中华竹枝词》，北京古籍出版社1997年版，第2757页。
⑥ 罗天尺：《五山志林》卷二，见林子雄点校：《清代广东笔记五种》，广东人民出版社2006年版，第46页。
⑦ 黄德溥等修、褚景昕纂：《赣县志》卷49，清同治十一年刻本。

女皆自杀"①。乐氏之言似乎还令人看到，广东妇女婚后不愿落居夫家，乃至群死相争，重要原因可能是她们视姊妹社群重于家庭，所谓"贪缠姊妹之花，愿痿雌雄之树"②。

一些具体案例则展现了姊妹社群如何成为绝望情绪传染，并造成集体自杀的媒介。1918年开平县的六女投江案便是如此。如前所言，六人婚姻家庭中各有所苦。但她们之所以集体自杀，一方面乃因当年七夕，姊妹借拜仙之会得以在母家齐聚；另一方面与其中一女的绝望情绪散播有关。该女因生活不顺，登仙坛算命，却为巫婆所骗，得"夫妻恐怕难偕老，还防日后灾殃多"之语，"伤心饮泣，濒于绝望"。在其感染下，其他姊妹亦"感怀身世，忧虑前途，忐忑不安"，"泣泪于一团"，集体陷入绝望中，六人于是"顿萌死念，决计投江，生死与共"。③

另一些案例则反映，广东妇女集体自杀也有明显强制色彩。如1893年博罗县铁场乡的八女投塘事件。报道称，该八女系一族，"心性相投，遂结金兰之契，死生与共"。一日，她们从塘中捞得一雄鸡，却被失鸡者误为偷盗，"始而讽，继而骂，终出秽语以辱之。八女闻之，以为大辱，誓不欲生，遂相约同死"。但"恐临死时或有畏缩不前者，乃以带互相连缀而系之，则死时之身既联贯而去，即死后之魂亦并肩携手，而不患相失也"④。

人们仍能从华南其他地区妇女集体自杀现象中看到相同根源。仅以1944年5月江西全南县六女集体自杀事件为例。从现有资料看，六人"清一色姓黄，同宗同族，论辈分，不是姑姑就是姐妹"。可见，她们群体关系因于血缘和地缘而成，并非婚姻绝望后临时组建。姊妹社群也成为她们绝望情绪的传染媒介。她们"经常在一起割草、打柴、谈家事，

---

① 乐钧：《岭南乐府》，转引自赵银杏：《历代风俗诗选》，岳麓书社1990年版，第310页。
② 《金兰陋俗》，载《赏奇画报》，1906年第1期。
③ 邓名运：《六女投江始末》，见《开平文史资料》第11辑，开平县政协文史组编，1985年。
④ 《七死一生》，载《点石斋画报》，1893年第364期。

惠安女：一个特殊女性群体社会形象变迁中的国家与乡村（20世纪30—90年代）

互吐衷肠，发泄胸中冤屈"。值得注意的是，正是由于这种形成已久的姊妹关系，六名自杀者亦如惠安女一样以"探娘家"为名，齐聚到集体自杀之处，一同香消玉殒。①

总之，新中国成立以前，包括惠安女在内的南方各地妇女，虽于婚姻家庭生活中各有苦恼，并成为她们自杀的直接促因，但"生死相共"的姊妹社群才是集体同死的致命根源，部分妇女也仅因这一原由轻弃生命。需要继续探讨的是，何以此类事件多发生在南方？这显然也是因此种特殊姊妹社群主要存在于这一区域。费孝通指出，中国传统乡土社会"感情定向偏于同性方面去发展……乡土社会中结义性的组织"十分常见，"在女性方面的极端事例是华南的姊妹组织"②。有研究表明，所谓极端姊妹组织，主要分布区为珠三角、闽东南、湘南及粤南至湘南的歌堂文化带③。这些地域也是妇女集体自杀较盛之区，惠安、广东各县及湖南道县等均位乎此。实际上，从集体自杀案例所显示的资料看，拥有此风的区域应更为广阔，但北方并不多见。

南方乡村妇女结群或结义风习源于何处？既往研究多视之为"长住娘家"（包括广东"自梳女"）习俗组成部分，相关根源探讨亦围绕后者进行。即便如此，正如前文所言，学者对于"长住娘家"的起源仍莫衷一是。笔者认为，将"长住娘家"与妇女结群视为因果，颇可质疑。首先，许多地区，如惠安，妇女结群始于幼时，并不依赖于"长住娘家"婚俗。其次，两种风习虽在许多地区紧密关联，其覆盖的地理范围却不一样。如江西全南县，人们可以发现妇女结群生活，却未见"长住娘家"婚俗。当然，妇女结群与"长住娘家"可能同源，但二者应为并存关系，且需慎重研究方能确定，限于篇幅，不再赘述。

---

① 王立之、黄天秀：《棺材潭里冤魂哭——六女投潭纪实》，见《全南县文史资料》第4辑，中国人民政治协商会议江西省全南县委员会文史资料研究委员会编，1994年。
② 费孝通：《乡土中国》，北京出版社2011年版，第66—67页。
③ 参见张杰：《金兰契研究》，载《中国社会历史评论》，2005年第6卷。

四、生死信仰亦是加强因素

新中国成立以前,惠安女集体自杀现象多起于婚姻家庭矛盾,成于姊妹社群力量。然而,妇女们何以惯用轻生的方式应对困境?又为何自杀时准备精心,态度从容,对死亡无所畏惧?这应与她们的生死观紧密关联。总体而言,乐生恶死乃中国民众主流生死观,中国的宗教信仰文化亦以满足人们延长人世生活为主要职责。但在部分地区或部分人群中,与此相异的亚文化的存在也在所难免。惠安女中便流行着易使她们用轻生解决人生困境的信仰文化。

将死后世界视作享福之地,是其表现之一。这种生死观肯定了死亡世界的存在,但它并非全是阴森可怖的地狱,亦有美妙圆满的境域。在传统惠安女的生活世界中充满了这类想象。如流行于惠安女生活中的宗教歌诀《捐落阴府》唱道:

(一) 落阴诀词

头戴冠带李老君,身穿女甲桃花神,脚踏莲花步步开,军兵问我:"何处寻?""念念捐找阴,阴府来燃佛,一找二找真宗脉,三找四找真名字。"上山下岭寻,太子引头前,引去亡魂宫,亡魂脚松好行路,手松好摇摆,紧紧走,紧紧跑,跑到还阳宫,步步于是停,呼请太子一一来讲明。

(二) 回阳诀词

回来回去回心胸,回来心胸梦口中。求求信女保平安,求求信女添福寿。[①]

另如《关落阴》唱道:

---

① 惠安县民间文学集成编委会编:《中国歌谣集成·福建卷·惠安分卷》,1993年,第106—107页。

惠安女：一个特殊女性群体社会形象变迁中的国家与乡村（20世纪30—90年代）

> 火炎炎，火连连，做大水，讲关联，也有花，也有柳，好花无分我，分我三姑仔，竹筷神，神下神（敲桌用竹筷），一条性命坠黄金……含冥搬米胎（箩米的工具），真男真女我者知（音zai），冥时点烛请姑来，请你三姑来带路……大路大抱抱(音po)，小路好玩耍(音ti tou)，前人叫，你无听，后人叫，细细行（音gia）。走路顾盯顶，碰到一群好风景，走路顾盯下（音ye），碰到一群好花势。有水泼花花还红，无水泼花花也香，好花对面长，好团你厝人，你厝因某（音mo）开牡丹。引导信女落阴间，阴间看见阴间人，女人走路脚摆手也拂（音hei），男人走路抛去雨伞柄。三姑名，三姑姓，三姑说话有名气（名声），三姑说话分我听……

与这些宗教歌诀相联系，惠安女之间保有一套奇特的游阴仪式：当"夜阑人静，明月当空，约姐妹伴在一起，敲桌打掌诵念'落阴'的催眠词"，引人神游"阴间"。由上面的诀词可知，所谓"阴间"是"好玩耍""好风景""好花势"的妙境。生人可与亡者对话，陈说世间"苦情"，一泄心中积郁。① 惑于此，许多妇女便将自杀当作寻求通往此境的便捷甬道。新中国成立以前，在南方其他地区的妇女集体自杀现象中也能发现这种宗教信仰文化的影响。如在18世纪中叶广东丰顺县的集体自杀妇女看来，死亡世界是"华屋楼台""楼船画舫"的美幻境界。心存"化鹤之心"的人们遂投水自溺，不及往者尤"昏迷若狂"，叹恨不已。② 1949年以前，湖南道县的巫师宣说，人死后或入"桃源"或上"花楼"。乡间妇女率多轻信"产后而死，血污地狱，冥间罚在桃源受罪，称'上桃源'；不嫁而死，芳身洁行，冥间则许'上花楼'享福"，故"相约自缢而死"。③

---

① 陈朝卿：《忆述惠安小岞妇女的际遇》，见《泉州文史资料》第6辑，中国人民政治协商会议福建省泉州市委员会文化文史资料委员会编，1988年，第82—87页。
② 刘禹轮、李唐编纂：《民国新修丰顺县志·杂录》，汕头铸字局梅县分局，1943年。
③ 《道县志》，中国社会出版社1994年版，第716页。

第一章　特殊风气与新中国成立以前惠安女形象之建构

图 1.2　民国惠安茶商为其亡父母所制之纸扎大冥房①

此外，非正常死亡后可以成神升仙，尤其对妇女集体自杀深有影响。南方乡村妇女很容易从日常见闻中获取这样的知识。众所周知，南方诸省盛产各种"女神"，声名远播者如妈祖、临水夫人等，其他小神祇不计其数。这些女神生前基本为草根女性，又多因非正常死亡被神化。她们备受礼祀，香火不挫，这给欲寻求人生出路的普通乡妇一定的启发，造成她们的升仙迷幻。值得注意的是，这些女神又多结成"姐妹"受祭，如临水夫人与林九娘、李三娘结拜为姐妹，又收三十六宫女为部下。这可能又为妇女期求集体羽化提供了社会意识基础。如惠安女子会因"可作姑娘而招群自杀"②，所谓"姑娘"即"女神"通称。这一经验得来，与当地民间处理集体自杀妇女身后的方式有关。据载，当妇女联袂而殒后，为防鬼祟，乡人就地塑以神像，"名其神曰几姑几姊，

---

① 《民国惠安茶商为其亡父母所制之纸扎大冥房》，载《北洋画报》，1929年9月21日。报称，该纸房制作费十六余日之工作，高与平房齐，价值不菲。
② 杜唐：《惠安乡土志》第十九课，惠安民众教育馆铅印本，1934年。

惠安女：一个特殊女性群体社会形象变迁中的国家与乡村（20世纪30—90年代）

依其死之人数而呼。四时伏腊，家属亲友，供以粢盛"①。这让妇女误认为，自杀身死之后可以登列"神仙之群"，"于是，未死的人都憧憬着死后的荣耀；于是，旧的血迹干了新的血又洒了上去"②。集体自杀妇女死后可成为神仙，在粤省也颇有传闻，潮汕一带三义女信仰即是。据考，"三义女原是清代澄海外砂乡'金兰'三姐妹，因反对包办婚姻一起蹈海而亡，被人拾尸立墓，传有灵性，祀典为神"③。另据秦牧先生所言，广东各地江滨的"七女祠"，实为民众祭祀集体自杀者而建。七娘信仰在粤省极其流行，民间对七夕的"七娘会"极为重视，妇女结盟时亦拜七娘。受此感染，死后化作七仙遂成许多妇女人生追求，集体自杀是她们实现梦想的方便途径。④

可以看出，生死观念的扭曲，致使南方乡村妇女惯以轻生应对困境。也因此，在某些情景下，她们认为"好死"比"赖活"更为可取，甚至集体自杀也成出路之一。需要指出的是，这种生死观看似与中国主流文化存在差距，实质是貌离神合。因为，从根本上看，她们对死亡世界以及转世投胎的幻想，表达的是探寻弥补现世生活缺憾的诉求，她们对死后升仙的渴望，也透露了对实现人生价值的某种追寻。总之，她们虽以自杀为出路，"所追问的问题"，仍"是一种过日子的道理，也是对做人之道的一种思考"⑤。

总而言之，新中国成立以前惠安女集体自杀现象十分严重，但并非通常所谓的"长住娘家"婚俗所致。这类自杀事件大多由各种婚姻家庭矛盾直接引起，而让集体以死相争的关键推力，却是普遍存在于惠安社会中的姊妹社群组织妇女。除此之外，各种传统宗教信仰文化也有重要的助力作用。正因如此，此风才愈演愈烈，绵绵不绝。

---

① 挽鹅：《民俗志怪·跳墼》，载《华报》，1932年6月21日。
② 季英：《冬寒料峭忆闽南》，载《天下》，1944年第6期。
③ 李殿元编著：《天神地祇——道教诸神传说》，四川人民出版社2012年版，第124页。
④ 详见秦牧：《秦牧全集》，人民文学出版社1994年版，第343—344页。
⑤ 吴飞：《自杀作为中国问题》，生活·读书·新知三联书店2007年版，第39页。

第二节　舆论与惠安女形象建构

哎呦，我的娘！
苦坏我心肠，
我的丈夫
为了活命，
独个儿的——飘海过洋，
远离家乡！

哎呦，我的娘！
我的丈夫在南洋，
从此——
我家里的事，
自己做，
自己当，
该是何年何月？
我才不忙！

哎呦，我的娘！
家里家外事太忙，
什么！
车水，栽秧，锄田，耕地，……
都要担当！
我这个人，
一天到晚的

累得屎尿屁流，
还要——
走进厨房，
小心煎汤！

哎呦，我的娘！
苦坏我心肠！
我没有孩子，
我不能守空房！
我这条狗命
与其活着，
不如早日，——
朝见阎罗王！

哎呦，我的娘！
今生变做女人太不祥！
倒不如来结拜姊妹们，
同到庙里烧香。——
倘　那一个
受了冤屈，
决心：
大家去见海龙王，
反而了当！

——亦人：《惠安妇女吟》（1937年）①

---

① 亦人：《惠安妇女吟》，载《女子月刊》，1935年第5卷第7期。

惠安女：一个特殊女性群体社会形象变迁中的国家与乡村（20世纪30—90年代）

正如前文所言，尽管妇女集体自杀现象在惠安延续已久，但直至20世纪30年代中期才被主流媒体议论和关注，进而使惠安女这一特殊女性群体为世人所认知。需要进一步讨论的是，为何惠安的集体自杀现象恰在此时被举国热议？除探讨成因，人们又如何议论惠安女集体自杀现象？透过集体自杀现象，惠安女特殊的社会形象是怎样被建构起来的？

一、社会恐慌：舆论关注度上升的关键原因

很显然，自杀集体化的诡异景象是吸引社会舆论关注惠安这类事件的首要因素。1934年九女集体自杀发生后，湖北《每周评论》上即有文章指出："自杀而至于联盟，则自杀要求之普遍，和人世间痛苦之深可知。通常除了合门殉难之外，大抵只是一个人悄悄死去，或一对情人双双死去，至于结盟自杀至九人之多，则殊属罕闻。"① 1935年，上海《妇女月报》的《评惠安妇女同盟自杀》一文也写道："日来在报纸上，常常见到自杀的人们很多，而尤以女子比男子更多，还有一种是像惠安妇女的同盟自杀。"② 这些文章均将惠安女集体自杀归结为一种独特的自杀类型。也有论者将惠安女集体自杀与各地的举家集体自杀相提并论，认为它们是与个体自杀相对应的一种自杀现象。1935年，《正论旬刊》一篇题为《集团自杀的严重性》的文章写道："数日来，上海发现两起全家自杀的惨剧：一是五月初的天津人岳霖生全家服毒自杀案，一是张月鑫一家在大世界六层高楼继续跳楼跌毙之惨剧。这两起惨案……与去年福建漳州（应为泉州，原文有误）九女联盟投河自杀之惨剧，及去年《申报》记者秦理斋夫人率其子女三人共服毒自杀之事先后似乎呼应……均系有计划的集合许多人而共同自杀，开历史所未闻，为中外所罕见，无以名之，姑名之曰集团自杀。"③ 实际上，无论作何种归类，人

---

① 《九女联盟自杀》，载《每周评论》，1934年第124期。
② 高龙：《评惠安妇女同盟自杀》，载《妇女月报》，1935年第1卷第10期。
③ 健：《集团自杀的严重性》，载《正论旬刊》，1935年第21期。

们迫不及待对惠安的集体自杀进行归类,本身便说明此种现象超出了时人对于自杀的惯常理解方式。

20世纪30年代,社会舆论对惠安女集体自杀的关注,以及舆论视角的显著变化,更关键原因还在于整个舆论界对自杀问题的认知不断加深。可以看出,在相关问题上,20世纪30年代中期的社会舆论,显示出超越地方性视角的宽广视野,这与清末的相关报道截然不同。无论是对于惠安还是对于广东各县的集体自杀事件,清末报刊常用"真是怨偶""花好同谢"等带有诙谐之气的标题予以报道,报道者亦往往用"真奇事也"①"其情可怜,其愚亦不可及已"②等猎奇的心态进行描述。同时,这些报道常常就事论事,而没有深入考察各地妇女集体自杀现象之间的关联。

中国社会对于自杀问题认知的加深,在20世纪初便已出现。正如当代学者所指出的,近代中国的自杀问题"并非天然而本质地是个问题","其作为社会问题的一种,是由不同主体参与、介入,相互作用、共同建构的过程。重要的主体包括个人、媒体、知识分子和政府"③。20世纪初,主要由于知识界和报刊的作用,自杀作为中国社会的整体性问题在一定程度上成为社会舆论热点。④ 不过,此时,人们关注较多的是梁启超所称的"国民之自杀",而非"私人之自杀"。梁启超指出:"何谓国民之自杀,明知其道之足以亡国必欲由之是也……凡自杀之国民,必其爱国之度达于极点者也。"⑤ 人们所以"将自杀作为一种风潮加以解读",主要是为寻求"个人死生际遇与国家前途命运的关系"。⑥ 如为国

---

① 《花好同谢》,载《点石斋画报》,1886年第87期。
② 《七死一生》,载《点石斋画报》,1893年第346期。
③ 侯艳兴:《民国时期自杀问题的形成与演变》,载《兰州学刊》,2016年第4期。
④ 参见海青:《"自杀时代"的来临?——二十世纪早期中国知识群体的激烈行为和价值选择》,中国人民大学出版社2010年版,第6页。
⑤ 梁启超:《国民之自杀》,见《饮冰室合集》(专集第二册),中华书局2015年版,第90页。
⑥ 海青:《"自杀时代"的来临?——二十世纪早期中国知识群体的激烈行为和价值选择》,中国人民大学出版社2010年版,第7页。

自杀的赞成者章太炎便认为,"自戕之风,当开之,不当戒之",乃因"若必选择死所,而谓鸿毛泰山,轻重有异,则虽值当死之死,恐不能死矣"①。1905年,著名革命党人陈天华因不满日本政府歧视中国留学生的政策蹈海自杀,将这种关注为国自杀的舆论热潮推到一定的高度。与此相较,这一时期报刊对于下层社会自杀问题的关注十分有限,对于中国南方各地妇女集体自杀的报道,也停留于猎奇状态。

直至民国初年,社会舆论对于政治与自杀之关系的重视和讨论仍热情不减。其中,政治暗杀与自杀之关系、五四新青年自杀问题、梁济等遗老殉清之举等②,不断成为舆论焦点,亦成为人们将自杀视为社会风潮的重要依据。不过,在20世纪20年代前后,普通民众的自杀问题也开始被社会舆论注意和讨论。这方面的显著案例是1919年11月湖南姑娘赵五贞自杀事件。赵五贞出身小商人之家,因不满父母包办,将之嫁给古董商人吴五,愤而在花轿自杀。赵氏之举引起社会极大震惊,诸多主流报刊争相报道。毛泽东曾连续撰写多篇评论文章发表于长沙《大公报》上。③ 当然,对于普通民众自杀问题的评论,也时常被置于泛政治主义的语境中,如对旧制度的批判、呼吁社会改造,等等。

时至20世纪30年代初,中国社会面临重重危机:在经济上,世界性经济危机席卷各地,城市百业萧条,农村亦濒临破产;在政治上,南京国民政府的建立并无法完全重整近代中国混乱的政治秩序,其中央与地方均呈现分裂互斗的局面;在外交上,日本步步紧逼,大有鲸吞之意;在社会生活上,一些旧的规则已然土崩,新的规则的却未能合理地建立起来。因此,一方面,一些地区的自杀率不断攀升。如在全国最大

---

① 章炳麟著,汤志钧编:《章太炎政论选集》上,中华书局1977年版,第352页。
② 具体可参见海青:《"自杀时代"的来临?——二十世纪早期中国知识群体的激烈行为和价值选择》,中国人民大学出版社2010年版;罗志田:《对共和体制的失望:梁济之死》,载《近代史研究》,2006年第5期等。
③ 参见宋少鹏:《革命史观的合理遗产——围绕中国妇女史研究的讨论》,载《文化纵横》,2015年第4期;陈曦:《五四妇女史观能否解读赵五贞?——重读毛泽东对"赵五贞事件"的评论文章》,载《中华女子学院学报》,2018年第2期等。

的城市上海，1927—1936年"自杀率呈迅速攀升的趋势"①。由于自杀事件多发，1935年又被时人愤怒地称为"自杀年"。

另一方面，人们也从更多的视角，如经济状况、家庭生活、情感问题、道德观念、风俗习惯等关注各种自杀事件，从而使得自杀问题在舆论风潮中更为凸显。

惠安1934年的九女集体自杀事件和1935年七女集体自杀事件，正是发生在这种洋溢着自杀恐慌的情境之中，它们与1935年3月的阮玲玉自杀事件等一起构成人们讨论所谓"自杀年"的重要对象，也为惠安女这一特殊女性群体广为社会关注提供了契机。面对集体自杀这一奇异的现象，人们也不再停留于猎奇的心理，而是产生了一丝丝恐慌。不少报道使用了"集团自杀的严重性""悲壮的九女联盟自杀"之类的标题，不少人发出了"不禁毛骨悚然，真的感觉到'人间何世''真耶梦耶'"②的悲叹。

二、反思妇运：舆论关注度上升的重要推力

20世纪30年代，社会对于妇女运动的反思与批评思潮兴起，也是人们广泛关注和讨论惠安两起集体自杀事件的重要推力。这典型地体现在1935年上海《现代》杂志的《妇女们从去年到今年》一文中。在该文中，作者碧遥批评了1934年"新贤妻良母主义"的兴起；分析了妇女"有的从公共场所挤回家庭，有的从乡村挤上街头，从街头又挤入监狱，有的无家可归，从父母的怀抱里挤入敌人的当店"被"挤来挤去"的处境；反思了妇女缺乏真正觉醒，"做梦似的"对自身境况的变化"莫知其所以然"的状态；警醒妇女如若继续"顺受着外来的压力"不知抗争的话，"当更只有死路一条"。而在这篇文章中，惠安九女集体自

---

① 侯艳兴：《性别、权力与社会转型：1927—1937年上海女性自杀问题研究》，复旦大学博士学位论文，2008年，第4页。

② 乃夫：《悲壮的九女联盟自杀》，载《申报》，1934年6月29日。

惠安女：一个特殊女性群体社会形象变迁中的国家与乡村（20世纪30—90年代）

杀也成为反思素材。作者写道："最低限度在婚姻方面，自五四运动以来本有了一线开明，然而数年来进步迟迟，到去年死于这事的何止百千?最显著的有杭州女生史济华的投井，有福建惠安县的九女联盟自杀……"①

检索相关史料可以发现，碧遥所发出的反思性言论在彼时十分盛行。从19世纪末至20世纪30年代，中国妇女解放运动在一些关键领域已取得不凡功绩，但问题也十分明显，这引起有识之士的极大不满。仅以县以下的乡村为例。尽管中国妇运波澜起伏，在这一广阔的地域里，妇女仍没有获得多少真正的解放。她们"仍过的是牛马生活……受的是奴婢待遇；她们无时不在希望痛苦之解除……无时不想跑出地狱"。但在当时，"从事妇运的女同志们，从未曾喊'到农村去，解除乡村妇女的痛苦'的口号，事实更谈不到"。②人们纷纷呼吁，"所谓妇女运动者，是为全数的妇女造幸福，不仅是为一部分或城市妇女谋解放"，必须重视乡村女界存在的问题。正是随着这种反思运动的开展，乡村妇女逐渐摆脱了"无人理"的状态，而被列为彼时中国"妇女解放问题的核心问题"，她们的生计方式、社会地位、婚恋权利、教育权利、思想状态等引发更多的舆论关注。许多论者指出，欲求问题解决，必须"到乡村去"，"实地调查他们的生活，考察他们的痛苦和被压迫的实际情形……这样才能捉住妇女解放运动的核心，也才能够走上妇女解放的战斗前线"。③报刊媒体对惠安女集体自杀现象的聚焦，正是在这一大的舆论环境中出现的。

因此，在众多报刊中，人们虽试图从地域文化中搜寻惠安女集体自杀的关键致因，却也不约而同批评传统婚姻、家庭模式，抨击封建礼教对人性的压迫，并对中国妇女解放运动存在的缺陷进行反思。1934年6月21日惠安九女集体自杀事件发生后，《申报》即有多篇文章持此批评

---

① 碧遥：《妇女们从去年到今年》，载《现代》，1935年第2期。
② 《短评：乡村妇女没人理》，载《农村月刊》，1930年第6期。
③ 蕙梅：《湖南的几种乡村妇女的生活写实》，载《妇女共鸣》，1933年第2卷第1期。

态度。如6月29日,乃夫的《悲壮的九女联盟自杀》悲愤地指出:"历史地说,中国的封建宗法制度现在该是没落的了。但是事实告诉我们,它的惨毒却一天甚似一天。"① 7月1日该报刊登的碧遥《说投水》一文,将此事件与杭州行素女校学生史济华投井自杀相联系,并批评道:"杀人的封建婚姻,是这般根深蒂固,任凭你摇来摇去,自新文化运动以来十余年功夫,竟没有摇落地它些儿枝叶!固然,这其间未始不有些时期比较开明,然而因为对这株千古魔树的围攻,常是一擒一纵,故此有得它岸然复古的机会。它的一次新生,必然加重一次青年的死灭。尤其妇女方面,咬牙切齿,肠断泪枯,以踏进新婚之门或死国之门的不知多少?万恶的封建,万恶的封建婚姻!"② 而在天津《益世报》上,人们的反应也是如此。如敏贞的《自杀与婚姻》从社会变迁角度指出,这是新旧两代人婚姻观念差异所造成的。"青年们对于父母之命,媒妁之言发生了极大的反动。父母方面不肯体谅,青年们理性欠差,意志薄弱的往往因此或愿牺牲前途,抛弃了毕生的幸福,便轻易走上自杀之路。"③

1935年9月的惠安七女集体自杀事件后,类似的言论也屡现报章之中。例如《女子月刊》发表的《自杀同盟》一文,将惠安女集体自杀与1934年上海闺秀发起的"不嫁同盟"相提并论,认为"这种惨剧的发生,是由不合理家庭,不合理礼教的驱迫"所致。④ 此外,《女声》杂志上也发表了《道德会与同盟自杀》一文,在批评韩复榘夫人高艺珍组织的"联络各界明达妇女","想把妇女从道德方面养成良妻贤母"的"妇女道德会"后,也以惠安七女集体自杀为例,认为中国妇女并非缺乏"检束",相反是"旧宗法制的势力活活将其逼迫致死"。⑤

---

① 乃夫:《悲壮的九女联盟自杀》,载《申报》,1934年6月29日。
② 碧遥:《说投水》,载《申报》,1934年7月1日。
③ 敏贞:《自杀与婚姻》,载《益世报》,1934年6月28日。
④ 允:《自杀同盟》,载《女子月刊》,1935年第11期。
⑤ 宸:《道德会与同盟自杀》,载《女声》,1935年第21期。

惠安女：一个特殊女性群体社会形象变迁中的国家与乡村（20世纪30—90年代）

总而言之，旧式婚姻、家庭持续束缚，整个封建礼教僵而不死，从而使得中国女性自杀现象层出不穷，这成为人们通过惠安两起集体自杀事件而达到的对于中国妇运现状的体认。他们也由此得出感悟："在这畸形的社会组织之下，一直到现在，妇女们的生活，还是没有走上人的生活之途。虽然，妇女解放的空头口号，已经高唱入云霄，但实际上是没有解救被压在地狱里面的女同胞们的真实痛苦于万一，莫不是吗？"[①] 不过，在一些人看来，婚姻、家庭、礼教以及妇运的缺陷也并非问题的根本。"不合理家庭和不合理礼教，乃是不合理社会下必然的产物"[②]，落后的社会制度才是问题之源。"在健全的社会里，人之常情总是好生恶死。而在贫乱的社会里，人之常情却是好死恶生了。今若就中国青年而问之，则十之八九是悲观。都市中青年自杀案之频频发见，上海各旅馆所以成为自杀者吃安眠药的总汇，亦就是贫乱的社会，人情好死恶生之征象。"[③] "所以在整个社会问题没有解决的时候，妇女问题也是无从解决，而妇女自杀的惨剧，当然也无法消减。"[④]

尽管社会舆论充满反思和同情，但很显然并不认同妇女将自杀特别是集体自杀作为抗争手段。许多书中多用"论者"。论者明确表示，"自杀是懦弱的表现，既不是抵抗，又无足要挟，徒牺牲自己，复无济于事"[⑤]，集体自杀"真所谓该死的人拢到一只船上去"[⑥]，"假使不是丧心病狂，那也有一种神经错乱"[⑦]。人们呼吁，中国妇女"要想冲破黑暗的周围，只有靠着在这周围里的人们自己来挣扎奋斗才有出路"，"希望在黑暗周围里的妇女们，要拿集团自杀的勇气来作奋斗的精神"[⑧]，

---

① 炯女士：《旧式婚姻戒严运动》，载《申报》，1934年7月7日。
② 允：《自杀同盟》，载《女子月刊》，1935年第3卷第11期。
③ 健：《集团自杀的严重性》，载《正论旬刊》，1935年第21期。
④ 允：《自杀同盟》，载《女子月刊》，1935年第3卷第11期。
⑤ 允：《自杀同盟》，载《女子月刊》，1935年第11期。
⑥ 高龙：《评惠安妇女同盟自杀》，载《妇女月报》，1935年第10期。
⑦ 允：《自杀同盟》，载《女子月刊》，1935年第11期。
⑧ 允：《自杀同盟》，载《女子月刊》，1935年第11期。

"同盟着去和环境奋斗……将社会改革好了，不单自己可度着幸福的生活，从此别的妇女，也不用再同盟自杀了"①。

三、"问题"女性：舆论中的惠安女早期形象

20世纪30年代中期以后，随着对两起集体自杀事件的讨论，惠安女逐渐成为备受关注的特殊女性群体。人们争相"窥探"惠安女的生存状态，并从各个侧面进行描述和报道，从而建构了这一群体的早期社会形象。

20世纪三四十年代，各种有关闽南的考察性文章便凸显出这种关注，从中可以看到，惠安女成为勾绘闽南社会的重要元素。如1935年，上海《妇女生活》杂志发表丁戈的《福建的劳动妇女》一文，以晋江和惠安两县妇女为重点对闽南妇女生活状态进行介绍，进而展示在"洋客文化"影响下的福建女性文化。②又如，1943—1944年，女学者谢怀丹连续发表《闽南农村漫谈》，文中指出闽南社会存在诸多具有地域性特征的社会问题，如宗族械斗、侨眷问题、"媳妇仔""番仔婆"、螟蛉子、"女壮丁"，以及惠安女集体自杀等。③再如，汪时扬写于1945年的《闽南纪行》，在"社会问题"方面着重关注了闽南的两性问题，这主要体现为知识女性的择偶问题、侨眷守活寡问题与惠安女集体自杀问题。④

报刊上也出现了不少专门介绍惠安社会及惠安女的文章，它们更细致展现了惠安女的群像特征。如1934年10月17日《申报》发表的《闽南惠安的妇女》、1936年12月13日厦门《江声报》发表的《惠安

---

① 高戎：《评惠安妇女同盟自杀》，载《妇女月报》，1935年第1卷第10期。
② 丁戈：《福建劳动妇女》，载《妇女生活》，1936年第2卷第5期。所谓"洋客文化"指的是因大量人员出洋务工而对地方社会造成的影响。
③ 以上资料引自怀丹：《闽南农村漫谈》，载《新福建》，1943年第4卷第4、5合期；怀丹：《闽南农村漫谈》，载《新福建》，1943年第4卷第6期；怀丹：《闽南农村漫谈》，载《新福建》，1944年第5卷第1期。
④ 汪扬时：《闽南纪行》，载《新福建》，1945年第7卷第5期。

的妇女》，以及1937年《女子月刊》发表的《惠安妇女吟》一诗，均描绘了惠安女的劳作之苦、生活之苦与婚姻之苦。① 再如，1944年，林一星在《福建妇女》上对惠安妇女特殊风俗进行的讨论。作者从惠安女的发式着手，进而介绍她们的"劳苦"生活，以及"结拜姊妹""长住娘家""迷信太深"等风俗。②

尽管报刊媒体众声喧哗，人们对于惠安女形象的建构主要集中在以下几个方面。

首先，"古朴、劳苦、节俭"。大多数论者注意到，惠安女的生存环境十分恶劣，"土壤不宜于种稻……农产品便以地瓜（甘薯）、落花生最多"③。因而，惠安女的生活十分贫苦，"食粮多半是靠砂园栽种着番薯，假使是贫苦的人家，连番薯粥也很少有的吃。普通不是吃番薯干就是吃番薯签"④。为了生活，惠安女也不得不十分辛劳，城里的妇女需"做点手工，如糊金纸、纺纱等"以补家用，乡村的妇女则自幼便需学会耕作和操持家务。⑤ 如若在海边，妇女不仅要上山砍柴，还要下海捕鱼。沈媛璋的《上山下海的惠安妇女》，生动描绘了海边惠女的辛劳形象：

> 在那些苍古的礁石上，是牡蛎的生长地方，许多妇女赤着双足，攀石而上，将礁石上的牡蛎敲下，挑负到市场上兜售。因为土地贫瘠，海风狂吹，树木都不易长大，对于播种稻粟，更难长成，只宜种蕃（番）薯、花生、大豆、麦子，所以妇女平日除上山砍柴，下海捕鱼之外，在农忙时节，还得锄草耕地，播种杂粮。⑥

---

① 宇园：《闽南惠安的妇女》，载《申报》，1934年10月7日；亦人：《惠安妇女吟》，载《女子月刊》，1935年第5卷第7期；《惠安的妇女》，载《江声报》，1936年12月13日。
② 林一星：《惠安妇女的特殊风习》，载《福建妇女》，1944年第3卷第2、3合期。
③ 林一星：《惠安妇女的特殊风习》，载《福建妇女》，1944年第3卷第2、3合期。
④ 李拱宸：《惠安秃头山下风俗谈》，载《东方杂志》，1936年第4号。
⑤ 《惠安的妇女》，载《江声报》，1936年12月13日。
⑥ 沈媛璋：《上山下海的惠安妇女》，载《妇女共鸣》，1943年第12卷第2、3期合刊。

有趣的是，海边惠女的这一劳动形象，至今仍为许多文艺作品所热衷描绘。沈嫄璋还指出，惠安女不仅承担起家务和农耕重任，"抗战以前，在厦门、漳州、泉州等地，都有惠安妇女，在这些城市里做苦工，她们和男子一样做着挑运、敲石块的劳苦工作"①。不难看出，惠安女是惠安社会生产的主力军，她们的"劳动能力不亚于男子"。一些论者甚至认为，惠安女的"生产能力，可以说是现在一般妇女的模范"。② 惠安女的辛劳生活也塑造了她们的外在形象："她们的身体却了不得，个个筋肉发达、皮肤黝黑，挑起担子来实在不亚于男子。"③

在关于惠安女劳动形象的描述中，人们也论及当地的两性分工问题。尽管一些论者也用鄙夷的态度嘲讽惠安"男子却安坐家中，吃着现成饭"④，大多数人与前文笔者所指出的一样，均注意到由于生存环境所迫，"惠安的男子，不是出海捕鱼，便是往外县做工"⑤，或是"往南洋谋生"⑥。《闽南惠安的妇女》一文写道："（惠安）大多数的男子都因在本地不能生活而到闽南的各县去做工。因为惠安是紧靠着海，即没有多量的农田，又没有工厂的设立。因而所有的经济是不能像一般地方建筑在农村上；也不能建筑在县城的小商业上。惠安人在闽南各县的生活，也正如江北人在江南各县的生活一样。"⑦ 当人们称颂惠安女的"古朴、劳苦、节俭"时，实际上并未过多苛责惠安男性，而是感叹于自然环境对两性的共同压迫。

其次，"种种不良风俗牢不可破"⑧。特别是集体自杀风气和长住娘家习俗，这成为社会舆论建构惠安女形象的主要元素。正如《江声报》

---

① 沈嫄璋：《上山下海的惠安妇女》，载《妇女共鸣》，1943年第12卷第2、3期合刊。
② 林一星：《惠安妇女的特殊风习》，载《福建妇女》，1944年第3卷第2、3合期。
③ 《惠安的妇女》，载《江声报》，1936年12月13日。
④ 沈嫄璋：《上山下海的惠安妇女》，载《妇女共鸣》，1943年第12卷第2、3期合刊。
⑤ 林一星：《惠安妇女的特殊风习》，载《福建妇女》，1944年第3卷第2、3合期。
⑥ 崔钟瑛：《革除惠安妇女集团自杀》，载《政干通讯》，1940年第1卷第1期。
⑦ 宇园：《闽南惠安的妇女》，载《申报》，1934年10月7日。
⑧ 崔钟瑛：《革除惠安妇女集团自杀》，载《政干通讯》，1940年第1卷第1期。

惠安女：一个特殊女性群体社会形象变迁中的国家与乡村（20世纪30—90年代）

的《惠安的妇女》一文所强调的，惠安女的婚姻问题"闻名全国"，"特别值得一谈"，人们争相对这两个风习发表议论和猜想。《惠安的妇女》一文便从长住娘家习俗切入写道：

> 惠安一般的妇女，到了十五六岁就要出嫁了，当然是"父母之命，媒妁之言"。出嫁后三日就回转娘家，离城较近的乡下，到了节日或过年，才去夫家，但第二天一早，又跑回娘家去了。离城较远的乡下，那就过节也不去夫家，一直要到除夕夜……（因为惠安的风俗，是出嫁的女儿，不能在娘家过年的，恐娘家风水会被她们破坏的）才回夫家去，若是到目的地时天还未黑就坐在路旁等天黑下来，始肯走进夫家大门。正月初二一早又跑回娘家了。除非要生小孩了，才能住在夫家。①

在详谈了长住娘家给妇女带来的有家不能归之困境后，文章痛斥这种风俗是集体自杀的直接肇因：

> 这种坏习惯，不知屈死多少无辜性命。因为有的夫妻感情并不坏，因风俗这样，不得不两方割爱分离，那么怨叹自不能免，于是这班可怜的女性，就结串成群（用绳子缚成一串）没到水里去死的，每年不知要有多少。②

在所有的讨论中，女学者谢怀丹的猜测颇值得关注。虽然与其他论者一样，谢怀丹也介绍了当地的长住娘家风俗，但她并未简单将两种现象确立为因果关系，而是十分疑惑地写道：

---

① 《惠安的妇女》，载《江声报》，1936年12月13日。
② 《惠安的妇女》，载《江声报》，1936年12月13日。

第一章 特殊风气与新中国成立以前惠安女形象之建构

> 为什么会发生这种风俗和风气呢？在目前，似乎还没有找到一个圆满的答复。对于不回夫家的风俗，大家还不会觉得怎样奇怪，特别引起人们的注意和惋惜的是几乎一年一度的青年妇女的集团自杀。①

谢怀丹还称，她也曾就起因问题与惠安当地人士探讨，但均不得其解。她提出一些有趣的猜测，但由于所掌握的资料有限又被自己否定了。谢怀丹写道：

> 例如姑媳不和、夫妇反目等，可是这种现象在别处也有，为什么别的地方没有集体自杀事件？有的是说跟不回夫家的风俗有密切关系，但广东也有"不落家"的风俗，可是也没有集体自杀的风气。②

实际上，在前一节中笔者对谢怀丹的这些猜测已有回应并作出相应的解释。

再次，惠安女的奇特装束也引发人们兴趣。1935年，曾到惠安静修的弘一法师写道："（惠安）山石玲珑，世所罕见，民风古朴，犹存千年来之服饰，有如世外桃源。"③ 不过，与今人对惠安女奇特装束的积极宣传态度不同，20世纪三四十年代的讨论者往往用"问题"化的眼光进行审视。如1936年，上海《妇女生活》杂志上的《福建的劳动妇女》一文指出："讲到她们（即惠安女）底穿着，很会使我们联想到没有开化野蛮人的原始状态。"从作者的描述中可以看出，所谓"没有开化""野蛮""原始状态"的惠安女装束主要包括以下几方面特点：

---

① 怀丹：《闽南农村漫谈》，载《新福建》，1944年第5卷第1期。
② 怀丹：《闽南农村漫谈》，载《新福建》，1944年第5卷第1期。
③ 转引自郑国明：《正在消逝的历史》，中央编译出版社2006年版，第51页。

惠安女:一个特殊女性群体社会形象变迁中的国家与乡村(20世纪30—90年代)

一是服饰:"她们几乎整年地穿着一身棕黑色的滚边衣服,上褂长到了膝上,下裤管是狭而又短的。"

二是发饰:"头上梳着个瘦长的高髻儿,扎着有颜色的粗绒线(这种线条很多是区别她们底身份是嫁了丈夫的或死了丈夫的)。"

三是帽饰:"在高髻上又挂了套笠状的黑色的硬布做的东西,围去了整个脑袋,直盖到额际上来。"

四是耳饰:"耳朵上挂着的是付(副)沉重而又笨拙得可笑的银白大耳环,直垂到肩上来。"

五是足饰:"除上晚上短时间的休息外,她们几至终年赤着脚的。"①

一而言之,惠安女衣着尚黑、包裹紧密、发型奇特、耳环笨拙,故而遭到作者的批评。不仅该文如此,1944年,《福建妇女》杂志上也有文章针对惠安女的奇特发型揶揄道:

谈起惠安妇女,大家都会笑她们的发髻的形式,很像现在的兵器,形形色色都有,有些长长的好像驳壳枪的样子,有些短短的,好像短枪的样子;有些结成圆圆扁扁的,好像地雷炸弹的样子……不过她们的结发式,虽大大小小长长短短各形色色,但每个妇女们无论是老的少的,都要包着一块黑布头巾,这是她们的特征,也使她们留着一点古风。②

1949年初,活跃于经济学界的文泽宏到莆仙、泉州、厦门、漳州等地考察,其《闽南记行》一文亦关注了惠安女的服饰颜色和帽饰特色。与《福建的劳动妇女》一文不同,文泽宏听闻惠安"年轻的女人都欢喜穿

---

① 丁戈:《福建的劳动妇女》,载《妇女生活》,1936年第2卷第5期。
② 林一星:《惠安妇女的特殊风习》,载《福建妇女》,1944年第3卷第2、3合期。

绿衣"，这"和莆仙一带女人的穿红衣恰成对比，倒也相映成趣"。文泽宏也写到惠安女的帽饰："凡是结了婚的女人都戴一种帽子，帽檐上一边有双角，长约三寸，如果死了丈夫，那两角就必须向下垂"。文泽宏提供了一个有关惠安女帽饰的传说："相传在若干年前当地有一批女人曾被选进皇宫，这习惯亦即当年皇宫中的打扮，不知究竟确否。"①

由上可见，在20世纪三四十年代的各种社会舆论中，人们从日常生计、社会习俗、服饰特征等建构了惠安女的基本社会形象，既描绘了这一群体的外貌特征，也彰显了她们艰苦、古朴的内在气质。不过，总体而言，时人建构的是一个充满"问题"的惠安女形象。尽管由于社会生产参与度较高，惠安女被称为"全闽罕见的良妇"②，这种称颂背后却是与资源贫乏、生计艰难、生活贫困等"问题"相关联。更何况，在她们的习俗中，充满了不正常的婚姻生活、集体自杀、保守的装束等问题。因而，"问题"女性是这一时期人们描述惠安女形象的总基调。

20世纪30年代，社会舆论对惠安女形象的"问题化"建构，显然是在国族主义四处流行的社会背景下进行的。正如前文所言，人们对于惠安女关注本即是在关怀社会矛盾、呼吁女性解放等泛政治主义语境下进行的。20世纪30年代中期以后，随着全面抗战爆发，对于惠安女的关注渲染了更多的时代色彩。论者指出，对于惠安女的关注，其实是希望在"在抗建大时代里，对她们的好处，应该提出给一般女同胞作榜样，坏的地方也需要检点批评和改革"。他们认为，惠安女的种种不良习俗应该得到认真改革，这样"不但对惠安的一般妇女有益，就是对抗建事业前途，也有莫大的裨益"③。当然，女权问题以及对旧社会的批判也仍是这些舆论的不变底色。人们在批评惠安女的不良风俗时，不断直言："宗法社会的势力，在惠安是雄厚的，这残酷的毒焰，杀害了许多

---

① 文泽宏：《闽南记行》，载《旅行天地》，1936年第1卷第2期。
② 林一星：《惠安妇女的特殊风习》，载《福建妇女》，1944年第3卷第2、3合期。
③ 林一星：《惠安妇女的特殊风习》，载《福建妇女》，1944年第3卷第2、3合期。

青年妇女的生命,葬送了许多妇女青春。"① 论者呼吁道:"可怜呀!这些无知妇女愿生生分离……死于非命,不愿提出精神和环境奋斗,像这屈杀于环境下的可怜虫,前进的妇女们应该速与援救才好。"②因此,20世纪三四十年代,惠安女的"问题化"形象的塑造,从某种程度上说,是这一群体形象的"国族化"的结果。

第三节　扭转风气的努力与困境

　　无论是现实中存在的不良风俗问题,还是被"问题化"的形象塑造,民国时期的惠安女一直处于"问题"的漩涡中。因此,如何扭转风气解决问题遂成为社会各界关注的重点。为此,惠安民间、知识界和地方政府亦多有自己的应对方案。特别是负有社会管理之责的地方政府,无疑成为各种移风易俗活动的主导力量。在各方的压力之下,国民党惠安县政府曾试图运用各种途径化解长住娘家风俗、遏止妇女集体自杀,然而无论直接或间接的介入,其效果都十分有限。

一、民间乏力、扭曲的应对之举

　　自杀是影响社会稳定的严重现象。晚清以来,惠安乡间严重的妇女集体自杀现象,以残酷的方式造成许多家庭妻离子散、残缺不全。亲人们为倏然离去的生命感伤不已。如1948年,惠安县玉塘村人孙克念之妹,疑因受族人"无端毁谤"于"中秋前三日,突与其同伴……投水自杀"。在《忆妹》一文中,孙克念十分伤怀地写道:

---

① 沈㛃璋:《上山下海的惠安妇女》,载《妇女共鸣》,1943年第12卷第2、3期合刊。
② 《惠安的妇女》,载《江声报》,1936年12月13日。

第一章　特殊风气与新中国成立以前惠安女形象之建构

噫！命也何如，乃至于斯……甫抵家门，始聆其情，是以声泪俱下，痛不欲生……呜呼，诚知如此，余何能远离乎。惟日与慈母相见涕泣言：自今而后，欲窥吾妹音容，实永无期矣。唯有仰望云天而长叹耳。①

相较于私人情感，妇女自杀之后所引发的宗族/家族械斗等社会矛盾，更成为困扰惠安社会的一大弊病。与中国南方的许多地区相似，1949年以前，惠安社会大规模械斗时有发生，"往往睚眦结怨，口角生端。濒年械斗，祸延数里，致田园荒芜，人民涂炭"②。1922年，惠安人曾恬如便注意到，妇女集体自杀事件发生后，往往"女家则大兴问罪师。向男家索偿命金，少则几十金，多则几百金。或两不相下，酿成械斗，致人死财亡，倾家荡产者，不可胜数"③。1936年，厦门《江声报》《惠安的妇女》一文的作者也观察到，妇女自杀后，"她们的父母，就联合亲堂，大起问罪之师，夫家是大族，还好一点，如果是小族，就糟糕了。她们的父母，就要大肆敲诈，少则替死者做大功德，大则就要几百块钱才能了事"④。尽管因集体自杀而引发的宗族/家族械斗具体史料很难寻获，妇女个体自杀后招致这类事件的案例却十分多见。姑举两例为证：

（一）1930年惠安北部朝林乡与坑内乡械斗事件：惠北坝头朝林乡连土生有女嫁于邻近三陈顶头坑内乡陈带为室，完娶已三四载矣。连女现年约廿三四岁，不知缘何细故，竟于七月杪服芙蓉膏而死。该坝头人以女系自尽，不太甘心，风声欲掳三陈人，但未实行。讵该三陈为先发制人计，乃掳朝林乡连凉殴打重伤，后由公亲

---

① 孙怀伟编著：《玉塘孙氏官房家谱》，1999年，第196—197页。
② 何稚华：《记乡土社会与教育之概况》，载《惠安旅厦学会月刊》，1922年第2期。
③ 曾恬如：《村民泪》，载《惠安旅厦学会月刊》，1922年第2期。
④ 《惠安的妇女》，载《江声报》，1936年12月13日。

惠安女：一个特殊女性群体社会形象变迁中的国家与乡村（20世纪30—90年代）

山腰乡人出任调停，向该三陈疏通，将所捕之连凉先行保回医治，然后妥为解决。惟连凉保回而后，该三陈人不遵公意见，伤者之医药费拒绝赔偿，致事不能清楚，激成械斗。近日，该三陈之顶坑内乡陈带之堂亲陈振来在战场中被坝头人击毙，现双方各走极端，事情更难解决。①

（二）1930年惠安南庄乡乡人追打社坝乡黄某事件：惠安东部社坝乡有黄某之女名慎娘，年十九岁，去年嫁于南庄乡柯某为室。慎娘归后，常在母家。本月二日因细故与乡人黄连福口角，竟自缢身死。其夫闻讯直到该社坝乡黄家，将女死尸舁入连福家中，同时并集乡人数百名兴问罪之师，到该社坝强索赔命。黄连福幸闻风远逃，否则定吃大亏。旋由邻乡公亲出任斡旋，每人各送花红洋五角，该柯某乡人始退……双方均向县政府互控……②

从中可以看出，妇女自杀不仅对私人生活领域造成冲击，也严重扰乱地方公共秩序。此外，也可以看出，地方宗族/家族械斗充满了利用妇女自杀后夫家与娘家矛盾进行套利的行为。如1930年的惠安北部朝林乡与坑内乡械斗事件，"三陈"一方"受其毗邻白井乡陈成裘所唆使，故事不能早日了局"。据报载，"陈成裘为该地著劣，平素与仙游匪郑猫公勾结甚深，郑匪历次拘捕该临近各弱小乡民，陈成裘实有与谋，乡民虽洞悉其奸，但处于淫威之下，亦不得不以鬼就鬼，常托成裘为匪公亲，以求眼前无事，械斗不息亦正成裘从中渔利之好机会也"③。由于这些套利心态与行为的存在，民间社会对于妇女自杀的反应时常是扭曲的。

---

① 《惠北坝头三陈发生械斗》，《惠安旬刊》1930年第13期。
② 《一女与痴汉口角自缢牺牲》，载《惠安旬刊》，1930年第11期。
③ 《惠北坝头三陈发生械斗》，《惠安旬刊》1930年第13期。

第一章　特殊风气与新中国成立以前惠安女形象之建构

图1.3　晚清画报中的惠安县械斗事件①

实际上，惠安地方社会也不断思索如何制止这类妇女集体自杀。但在传统社会，民间的应对能力十分有限，他们所能想到的主要是借助宗教的力量。"数千年来中国民众的社会生活从未离开过神的干预。天地鬼神信仰，构成了古代民众世界观、人生观的主要内容。古代许多民众对神鬼似乎有一种天然的依赖心理……他们认为许多自然现象、

---

① 图片《惠安械斗之惨剧》，载《时事报图杂俎》，1908年第245期。文中写道：福建惠安府二十里，有陈姓者去年因纳张姓逃女，张遂诬陈姓拐诱，以致二姓大起冲突，伤毙人命无数。后经府尊带队亲临，拿凶究办，始稍敛迹。讵至近日死灰复燃，仍昼夜械斗不已。掳获之男，则任意凶殴，劫掠之女，则肆行窨辱，化外行为，不忍言状。而地方官长反旁观袖手，任其自杀自灭。此亦地球上特别治体也。

惠安女:一个特殊女性群体社会形象变迁中的国家与乡村(20世纪30—90年代)

社会现象都是神鬼意志的体现,非人力所能改变。"① 在此种心理作用下,民众往往企图通过求神拜佛等宗教行为消弭危机。正如前文所言,传统惠安社会"尚巫鬼,信灾祥",女性集体自杀后,民间以惯有之意识将解决的希望寄托于自然神力。如在妇女投水后,民众便在所投之水附近,"山之麓,道之傍,筑坛塑像祀之。像不以泥,不以木,而以纸糊之";同时还会设坛祭拜,"坛不设门,高不及肩。乡人以事祷者辄应,酬以牲礼,献以花粉"。② 为防止枉死者作祟,乡人还"在死过人的池塘里引魂超度,建立庙宇,有的偷偷地把死过人的池塘填浅,把吊死过人的大树连根砍掉"。一个典型的案例是,1949年以前,惠安东部的小岞前型村,曾为"集体自杀死去的妇女们在村子周围建立了十多间夫人庙"③。

宗教行为是乡村民众应对危机的惯常反应,它虽然满足了民间赈灾祛邪的心理,给民众带来一丝情感上的安慰,但无助于遏制惠安女集体自杀行为。亦如前文所言,许多惠安女不仅未因此放弃轻生之念,反倒以可成为所谓的神明"而招群自杀"。求助宗教效果有限,来自广东的案例也可资说明。19世纪50—80年代,广东丰顺县榴隍一带的妇女联袂轻生风潮,由于死者太众,当地绅士不得不呈请知县,要求仿韩愈祭鳄鱼致祭河伯。光绪八年(1882年)农历七月十五日,丰顺知县许普济"率当地绅耆备牲牷、为文祭河伯于榴隍江干"。尽管民国《丰顺县志》认为,此次祭拜之后,妇女集体自杀之风已经解决。④ 实际上,这只是编志者一厢情愿。民国时期,这类事件仍为祸频频。1951年7月11日,《南方日报》一篇描述榴隍妇运事业的文章,便举了民国时期该区田鸪村七少女因受压迫集体自

---

① 阴法鲁、许树安:《中国古代文化史》第3册,北京大学出版社1991年版,第455页。
② 挽鹅:《民俗志怪·跳鳌》,载《华报》,1932年6月21日。
③ 《伟大的改革光辉的胜利》,载《福建日报》,1952年12月18日。
④ 参见《民国新修丰顺县志》(汕头铸字局梅县分局,1943年)大事记及卷三大事记及卷二十六杂录。

杀的事例。①

二、知识分子改良社会的努力

　　传统民间社会应对危机乏力，作为社会先觉者，惠安的知识分子不得不主动承担起改良社会的责任。他们承袭了近代以来的国族主义分析模式，将不良风俗与近代中国弱国地位的形成直接联系。如有论者指出："造成民族的要素，不外是血统、宗教、语言、生活和风俗习惯这些自然力。那么民族地位的高低，国家权力的强弱，社会秩序的好坏，当然是要看这些构成民族的要素了。现在我们民族的地位为什么会陷于殖民地的地位，国家为什么会衰弱到这种田地，揣其原因，虽然不止一种，可是风俗习惯的不良，确实可以说是其中最大的因子。"② 惠安的知识分子体认到，改良风俗乃造福家乡、强国强种的重要途径。他们指出，惠安"僻处荒区，风气闭塞，文化既不发达，旧习又难骤除，风俗恶劣"，批评"宰斯邑者，复依违从事，致令生灵日陷于涂炭，社会日见其纠纷"，希望通过一些努力破除陋习，提倡新风。③

　　面对严重的妇女集体自杀现象，惠安的知识分子不停呼吁社会各方予以重视，"极力改革，以解惠民之倒悬"④，特别是"惠安当局以及妇运工作者要运最大的魄力，配合着教育的力量，把这种怪现象的陋习"⑤改变过来。作为众矢之的，长住娘家习俗自然成为惠安知识分子要求破

---

① 参见钟晋兰的《文献与田野中的妇女集体自杀研究——以清末以降的粤东陆隆镇为中心》[载《嘉应学院学报》（哲学社会科学），2014年第6期］，以及岁波的《20世纪前后粤东留隍地区妇女集体投江与侨乡社会》（载《八桂侨刊》，2014年第3期）、《清末民国时期留隍与惠安两地妇女集体自杀共性探析》[载《广西师范大学学报》（哲学社会科学版），2014年第5期］。
② 林其昌：《对于组织惠安风俗改进会的一点意见》，载《惠师学生》，1936年创刊号。
③ 王晴村：《为惠安风俗改进会进一言》，载《惠师学生》，1936年创刊号。
④ 曾恬如：《村民泪》，载《惠安旅厦学会月刊》，1922年第2期。
⑤ 金启锵：《闽南行》，载《星闽日报》，1948年1月27日。

惠安女：一个特殊女性群体社会形象变迁中的国家与乡村（20世纪30—90年代）

除的对象。如在1936年创刊的《惠师学生》上，不少学生提醒新成立的"惠安风俗改进会"要特别注意这一风俗，因其常常引起夫妇反目、妇女"悬梁投水"。①

不过，惠安知识分子由于妇女集体自杀现象而对于家乡婚姻家庭问题的批判，涉及面十分广泛。如关于早婚，惠安知识分子指出，这是造成妇女集体自杀的原因之一。"子女既不识婚之大伦，而妄为之结婚，则往往酿出夫妻反目，而自戕其身者，如溺水自缢，似此恶俗，皆早婚肇之也。"② 不仅如此，"早婚之害有三：（一）'成为弱种'。一人行之，万人踵之，亡国无日矣！（二）'贻误学业'。人于求学，年龄还轻，脑力自富。及乎婚娶后，为色所迷，为情所霸，迷□不悟，废学随之。或者生产子女，增加经济，便阻遏求学之前程。（三）'种毒社会'。社会之所以赖以立、赖以安者，实赖于人民之相安相助。人民之能相安相助，实赖有教育以启道之耳。学生当此求学之时，学问未成，教育之道未得，自身尚不能自主，子女等安能施适当之教育，行良好之教训？子女自无教育之可言，安知他日不流为游民，蠹国败家。为社会之毒乎？"③ 因此，惠安的知识分子疾呼，"早婚的陋习不可不打破它，它会扰乱我们的家庭，夭折我们的子女"④。再如包办婚姻也被指责为破坏家庭和谐，导致妇女自杀的要因之一。"父母主婚，男女双方时常弄到不能和睦，不是男的不喜欢女的，便是女的不喜欢男的……男的讨不到称意的老婆，便就背井离乡，不想回家，致令闺中少妇，尝着空房的苦味。女的有时嫁着不相偶的丈夫，便生厌世观，投水或悬梁自尽，作种种无谓的牺牲。"⑤ 因此，提倡自由婚姻，废除父兄之命，媒妁之言也成为惠安知识分子寄望的改良风俗与挽救妇女之策。

---

① 王晴村：《为惠安风俗改进会进一言》，载《惠师学生》，1936年创刊号。
② 《吾辈所当改良者》，载《惠安旅厦学会月刊》，1922年第2期。
③ 《学生的责任与惠安风俗的改良》，载《惠安旅厦学会月刊》，1922年第2期。
④ 仲禹：《惠安的现在和将来》，载《惠安旅厦学会月刊》，1922年第2期。
⑤ 王晴村：《父母主婚与自由缔婚》，载《惠师学生》，1936年创刊号。

不仅是在舆论层面,不少知识分子也在实践层面进行努力。他们通过表演通俗剧、发放传单、张贴漫画等形式,深入民间掀起改良运动,并尝试对妇女进行启蒙教育。如1926—1937年,惠安知识分子杨逢祥、李灼其、庄连福等组织的"惠东改良风俗团",利用暑期回乡之际,在惠安东部一百多个村庄中开展宣传和改革运动。① 1931年,惠安"县立螺阳中学学生自治会……鉴于惠邑风俗腐恶,婚姻制度尤甚,乃提倡开演新剧以期启迪民愚"。学生选定《芙蓉花泪》剧本,勤加演习,同时筹集经费准备公演。② 1936年,惠安一些知识分子又起而组织了旨在"革降陋习,推行新运,发扬民族之精神,促进社会之风化"的"惠安风俗改进会"。③

在惠安知识分子的改良实践中,影响最大的当属1926—1937年惠东改良风俗团的宣传和改革运动。这个团体以发传单、贴漫画、演戏等方式宣传风俗改良。他们着手改良的妇女和婚姻家庭问题包括:"劝导青年妇女婚后常住夫家""劝导妇女不要梳蝴蝶大髻、缚'八只'和穿裙衣""反对买卖婚姻""禁止婚丧喜庆铺张浪费"等。针对妇女集体自杀现象,惠东改良风俗团表演了《妇女勿自杀》等化装戏剧,教导那些有自杀倾向的女性。知识分子们也努力劝导青年妇女婚后常住夫家,从而缓解婚姻家庭矛盾。从当事人的回忆可以看出,尽管这场持续10年之久的宣传改良运动取得不少成效,不良风俗得到一定改善,但终究没有彻底根除陋习。④

三、地方当局的介入与失利

由于民间缺乏应对能力,惠安女集体自杀事件愈演愈烈。于是从20

---

① 庄莲馥:《对"惠东改良风俗团"的回忆》,见《惠安文史资料》第八辑,中国人民政治协商会议福建省惠安县委员会文史资料研究委员会编,1992年,第48—49页。
② 《螺中学生筹演新剧》,载《惠安旬刊》,1931年第2期。
③ 王晴村:《为惠安风俗改进会进一言》,载《惠师学生》,1936年创刊号。
④ 庄莲馥:《对"惠东改良风俗团"的回忆》,见《惠安文史资料》第八辑,中国人民政治协商会议福建省惠安县委员会文史资料研究委员会编,1992年,第48—49页。

惠安女：一个特殊女性群体社会形象变迁中的国家与乡村（20世纪30—90年代）

世纪二三十年代开始，舆论便不断呼吁惠安地方当局积极介入以解决问题。然而，在九女集体自杀事件发生之前，惠安地方当局也仅是在1931年鼓励和支持了庄维垣、庄连福等的风俗改良活动。不过，当局虽也组织检查队予以配合，但将工作重点放在检查妇女的发饰上。① 1934年九女集体自杀事件发生后，社会舆论沸沸扬扬。国民党惠安县党部不得不致函县政府敦促其注意此事。函云：

> 径启者，倾据报，本月二十一晚，本城北门兜发生妇女结盟投水自杀案，同死者至九人之多，实属骇人听闻。查本县除惠北外，凡女子出阁后，仅于年节之日如除夕、七月半才回夫家数日，余均在母家，以致夫妻隔别、姊妹联盟，而厌世自杀之案遂层出不穷。此种恶俗由来已久，长此不加革除后患曷极。相应函请查照，务希严传本案死者之家长加以彻底法办，一面出示晓谕严禁，务使夫妇实行同居，共享家庭之幸福，并由家长严加教督，勿容越轨之行为，以重人命而挽颓风，至纫党谊。②

因此，国民党惠安县政府方才以更大的力度介入集体自杀现象之防治和相关风俗的改良活动中。从现有资料可知，惠安地方当局主要从法令、巡防、宣传等方面着手。

其一，制定相关法令。如1937年年初，惠安第三区决定"阖邑严行禁绝"妇女长住娘家，同时防止集体自杀现象。为此，该区召开各保甲会议，决议：凡已出阁妇女旧历新年至少应在夫家住至初五日始许返娘家。"以后两月内，上半月暂准住娘家，下半月须住夫家。二月后须长住夫家。"同时规定，"如妇女轻生自杀者，暴尸示众，并由该保内壮

---

① 庄莲馥：《对"惠东改良风俗团"的回忆》，见《惠安文史资料》第八辑，中国人民政治协商会议福建省惠安县委员会文史资料研究委员会编，1992年，第48—49页。
② 《惠安九女结盟自杀》，载《申报》，1934年6月29日。

第一章　特殊风气与新中国成立以前惠安女形象之建构

丁每名五角资助其夫立行续娶"①。同年，国民党惠安"县政府以本县风俗诸多不良"为由，依照"内政部"颁布的"禁止妇女缠足条例，及福建省取缔妇女奇装办法暨革除婚丧寿宴浪费规程之规定，并参酌本县情形，订定改良办法三十四条"。其内容包括"总则、婚嫁、丧葬、缠足、发髻、衣着，及推行办法七项"。其中的"关于婚嫁"一项，有"女子嫁后，不得重返母家操作，须长住夫家"之要求。而对于如何推行这一规定，国民党惠安县政府规定："自本办法公布，一、凡已嫁女子仍住娘家者，各保甲长应立即勒令归返夫家，如敢故违，准由保甲长将该女子家长送来究办。倘保甲长置之不理，或匿情不报，经人告发，该保甲长应与家长共同坐罪，决不姑宽。二、各区署应于本办法公布一个月内，派员分赴各乡镇切实调查已嫁女子是否归夫家操作，依照前条规定，强制执行，不得稍涉敷衍。倘调查不确，或办理不办者，一经查出，各该区长及承办人员，均予严厉处分。三、婚嫁不遵本办法者，准予告发，一经查实，拘案严究……"②

其二，投入人力进行防阻。这是针对妇女集体自杀的最直接做法。由于集体自杀以投水最多，是故每逢妇女集体自杀多发的季节③，惠安地方当局便派遣大量警察在投水较多的河边和海边进行巡逻监视，以期防患于未然。④然而，这种防堵措施往往挂一漏万，收效甚微。为了从根本上解决问题，惠安地方当局也投入不少力量检查妇女返回夫家的情况。1937年，惠安第三区要求各乡"均派壮丁拦守各乡路，凡遇有少年妇女欲返娘家者概不许通过。闻有脱漏者立刻由该父兄及壮丁押送返夫家"⑤。1940年前后，惠安第一区制定了取缔出嫁女长住娘家的办法，

---

① 《惠安当局严禁妇女长住娘家》，载《求是报》，1937年2月25日。
② 《惠安改良社会风俗》，载《福建县政》，1937年第2卷第4期。
③ 怀丹《闽南农村漫谈》一文（《新福建》，1944年第5卷第1期）中称，惠安妇女集体自杀大多发生在夏天，尤其是"中元节"前后闽南普度兴盛之时。这时候，青年妇女大多出门做客，家属的监视比较放松，小姊妹们聚在一起，便容易发生集体自杀事件。
④ 怀丹：《闽南农村漫谈》，载《新福建》，1944年第5卷第1期。
⑤ 《惠安当局严禁妇女长住娘家》，载《求是报》，1937年2月25日。

惠安女：一个特殊女性群体社会形象变迁中的国家与乡村（20世纪30—90年代）

动员保甲长严格实行和检查。其中要求"保甲长应逐户晓谕，劝令回夫家，并随时负责查报，一面区署联保处派员随时抽查"。如若妇女没有按规定返回夫家，则进行严厉的处罚甚至施行连坐制度："各户第一次发现已嫁妇女，仍住娘家，科罚金三元，甲长应加倍处罚，同时责令该户长督送其回夫家。如第二次再发现，上列户长甲长均应加倍处罚，仍须将该女送归夫家。倘第三次发现时，联保主任保长应将户长甲长拘送区署完办，但甲长如有劝谕，而户长仍固执不听，并经保长转报层峰，则甲长毋须罚办。"①

其三，积极推进思想宣传。积极寻求从思想文化层面进行干预，尤其是利用每年的三八节纪念会，反复宣传新女性形象，也成为惠安地方当局化解集体自杀恶风的一大对策。如1943年三八节，惠安地方当局召开大规模纪念会，邀请地方官员和社会贤达演讲三八节的历史意义及妇女当前之任务，并在大会中通过了"要求妇女职业平等""要求改善妇女生活""提倡战时节约"等提案。② 1944年的惠安三八节纪念会，主办方重点宣传"投水自杀是最愚笨之举动""保育后一代的国民，是现代妇女最神圣之任务""异服奇装人人耻笑""大家来参加生产劳动，要以此为抗战服务"等思想。③ 1945年的惠安县三八节纪念活动，"由机关首长演讲'三八节'历史及妇女当前任务等问题，此外并张贴漫画，出版'三八节'壁报，下午举行母教座谈会"。④ 由此可见，惠安地方当局试图通过塑造新女性形象，赋予女性权利的意识与平等的精神，唤醒女性的主体意识，从而防止女性集体自杀。

除了惠安地方当局外，作为半官方组织的惠安妇女会也介入妇女集体自杀的防治活动中。1942年，惠安县妇女会鉴于"一般无知青年妇女结队投水之事，月必数次，似此无故死于非命，对于民族前途不无影

---

① 崔钟瑛：《革除惠安妇女集团自杀》，载《政干通讯》，1940年第1卷第1期。
② 载《福建妇女》，1943年第4、5合期。
③ 载《福建妇女》，1944年第5、6合期。
④ 载《福建妇女》，1945年第5、6期合期。

响,特定取缔妇女投水自杀办法,呈请县府采择施行"。妇女会理事陈兆英还提出以"贤母运动"为中心,引导女性转向追求新的值价观念的设想:"以各县旧有天后宫庙址,改设贤母祠",表彰那些教子有方的女性,"凡有民间深明大义,教子尽忠者,均由当地乡保长,具实呈上级机关,予以奖励;死后并予入祠"。① 以"贤母运动"为代表的遏制妇女集体自杀的活动,既是惠安妇女会试图赋予妇女的家教任务以国家意义的一种努力,也是官方力量介入妇女家庭生活并加强对妇女控制的一种策略。

其四,进行组织改造。全面抗战爆发后,福建省及惠安县当局亦尝试利用民众动员、民众训练对惠安女进行组织改造,发挥这一群体固有的精神和力量。1943年,沈嫄璋在一篇文章中便介绍了惠安女所蕴藏的抗战能量,以及惠安县地方当局对这种力量的挖掘与动员。其文道:"惠安的民性都非常强悍、固执,富有团结抵抗的精神,女子也不稍逊。当抗战开始时,旅居漳、泉、厦一带的惠安女子,曾发生在田野合伙用锄头打死敌寇的走狗……抗战后,闽省各地均举行女子军训。当这个措置到惠安时,女子惊慌自杀者与被强迫剪短发同样众多,可是敌寇的暴行——奸淫、轰炸、屠杀……在她们的心坎中播种下仇恨的种子,灼灼的烽火烧进了她们的心,所以她们摆脱了固执,参加到这伟大战争的阵营中。"沈嫄璋认为,抗战后的这种组织改造对于消弭惠安女集体自杀起到一定作用。她写道:"至于集团自杀的风气,受了教育的开导,和地方政府的多方设法挽救,这个风气近来才稍有改善。"② 不过,正如沈嫄璋所言,这种组织改造的作用也仅是使"风气""稍有改善",并未能起到根本效用。

总体而言,惠安地方当局的种种干预举措始终没能遏止妇女集体自杀之风。主要原因大致有三:首先,方法失当。惠安地方当局对妇女集

---

① 《惠安妇女会取缔陋俗》,载《福建妇女》,1942年第1期;《惠安妇女会提倡奖励贤母运动》,载《福建妇女》,1942年第1期。
② 沈嫄璋:《上山下海的惠安妇女》,载《妇女共鸣》,1943年第12卷第2、3期合刊。

体自杀的治理重宣传而轻实施。尽管当局对妇女集体自杀现象从思想文化层面进行解读，并大张旗鼓地宣传新女性形象，然而，却没有制定切实有效的措施干预妇女自杀风气。其次，权威的不足。南京国民政府成立后，为了加强对全国的控制，采取了种种措施建设基层政权，试图将权力的触角深入基层。但由于基层政权将"榨取财税作为它的'中心任务'"，使得"农民生活日益下降"，民众与国民党当局日益疏离，国家政权出现"内卷化"。[①] 国家威信不足，使其在乡村的权威无法得到认可。这样，国家对乡村女性的改造活动不得不依赖房长、族长等传统地方势力，往往浅尝辄止，无法深入推进。再次，文化解读的偏狭。长期以来，人们从"长住娘家"等文化习俗层面探究惠安女集体自杀之成因，其实，惠安女集体自杀是当地社会文化机制极度失衡的结果。由于成因分析的偏狭，使得惠安地方当局的防控之法往往缘木求鱼难以奏效。

小　结

在论及历史上闽南惠安女性别文化时，当代学者更多关注她们的长住娘家风俗。实际上，近代以来，触发人们对这一特殊群体进行关注、讨论和研究的，却是缘于她们的集体自杀特殊风气。正是惊诧于这一极端做法，人们逐渐注意到当地长住娘家奇特婚俗，并纷纷视之为惠安女集体自杀的根源。不过，正如本章所揭示，婚姻家庭问题虽是惠安女集体自杀现象之直接诱因，却并非关键性推力。结合清代以来中国南方各地频繁发生的妇女集体自杀现象进行分析可知，惠安等地妇女自杀的集体化，皆由姊妹社群推动。正是这种结群文化的广泛存在和深刻影响，

[①] 陈益元：《建国初期农村基层政权建设研究：1949—1957——以湖南省醴陵县为个案》，上海社会科学出版社2006年版，第37页。

使得近代以来惠安女集体自杀现象屡禁不绝。除此之外，惠安女集体自杀现象也受到当地生死信仰文化的影响。由于受各种迷信之风的蛊惑，许多惠安女习惯于以自杀来寻求生的希望，甚至不惜集体赴死。

近代以来，惠安女集体自杀靡然成风，但及至1934年九女集体自杀事件和1935年七女集体自杀事件后，才引发舆论关注。这一方面是由于20世纪30年代中国社会自杀之风影响甚广，人们的忧虑与日俱增，对自杀之社会根源及危害的认识也不断深入；另一方面也与彼时知识界对乡村妇女在妇女运动中被忽略颇感失望有关。自此以后，惠安女集体自杀从地域性的社会现象一跃而为举国关注的女界要闻，并常常被置于国族叙事语境之中。也正是在这种舆论关注和国族语境中，惠安女的社会形象开始广为传播。整体而言，在20世纪三四十年代的社会舆论中，人们塑造了这样一个惠安女社会形象：她们因生活极苦而异常勤劳，因受怪俗束缚而勇于自杀，因偏居一隅而装束奇特。总之，这是一个问题重重的女性群体。

尽管集体自杀对社会造成恶劣影响，长久以来惠安民间并没有十分有力的解决之道。相反，在妇女自杀后，乡村民众往往借事图利，用一种扭曲的心态和行为应对这类事件。惠安女严重的集体自杀现象，也引起了当地知识界的关注和批评。从20世纪二三十年代起，一些惠安知识分子自觉承担起改造和化解之责，但其效果十分有限。1934年九女集体自杀事件后，在社会各界的催促下，惠安地方当局才不得不采取一定的举措进行应对。大致而言，20世纪三四十年代，惠安地方当局防治此类事件的手段包括颁布法令、实地防阻、思想宣传、组织改造等。不过，因方法失当、权威不足、解读偏狭等原因，其效果难以彰显。

新中国成立前夕，中国政治、社会正经历着前所未有之巨变。然而，惠安女集体自杀事件依然"月必数起"，没有丝毫缓解之势。滋生于旧制度的社会危机，正以一种惯性之势考验着刚刚诞生的人民政府。

第二章 政治变动与新中国成立初期惠安女形象之转变

每一次革命都创造了一些新的词汇。中国革命创造了一整套新的词汇，其中一个重要的词就是"翻身"。它的字面意思是"躺着翻过身来"。对于中国几亿无地和少地的农民来说，这意味着站起来，打碎地主的枷锁，获得土地、牲畜、农具和房屋。但它的意义远不止于此。它还意味着破除迷信，学习科学；意味着扫除文盲，读书识字；意味着不再把妇女视为男人的财产，而建立男女平等关系；意味着废除委派村吏，代之以选举产生的乡村政权机构。总之，它意味着进入一个新世界。①

1949年8月23日，惠安解放。10月1日，中华人民共和国成立。随着新政权的确立与不断巩固，以及各种改革运动的深入发展，中国社会发生翻天覆地变化。这一政治与社会变革浪潮，也深刻冲击了中国的社会性别关系领域。新中国政府将妇女解放、两性平等作为最重要的社会政策之一，采取众多举措努力使广大妇女从传统性别制度的束缚中解放出来，实现"翻身"，让她们更好地服务于新政权和新社会的建设。

---

① [美]韩丁：《翻身——中国一个村庄的革命纪实》，韩倞等译，北京出版社1980年版。这段话是书中韩丁对书名之意的说明。

第二章　政治变动与新中国成立初期惠安女形象之转变

闽南惠安女，这一新中国成立以前即已为人们所注意的特殊女性群体，也深深卷入这一政治与社会变动狂潮中。她们在政治地位、社会形象、思想理念、日常生活等层面，都迎来新的变化。本章着重探讨新中国成立初期，即1949—1957年，妇女解放运动给惠安女生活带来的影响。分析在这一新的形势下，地方政府如何为遏止妇女集体自杀而努力？这些举措起到怎样的效果？由于种种社会改造运动，惠安女形象又迎来何种新变化？

第一节　政治变动与惠安女的解放

尽管新的政治与社会变革带来的影响涉及方方面面，但从对惠安女日常生活及观念的触动看，妇女组织的建立、社会舆论的转向、扫盲运动的推行、《婚姻法》的实施，无疑具有更为突出的作用。

一、妇女组织的建立

"组织"是社会控制和管理的重要手段，也是直接影响社会成员行为方式和内容的重要机制。正如前章所述，新中国成立以前，惠安民间存在"妇女会"等自发结成的妇女组织，它们是妇女自杀集体化的关键推力。新中国成立后，随着各种社会运动风起云涌，以及妇女生活内容日益丰富，惠安传统姊妹社群对妇女的约束力有所淡化①，取而代之的是由人民政府倡导建立的、具有较强权威的妇女组织。"自1949年以降，涉及妇女问题的有效公共结构始终是党、政府和妇联的互为关联的

---

① 新中国成立后，"妇女会"已极少，更多是俗称"姊妹伴"的生活—情感互助群体，虽然其组织更加松散，但在乡村中仍然普遍存在。参见《惠安文化丛书》编委会编：《民俗风情》，福建人民出版社2003年版，第333页。

惠安女：一个特殊女性群体社会形象变迁中的国家与乡村（20世纪30—90年代）

结构，它们共同构成了国家在这个领域中的结构。"①

早在大革命时期，中共便已尝试在惠安建立妇女组织。1927年，中共惠安临时委员会书记王德彰担任国民党惠安县党部筹备委员会妇女部长。同年，女共产党员许彩英到该县涂岭一带"秘密开展农民运动"。②但在1927年以后，随着国共关系破裂，这些妇女组织遭到解散。此后，中共转向支持妇女进行地下革命活动。③ 总体而言，1949年以前，中共的妇女组织力量在惠安县较为薄弱。

新中国成立前夕，中共开始着手建立全国统一的妇联组织。1949年3月，中华全国民主妇女联合会成立。新中国成立不久，全国各地的基层妇女组织也纷纷建立起来。1949年11月，惠安县便在各地农协会中设置妇女委员或妇女干部，负责基层妇女工作，她们的直属领导为中共惠安县委书记。这是惠安妇联组织④成立之前奏。1950年4月，中共惠安妇女运动委员会正式成立，标志着惠安妇女组织正式形成。但妇女运动委员会在机构上仍不完备：设书记一人，为党政领导兼任；副书记一人为女性干部，专司具体事务，其下各区设妇女委员或妇女干部一名。妇女运动委员会存在时间也十分短暂，1951年3月17日便被惠安县民主妇女联合会取代。相比于妇女运动委员会，民主妇女联合会无论是存

---

① ［加］朱爱岚：《中国北方村落的社会性别与权力》，胡玉坤译，江苏人民出版社2004年版，第166—167页。
② 泉州市妇女联合会、泉州市妇女运动历史资料编纂小组编：《妇女运动史资料·妇女组织史专辑》，1988年，第9页。
③ 从1930年到1931年，计有路口村妇女会（1930年）、后洋村妇女会（1930年）、普安村妇女会（1931年）、蔡厝村妇女会（1931—1932年）等4个组织，同时有路口、后洋、和弄、前林等村夜校妇女班。1930年，这些妇女组织有力地配合了中共在惠安县发动的农民暴动。见《妇女运动史资料·妇女组织史专辑》，泉州市妇女联合会、泉州市妇女运动历史资料编纂小组编，1988年，第15—16页。
④ 关于中国妇联组织的性质有各种不同的说法，在其发展各阶段也呈现出不同的特点，本书采用徐家良的观点，将中国妇联组织定位为准政府组织（Quasi-Government，简称Quagos），但实际上新中国成立初期中国妇联（妇女）组织的行政性（官方性）更加浓厚。见徐家良：《制度、影响力与博弈》，中国社会出版社2003年版，第88—103页。

第二章　政治变动与新中国成立初期惠安女形象之转变

在时间，还是组织的系统性都有极大提升：从时间上看，民主妇女联合会一直延续到1957年才被改组为惠安县妇女联合会；在人员配置上，设有主席、副主席、组织部部长，并陆续添设了组织部副部长、宣传部部长、生产福利部部长及秘书，形成较完备的组织体系。不过，在1957年改组之前，这一机构仍处于不断变动中。① 在乡村，惠安民主妇女联合会的下设组织也不断加强和完善。在1952年6月之前，惠安11个区仍只设妇女委员或妇女干部。该年下半年，惠安区划重整后，共设14个区，各区建立妇联组织，设主席和副主席，人员不断扩充，制度也日臻完善。② 整体而言，1949—1957年，惠安妇联组织不断扩大和完善，已成为国家动员和组织妇女群体的有效机制。

培育基层妇女干部亦是人民政府巩固乡村妇女组织，增强妇女动员、管理能力的重要方式。由于资料缺乏，此时惠安妇女干部的实际人数及其具体变化情况，已难完全厘清，但从一些年份的统计数据仍可窥见一斑。据统计，1954年，惠安县召开第一届人民代表大会时，330名县人大代表中有女性69人，占20.9%。1956年，3602名县人大代表中女性875人，占总人数24.17%；1247名乡政委员中有女性248人，占19.4%；"全县共培养出6100位妇女社干和积极分子，其中副县长1人，正副区长8人，正副乡长84人，正副社长443人，生产队长3185人"。③ 尽管在数量和职务上，男女干部仍无法实现完全平等，但对于长期被拒斥于政治场域之外的惠安女来说，这种发展仍相当可观。

从实际工作看，此时惠安县妇女组织的职责主要是配合地方政府进行民众动员和组织，成为新政权与基层妇女的联系纽带。1949年11月，

---

① 1955—1956年的第二届领导成员，将主席、副主席改称主任、副主任，取消生产福利部部长一职。1956—1957年的第三届领导成员则恢复了生产福利部副部长，并添设华侨福利部副部长等。机构的不断变动表明，这个机构的权限和职能仍不稳定。
② 以上新中国初期惠安县妇联组织的发展演变过程见庄笑娘主编：《惠安县妇联志》，惠安县妇女联合会，1993年，第28—36页。
③ 庄笑娘主编：《惠安县妇联志》，惠安县妇女联合会，1993年，第25、26页。

惠安女：一个特殊女性群体社会形象变迁中的国家与乡村（20世纪30—90年代）

惠安基层农会所置之妇女委员和妇女干部，主要任务是配合农协会发动妇女开展"斗霸、减租减息斗争工作"。1950—1955年，惠安民主妇女联合会主要配合行政和司法机关，宣传贯彻《婚姻法》、实施扫盲运动、加强妇女干部教育和基层妇女宣传等。这一时期，惠安民主妇女联合会还组织召开了惠安县第一、二届妇女代表大会。1951年3月召开的惠安县第一届妇女代表大会，"会议中心是围绕剿匪反霸，进行土地改革中心任务，号召全县妇女冲破封建束缚，提高思想觉悟，大胆开展斗争，争作国家主人"。1955年召开的惠安县第二届妇女代表大会，主要是对妇女组织进行改组，并布置各阶段的妇女工作任务。1956年，妇女集体自杀现象日趋严重。惠安民主妇女联合会便将调查原因、寻求治理方案作为该年工作重点。如"8月12日，向县人大一届三次会议送交《县目前妇女自杀情况检查报告》的汇报提案"等。1957年，惠安妇联工作重点是动员妇女走集体化道路。"5月4日，提出《惠安县一年来妇女工作情况及今后工作初步意见》，表扬和鼓动妇女踊跃入社走集体的道路，积极发展生产，参加抗洪抗旱。"6月8日所发布的《惠安县第六次全县妇女代表大会决议》，"要求和号召全县妇女发展生产，巩固农业社，勤俭持家，积极参加普选，参加扫盲活动，响应征兵号召，建设海防"。10月，惠安县召开第四届妇女代表大会，"会议中心是开展社会主义教育，提倡勤俭持家、勤俭建国，积极参加生产"。[①]可见，彼时惠安妇女组织的工作偏重于政治性。这主要是因其"角色是由政治制度自上而下所安排规定着的"[②]。由是，在国家与基层妇女的实际互动中，它更多地作为国家政策的传播者、解释者，以及动员妇女参与政治运动的组织者。正是由于妇女组织的作用，惠安女在新中国成立后不久便全面、深入地参与到各种政治运动之中。

但也正是由于这种角色偏向，妇女组织在实际工作中遇到一些矛

---

① 庄笑娘主编：《惠安县妇联志》，惠安县妇女联合会，1993年，第2、5—7页。
② 徐家良：《制度、影响力与博弈》，中国社会出版社2003年版，第102页。

盾。出于政治需要，惠安的基层妇女干部主要来自贫农阶层。她们常因积极参加生产劳动，且被认为有一定政治觉悟而被委以此任。如惠安十一区下庄乡妇女代表唐某，"从小父母双亡，寄居在嫂子家。解放后因工作积极，被选为下庄乡妇女代表"①。女劳模王淑鸾因有"一身种田的好本领"而被举为妇女干部。② 然而，这些妇女干部并非均能明了妇女解放事业的实际内涵和重要意义，部分妇女干部的智识结构也十分狭限。因此，一些妇女干部常常未能及时转变思维，扭转自己的角色，也无法完全胜任她们的职务。在口述访谈中，一些彼时的基层妇女干部便道出这种尴尬。惠安西部H村的陈S回忆称，由于劳动积极，她于1956年当上大队妇女代表，但主要任务是"负责生产"而非处理女性事务。但不到一年，她便由于工作忙碌而和丈夫经常争吵，后来就自动退出组织。③ 可见，一些基层妇女干部并非完全以解决妇女问题和争取妇女权益为职责，而主要是以安排和参加领导生产为主。即便如此，她们仍无法走出"家庭"专心于"公事"，其社会角色无法完全转变。

二、舆论环境的重塑

为密切普通民众与国家的关系，实现国家价值观在基层的有效传播。新中国成立初期，新政权对社会舆论环境进行重塑。由于富含性别关系话题，这些重塑活动在一定程度上动摇了传统性别关系，改变了中国的社会性别制度。

现代社会心理学研究认为，人们倾向于关注"信息中那些与自己固有的观念、态度、行为相一致的，或是自己需要的、感兴趣的信息"④。

---

① 《惠安下庄乡三妇女不堪虐待集体自杀 乡干部竟"斗争"死者尸体》，载《福建日报》，1951年10月23日。
② 《农业生产中的女状元王淑鸾》，载《福建日报》，1950年9月10日。
③ 陈S访谈资料。陈S，女，74岁，惠西H村人，访谈人汪炜伟，时间2008年5月16日下午，地点陈家大厅。
④ 沙莲香：《社会心理学》，中国人民大学出版社2002年版，第239—240页。

惠安女：一个特殊女性群体社会形象变迁中的国家与乡村（20世纪30—90年代）

因此，国家意识到宣传必须符合民间话语习惯，方能下渗到每一个普通妇女中间。新中国成立初期，主要借助以下几种媒介实现国家在基层的意识形态传播。

其一，对戏曲等传统媒介的借用。在地方政府的支持下，由各种传统戏曲改造而成的地头戏在惠安县四处上演。演戏的人"都是过去一些穷艺人"，"他们用半年时间在自己地里干活，剩下半年时间就在外面演戏"。他们每天在各个村子里流动演出，时间是午后和晚上。艺人们和村民一起吃饭，住在"吃饭那家人的屋里。道具费、旅差费和临时支出都由县政府支付报销。看演出不用买票"①。

地头戏的内容与时政紧密相关。1952年，惠安县所属之晋江专区关于"中苏友好月"的宣传便大量运用了这种地头戏。在地方政府的组织下，宣传工作队"分成戏剧、幻灯、展览三组，从十一月六日开始，在同安、晋江、惠安三个县城及马巷、石狮、洛阳等十个重点乡、镇，巡回演出，共经二十三天"。这些工作队白天展览，夜间演戏。共演出18场演，观众计有67000余人。②

除戏曲外，其他传统媒介也被广泛应用。如将《婚姻法》"编成课本、剧本、快板、顺口溜，谱成通俗方言歌曲，在妇女文化夜校进行教唱，组织业余剧团，采用歌舞、话剧、黑板报、土广播等方式在街头巷尾、乡村进行宣传"③。春联也旧瓶装新酒，抗美援朝、中苏友好、生产劳动、互助组、扫盲运动、婚姻法等，成为春联新的主题来源。在1953年惠安县所属之晋江专区的新春联中，便出现了"男男女女齐生产，家家户户无闲人""男女平等，婚姻自主""贯彻婚姻、建设新家"④等以

---

① [美]韩丁：《翻身——中国一个村庄的革命纪实》，韩倞等译，北京出版社1980年版，第361—362页。
② 《专区文工队等单位组织工作队在"中苏友好月下乡演戏宣传"》，载《福建日报》，1952年12月12日。
③ 庄笑娘主编：《惠安县妇联志》，惠安县妇女联合会，1993年，第2页。
④ 《新春联》，载《晋江农民报》，1953年5月3日。

第二章 政治变动与新中国成立初期惠安女形象之转变

调节两性关系、模塑新女性为主题的春联。

其二,乡村广播网络的建立。到1951年,惠安"全县一百八十六个乡村中已有一百二十八个乡村建立了宣传网,共有宣传员一千四百七十五人"。这些乡村宣传员主要任务是阅读报纸及官方文件,然后通过广播或群众大会向人们宣讲。他们在"广播的前一天将内容贴出来,让群众知道,广播开始选择农民爱听而且与当前工作有关的材料,先由读报员熟读,然后以通俗流利的语气读给群众听,读一段,休息一会,由群众酝酿,不明白的就问,读完后组织群众讨论"①。在一些乡村中,宣传员是独立配备和工作,并组织了专门的宣传队;而在另一些乡村中,宣传员由基层干部兼任。

其三,群众大会的大量组织。新中国成立后,各级政府有组织、有秩序的各类群众大会,也在基层社会中时常召开,成为人民政府进行社会动员的重要途径。如惠安县第十一区西亭村"土改后,开了四次以抗美援朝为中心内容的群众大会,每次到会的群众二三百人"②。再如,1952年,惠安县普光乡每星期四下午开"壮年会",星期五下午开"妇女会",星期六下午开"老年会",星期日下午开"干部会",以加强对农民的思想政治教育。不过,普光乡也因开会过多过繁、内容枯燥,"干部和群众都不满意,甚至把开会看成一种负担",招至批评。③ 又如,1953年,晋江专区建议各县,三八节纪念"一般在县区所在地应召开妇女群众大会"④。

妇女问题成为各种社会宣传关涉的主要议题。这在民间流行甚广的歌谣中有广泛体现。如《惠安妇女紧起来》唱道:

---

① 《提高认识、交流经验:惠安县评选宣传员模范》,载《福建日报》,1951年9月29日。
② 《惠安十一区西亭村抗美援朝宣传调查》,载《福建日报》,1952年6月14日。
③ 《惠安普光乡开会过多的现象已纠正》,载《福建日报》,1952年2月10日。
④ 《省妇联晋江专区办事处发出纪念"三八"节通知》,载《晋江农民报》,1953年3月6日。

惠安女：一个特殊女性群体社会形象变迁中的国家与乡村（20世纪30—90年代）

> 惠安妇女紧起来，呣嗵一直在厝内，呣免佫有啥顾虑，参加妇代是应该。参加妇代做啥么，为咱妇女办代志，有苦相鸽来打算，有事相鸽来担当。若要众人来阿咾，就着大家相学好，要做媳妇着有孝，要做干家呣打骂。团结起来力量大，做出代志给人看，团结起来力量大，做出代志给人看。①

《现代女子有开通》唱道：

> 一盆好花是花王，现在女子有开通，加入中国共产党，为国服务改服装。水仙开花好消香，古早现在没相同，原本缚脚耕织纺，现时做田掌头鬃。含笑开花笑纷纷，劝翁劝子去参军，组织妇女当民兵，男女平等也没分。水景开花自层层，没惊美帝原子弹，这种敢用没稀罕，也有民兵可抵拦。②

不难发现，此时舆论宣传所涉及的妇女问题内容甚广。政治方面，如参加妇代会、加入共产党；经济方面，如"原本缚脚耕织纺，现时做田掌头鬃"；军事方面，如"劝翁劝子去参军，组织妇女当民兵"；时事方面，"没惊美帝原子弹，这种敢用没稀罕，也有民兵可抵拦"；家庭方面，如"要做媳妇着有孝，要做干家呣打骂"；习俗方面，如"改服装"；女权观念方面，如"男女平等也没分"；等等。

数十年后，有关婚姻自主的宣传仍令妇女记忆深刻。以《中国歌谣集成·福建卷·惠安县分卷》为例，其中采录了20余首至今仍广为流

---

① 惠安县民间文学集成编委会编：《中国歌谣集成·福建卷·惠安县分卷》，1993年，第69页。紧：赶快；呣嗵：不要；厝内：家里；呣免：不要；佫有：还有；啥么：什么；代志：办事情；相鸽：互相、共同；阿咾：赞赏；干家：婆婆；呣：不要。

② 惠安县民间文学集成编委会编：《中国歌谣集成·福建卷·惠安县分卷》，1993年，第81—82页。古早：古代之意；做田：耕田；掌头鬃：理头发；翁：丈夫之意。

第二章 政治变动与新中国成立初期惠安女形象之转变

传的此类民谣。① 如 "冬瓜无熟就赡甜，强迫婚姻受苦气。我的婚姻我做主，呣用爸母挂心意。男有心来女有情，结成美满新家庭。亲亲热热去种作，犁也轻来力也少。自由婚姻自由人，自由婚姻心相同。恩爱夫妻勤生产，田土变金名声香"②，主要是让民众懂得自由婚姻与美满家庭生活之间的关系。另如《婚姻是咱终身事》唱道：

青年同志听说起，婚姻是咱终身事，要找对象着注意，呣嗵专门想标致。

有的同志觉悟低，爱人江山和田地，这种思想无好势，封建思想再昏迷。

要看性情才同意，风花子弟无几时，要吃呣做第一死，结果害咱自身己。

若要选择好对象，自己头脑着蕴（酝）酿，要找觉悟的群众，工作带头起作用。

想要学习和劳动，做事坦白又大方，嫁着古意呣放松，有说无做是人荒。

对象若是有才学，意见才会相符合，两人牵手笑哈哈，不要手指羊毛甲。

两个相好来参详，物件无法好体谅，强强要提大示众，多花浪费无路用。③

---

① 惠安县民间文学集成编委会编：《中国歌谣集成·福建卷·惠安县分卷》，1993年，第83—93页。如《买卖婚姻无合理》《婚姻是咱终身大事》《我的婚姻我作主》《王厝有一个干大姐》等。
② 惠安县民间文学集成编委会编：《中国歌谣集成·福建卷·惠安县分卷》，1993年，第91页。
③ 惠安县民间文学集成编委会编：《中国歌谣集成·福建卷·惠安县分卷》，1993年，第88—89页。江山：家财之意；无好势：不妥当之意；第一死：最糟糕之意；古意：老实之意；参详：商量之意；物件无法：嫁妆不好之意；无路用：不值得之意；开钱：花钱之意。

惠安女：一个特殊女性群体社会形象变迁中的国家与乡村（20世纪30—90年代）

  两人若是有甲意，就去政府去登记，要学民主的新事，婚姻大事要细腻。
  结婚不要看日子，开钱浪费要废除，亲戚朋友来相贺，绝对不要用礼仪。
  两人意爱真坚定，政府号召咱响应，生产计划紧来订，建设民主新家庭。

这首歌谣帮助妇女塑造新社会的理想男性形象，指导妇女用新的方式处理婚恋问题。

  不过，新中国成立初期的各种宣传，除体现对妇女权益的保护外，也明确表达了新政权进行政治动员的目标。仍以歌谣为例。如有歌谣唱道："共产党，共产党好政治，买卖婚姻来禁止。恁（你们）男女若同意，向政府去登记，免用钱，免用米，自由结婚有意义，想来和算去，人民政府好政治。"[①] 另有歌谣指出，"旧婚姻制度，害人讲无数，就像吃人虎，人民政府来救苦"[②]；"终身大事是自主强，别人干涉免来想，中华人民共和国，婚姻自由真幸福"[③]。

  毫无疑问，新中国成立初期的各种宣传，深深冲击了基层妇女原有的婚恋观念。但这些宣传在多大程度上内化为她们的观念和行为呢？笔者在惠西H村访谈所得的资料，可供一些说明。这些接受访谈的妇女与丈夫结合的信息简单归结如下：

  郑H，1950年结婚，婚龄16岁，丈夫15岁。两人由其外婆介

---

① 惠安县民间文学集成编委会编：《中国歌谣集成·福建卷·惠安县分卷》，1993年，第85页。
② 惠安县民间文学集成编委会编：《中国歌谣集成·福建卷·惠安县分卷》，1993年，第87页。
③ 惠安县民间文学集成编委会编：《中国歌谣集成·福建卷·惠安县分卷》，1993年，第92页。

第二章 政治变动与新中国成立初期惠安女形象之转变

绍，婚后一直住在娘家（为自由选择，而非习俗原因）。结婚时并未受《婚姻法》的影响。①

陈D，土改时（1951年）结婚，婚龄23岁，丈夫年龄未详。陈为童养媳，晚婚的原因是："我母亲很想留我，但她没开口，我也不敢自己找"。②

董B，1951年8月结婚，婚龄20岁，丈夫22岁。由别人介绍，然后相亲。相亲时"两人隔着四三块田，就一人一路，二十五相亲，二十六就到洛阳拍照，二十七结婚，就裁三四件衣服，没有订金，只有一块肉，几块面干"。③

陈S，曾为H村妇女代表，1954年结婚，婚龄20岁，丈夫21岁。对象由别人介绍。陈解释道："以前婚姻自由，媒人问我，我觉得他还可以，我自己同意。我母亲嫌（他）比较穷，在H镇也有很多人问，但我愿意受苦。旧社会不同，以前都问父母，父母要，孩子不也不成，我经常宣传《婚姻法》比较清楚。"④

梁JZ，1958年结婚，婚龄20岁。由别人介绍，自己的态度是"我哥说行就行"。⑤

郑W，1962年结婚，婚龄22岁，丈夫24岁，由别人介绍。郑说："初结婚我都在娘家，到有孩子才过来。25岁有第一个孩子。"⑥

---

① 郑H访谈资料。郑H，女，74岁，惠西H村人，访谈人汪炜伟，时间2008年5月14日上午，地点郑家店铺。
② 陈D访谈资料。陈D，女，80岁，惠西H村人，访谈人汪炜伟，时间2008年5月14日下午，地点陈家。
③ 董B访谈资料。黄B，女，77岁，惠西H村人，访谈人汪炜伟，时间2008年5月15日早上，地点董B女儿家。
④ 陈S访谈资料。陈S，女，74岁，惠西H村人，访谈人汪炜伟，时间2008年5月16日下午，地点陈家大厅。
⑤ 梁JZ访谈资料。梁JZ，女，70岁，惠西H村人，访谈人汪炜伟，时间2008年5月14日下午，地点梁宅大厅。
⑥ 郑W访谈资料。郑W，女，68岁，惠西H村人，访谈人汪炜伟，时间2008年5月15日下午，地点郑家店铺。

惠安女：一个特殊女性群体社会形象变迁中的国家与乡村（20世纪30—90年代）

以上6位受访者的结婚时间最早的是1950年，最迟的是1962年。她们的平均婚龄为20.5岁，属正常结婚年龄，这说明早婚在彼时惠西H村已有一定程度的削弱。从婚姻组合方式看，有5人是由别人介绍，1人为童养媳，"媒妁之言"仍是婚姻缔结的重要途径，虽然妇女也有一定的自主权，她们一般会顺从父母或兄长之命。访谈资料还表明，《婚姻法》对基层妇女有一定影响。其中一位妇女仍记得当时的一些口号，如"旧婚姻制度，害人讲无数""一夫一妻，自由恋爱"① 等。另一位妇女的印象是："新《婚姻法》二十七条，我们当时都唱着一首歌叫'一翁（丈夫）对一某（妻子），生活相照顾'……"② 妇女们被鼓励从"父母主意"的习惯中解脱出来，婚姻由"自己同意"，但她们仍小心翼翼，只在遵循传统的基础上，作了一些合理化的更动，很少人多越雷池一步。1957年，惠安县洛阳乡上浦村一起团干部干涉婚姻事件印证了这种心态。报道称，"青年团员杨世昌与白沙村姑娘郑秀珍，经自由恋爱决定于五月十二日结婚"，但却遭到女方所在村的团总支委郑乌气及其家人的干涉。"秀珍的母亲在香港，家中只她和妹妹"，郑乌气及婶婶便成其长辈。郑乌气先是以"团没有批准"为由要求郑秀珍暂缓结婚，其婶婶作为主婚人则将用意挑明："一个人难道可以这样白白地给人家娶去了"，"没三盘五担，头尾也不应少"。她还向杨世昌要"嫁妆，要猪脚、面条"等。不难看出，郑乌气等人大体上赞成了两人的自恋婚恋。实际上，郑乌气本人也是经过"自由恋爱而结婚"的女性，"她的丈夫曾把他们恋爱故事写成文章发在闽中报上"。但在现实生活中，她们更希望将这种新方式与传统做法联结起来，从而使之更符合民间的惯习。③

---

① 陈D访谈资料。陈D，女，80岁，惠西H村人，访谈人汪炜伟，时间2008年5月14日下午，地点陈家。
② 董B访谈资料。董B，女，77岁，惠西H村人，访谈人汪炜伟，时间2008年5月15日早上，地点董B女儿家。
③ 杨其瑞：《新银河》，载《闽中日报》，1957年6月1日。

第二章　政治变动与新中国成立初期惠安女形象之转变

　　总体上看，此时惠安女对婚姻自由的主体体验与国家舆论宣传之间，既存契合也存差距。无疑，婚姻自由通过广泛的宣传在乡村中流行开来，并通过一定的行政和司法措施得以实践，符合女性的根本利益。因此，尽管妇女们无法完全理解这些新的观念，她们显然有所感知。不过，延续几千年的男权社会，使"父兄之命，媒妁之言"作为一种性别制度已内化为妇女们的婚姻规范。因此，妇女对于新观念新政策，只能在不完全背离传统惯习的基础上，采取某些折中的做法。实际上，由于新婚姻观念的宣传往往与政治宣传混合为一，同时女性自身觉醒也十分有限，这种局面的存在也不难想象。

　　婚姻自由的折中只是问题的形式，而其背后的原因却是普适的。如妇女们对男女平等的感受也是如此。许多惠安女对男女平等的认知只停留于某些具体层面上，一些口述访谈可资参考。如受访者郑 H 认为："当时有宣传男女平等，宣传男女平等主要是使妇女可以四处走动，比如可以去开会，而旧社会没有。当时主要是套剧表演，还有唱歌、跳舞等来宣传。"① 可见，她将男女平等等同于女性社会活动空间的开拓。另一个受访者曾 AZ 的感受是，"男女平等，男的也有机会读书，女的也有机会读书，什么也平等，什么也有地位了，不再像旧社会男的可以出门，女的不能出门"②。在她看来，除了生活空间拓展外，受教育权的获得也是男女平等的重要表现。由此可见，许多妇女并不是把男女平等当成一种原则，而是将之视为日常生活中一件新鲜事情。另一些妇女，虽然对这个原则有了进一步思考，却明显体现出徘徊于政治动员和传统惯习之间的心态。如受访者陈 D 认为，"男女平等"应该是"政治上的平等"。她特别指出，"有的妻子要与丈夫平大（闽南语'平等'之意），什么事都平等，权力平等"，这是行不通的。至于为何，她也没有作多

---

① 郑 H 访谈资料。郑 H，女，74 岁，惠西 H 村人，访谈人汪炜伟，时间 2008 年 5 月 14 日上午，地点其家店铺。
② 曾 AZ 访谈资料。曾 AZ，女，74 岁，惠西 H 村人，访谈人汪炜伟，时间 2008 年 5 月 14 日晚上，地点其家中。

少解释。① 因此,惠安的许多妇女确实对诸如婚姻自由、男女平等新观念有所感知,却没有完全循此行事,她们有自己的观察、理解和行为方式。

三、扫盲运动的兴起

扫盲运动一直是中共十分重要的社会文化政策。早在 20 世纪二三十年代,中共便已在各个革命根据地施行扫盲运动。这种运动,一方面可以降低民众的文盲程度,另一方面也可以服务于各种政治动员。新中国成立后,全国性扫盲运动在 1950 年便已启动,此后又多次施行。新中国成立初期,扫盲运动形式多样,有冬学、识字班、速成班、民校、妇女班等,妇女成为主要扫盲对象。在惠安,1950 年开办的识字班有 43 个,参与者 2033 人,"绝大多数是劳动妇女"。② 1951 年 3 月,惠安县开展大规模扫盲运动,"一百九十二个行政乡共设立了九百八十二个识字班,一百九十五个学习小组,入冬学的男女群众计五万九千零八十二人","妇女占百分之七十八"。为了动员妇女参加冬学,惠安县全国劳动模范王淑鸾在第二区仑上等乡,以自己参加国家及省级劳模大会"所感到的不识字的痛苦"来动员群众。③ 其结果是,第二区响应倡议共办了妇女识字班 45 班,有 1950 余名妇女参加识字。④

妇女主体参与扫盲运动的态度也被广为关注。如 1952 年 10 月,一则报道描述了惠安涂岭地区速成识字法试验班学员出缎娘热心参加学习的事迹,称她"有时跑到十多里外去工作,晚上也赶回来参加学习"⑤。

---

① 陈 D 访谈资料。陈 D,女,80 岁,惠西 H 村人,访谈人汪炜伟,时间 2008 年 5 月 14 日下午,地点陈家。
② 泉州市妇女组织志编辑室编:《泉州市妇女组织志》,1993 年,第 80 页。
③ 《惠安县六万工农入冬学》,载《福建日报》,1951 年 3 月 13 日。
④ 泉州市妇女组织志编辑室编:《泉州市妇女组织志》,1993 年,第 80 页。
⑤ 《惠安涂岭小学办的速成识字法试验班受到群众热烈欢迎》,载《福建日报》,1952 年 10 月 11 日。

第二章 政治变动与新中国成立初期惠安女形象之转变

1953年2月的一份报道写道,小岞前内乡"妇女们都踊跃地上民校和冬学,她们学习认真,进步都很快",并有20多个青年妇女从民校中被提拔出来当了冬学教师。① 1956年,惠安县召开了首次扫盲积极分子代表大会,"表彰了320名妇女扫盲积极分子,评选117名县妇女扫盲先进工作者及积极分子"。②

后人编写的地方志大多集中于关注扫盲运动的文化教育功能。如1993年出版的《惠安妇联志》认为,"各种扫盲班、夜校、午校、识字班等",与正常的国民教育相结合,使"妇女文化程度有了很大的提高"。③ 同年出版的《泉州市妇女组织志》也从文化教育功能角度,对惠安妇女参与扫盲运动进行高度评价。④ 1998年出版的《惠安县志》持同样的评价:"1952年冬,识字班大都办成夜校(民校),农民上夜校扫盲班的47449人。夜校还推行速成识字法,培训速成识字教师近2000人,掀起群众性的扫盲热潮,广大农村出现'人人背字母,家家闻书声'的喜人气象。通过扫盲,不少学员能识1000多字,能看点报纸,能写简单书信、便条和记账。"⑤ 毋庸置疑,新中国成立初期的扫盲运动确实使乡村妇女的识字率有了一定程度的提高。惠西H村的曾AZ回忆了自己参与学习的情况:

> 读民校我读得很好,但后来苦心苦命全部都放(忘记)光了。我孙子曾问我:"奶奶,你还懂得几个字。"我说我都不懂什么字,我认得"中华人民共和国"。他说:"1、2、3、4……你懂到哪里?"我说:"1、2、3、4……懂到一百。""还有呢?"我说:"什么都懂,但现在什么都不懂了。"我什么都懂,那木书(扫盲教材)拿

---

① 《惠安小岞渔乡的新气象》,载《福建日报》,1953年2月13日。
② 泉州市妇女组织志编辑室编:《泉州市妇女组织志》,1993年,第80页。
③ 庄笑娘主编:《惠安县妇联志》,惠安县妇女联合会,1993年,第24页。
④ 泉州市妇女组织志编辑室编:《泉州市妇女组织志》,1993年,第80页。
⑤ 陈万里主编:《惠安县志》,方志出版社1998年版,第900页。

惠安女：一个特殊女性群体社会形象变迁中的国家与乡村（20世纪30—90年代）

起来，一整本都可以读完，现在一字都不懂了，一个字都看不见了。（读到可以看书？）可以哈，我读得很好，读到能算公分了，读到会……"箍篮"写"箍篮"，"米篮"写"米篮"。……那时在我们祖厝读，我进去读，那时有个姓吴的，他来教，他说："哇！这个很会读，哇！这个很会写，这个又会读又会写。"他叫我起来教，我说："×××（骂语）我吃到老还能懂得教书？"他叫我起来教，他说："你这么会读一定要起来教。"也不知为什么，书拿起来能一直读，也没看字就能一直读。他问我："你这么会读，你读过民校吗？"我说："我没有！"他说："没有为什么你这么会读啊？"我（只好承认）说："是读过民校。"他说："民校，那这样你读了有作用了。"①

不过，从实际作用看，扫盲运动更重要的是成为国家改造基层社会的文化手段。关于这一点，时人有许多直白的表述。如1951年2月，在一个96人参与、为期4天的教员训练班上，惠安县委书记尚书翰着重讲解了"冬学中如何结合土改任务向群众进行土改教育等问题"。② 1951年3月13日，惠安县各区乡冬学的主要内容是，"加强对群众的抗美援朝思想教育，以及土地改革者教育"。惠安地方政府希望通过这种冬学运动，"提高群众的政治认识"，"推进中心工作"，"并协助政府完成当前的任务"。③ 1956年1月，惠安县所隶属之晋江专区召开了全区扫盲工作会议。会议指出，"今后扫盲工作必须根据'紧紧跟随着和密切结合着农业合作化运动和农业生产的发展，积极地扫除农村中的文盲，并且逐步提高农民的文化水平，有效地为农业的社会主义改造和发展农业

---

① 曾AZ访谈资料。曾AZ，女，74岁，惠西H村人，访谈人汪炜伟，时间2008年5月14日晚上，地点其家中。
② 《惠安县举办冬学教员训练班》，载《福建日报》，1951年2月20日。
③ 《惠安县六万工农入冬学》，载《福建日报》，1951年3月13日。

第二章　政治变动与新中国成立初期惠安女形象之转变

生产服务'"。① 惠西 H 村一位老教师在其回忆录中写道，20 世纪 50 年代初，"日夜并举，宣传发动农民读夜校"，各自然村"青壮年男女农民都来校参加学习……同时以民校为基地，作宣传工作，新社会，树新风，移风易俗"。②

在对基层妇女的思想改造上，扫盲运动确实起到一定效果。"农会学堂唔免（不要）钱，没闲（没时间）的人读暗螟（晚上），大人囡子（孩子）要来读，要带纸笔和砚墨。"③ 20 世纪 50 年代初，惠安女正是哼着这些歌谣，走进各种扫盲学校。据报载，1951 年，"惠安县嘉墩自冬学开办以来，妇女参加的最踊跃，在十天内报名参加的就有三百七十二人。经过学习的妇女，不但服装穿得朴素，而且都剪短了头发，真的和过去有些不同"④。1952 年，惠安第十一区峰南乡西亭村在妇女识字班"进行抗美援朝爱国教育也收到良好的效果，大凡参加妇女班的妇女都能分清敌友，大部分都能讲出简单的抗美援朝的道理。并学会了《国歌》《中国人民愿军歌》和《美国武装日本》等三个歌曲"。⑤

新中国成立初期，国家对性别制度的改造，在惠安女中间产生了极大影响。无论是新的组织机制的建立还是新的文化机制的嵌入，都给祖祖辈辈生活于传统社会文化情境中的惠安女新的思维理念和生活世界，成为她们一定程度摆脱传统性别文化的规训和束缚，通向"解放"的重要途径。

第二节　特殊风气的延续及其治理

新中国成立初期，由于人民政府的多方改造和努力，妇女迎来前所

---

① 《专区开了扫盲工作会议》，载《晋江农民报》，1956 年 1 月 10 日。
② 汪呈辉：《汪呈辉回忆录》，2004 年，第 36 页。资料由作者提供。
③ 惠安县民间文学集成编委会编：《中国歌谣集成·福建卷·惠安分卷》，1993 年，第 95—97 页。
④ 《妇女康梅川拾金不昧》，载《福建日报》，1951 年 3 月 26 日。
⑤ 《惠安十一区西亭村抗美援朝宣传调查》，载《福建日报》，1952 年 6 月 14 日。

惠安女：一个特殊女性群体社会形象变迁中的国家与乡村（20世纪30—90年代）

未有的解放，但这种解放并非一帆风顺。尽管大多数妇女努力追求幸福生活，不少人却因传统观念的制约与政策落实的滞后而无法实现其愿望，部分妇女更选择自杀甚至集体自杀了结苦闷之情。如在华东地区从1950年5月到1952年底，因婚姻家庭问题自杀或被杀的妇女多达11500余人。① 这一时期，惠安妇女集体自杀特殊风气仍有一定的延续。如1950年9月，惠安北关乡3名妇女因不堪长住娘家之苦集体自杀②；1951年6月，惠安尚厝村3名妇女因"婚姻问题得不到合理解决"集体自杀③；同年9月，惠安下庄乡1名妇女因不忍丈夫"谩骂毒打"邀集2名同伴集体自沉④。如何解决这一历史遗留问题成为地方政府一大考验。为此，惠安乃至福建省地方政府及时借助始于1950年的《婚姻法》宣传贯彻运动，对集体自杀特殊风气的成因进行调查，进而制定解决方案、实施治理运动，并收获一定成效。

一、对特殊风气成因的调查

新中国成立初期，惠安妇女缘何继续出现集体自杀现象？为形成治理之方，地方政府不断派遣人员进行调查，并形成一定的认知。大致而言，长住娘家仍被认为是根本原因。如1953年，中国新民主主义青年团福建省工作委员会的一份报告资料写道，"尤其是许多青年妇女处在这残酷的制度（长住娘家）下，得不到同情、安慰，只好三五成群，互吐苦衷，而又找不到出路，只有以集体自杀来表示

---

① 《贯彻〈婚姻法〉是当前各级人民政府和全国人民重要的政治任务》，载《人民日报》，1953年3月20日。
② 《惠安、东山两县妇女自杀现象不断发生》，载《福建日报》，1950年10月20日。
③ 《福建惠安妇女集体自杀现象仍然存在，中共福建省委等组织坚决予以制止》，载《人民日报》，1951年11月15日。
④ 《惠安下庄乡三妇女不堪虐待集体自杀，乡干部竟"斗争"死者尸体》，载《福建日报》，1951年10月23日。

第二章 政治变动与新中国成立初期惠安女形象之转变

反抗"①。因而,《人民日报》《福建日报》的公开报道也不断批判这一风俗。《福建日报》的一篇文章指出,由于这一陋俗,"女人们消极的咒天怨命,以为这是前世作了孽,今世来活受罪,一些忍受不住痛苦、凌辱的女人,在一起谈的伤心时,经常激起不愿活命的思想"。②《人民日报》也刊文认为,惠安"妇女集体自杀的原因主要是不满于封建的婚姻制度",特别是"长住娘家"风习。它使"夫妇之间当然不会有什么感情,因此妇女便以死来反抗这种野蛮的婚姻制度"。③

不过,地方政府的调查报告中也不断指出,其他诸多社会因素对于此种特殊风习亦深有影响。具体而言主要有如下几点。

首先,超负荷的劳动对惠安妇女集体自杀起了重要影响。

恩格斯指出:"妇女解放的第一个先决条件就是一切女性重新回到公共的劳动中去。"④ 新中国成立初期,轰轰烈烈的土地改革运动废除了封建土地所有制,确立了农民土地所有制。在土地改革中,土地按人口统一分配,不论男女老幼皆可得一份土地。这改变了惠安女长期以来没有土地的历史,提高了她们参与公共劳动的积极性,也进一步解放了生产力。同时,男女同工同酬也在各地得到初步试行。毛泽东曾要求:"在生产中,必须实现男女同工同酬。"⑤ 这大大激发了劳动妇女的劳动热情,她们积极投身各项工作之中。

尽管如此,由于耕地资源缺乏、土地贫瘠等自然原因,传统的"男工(商、渔)女农"的家庭生计方式在惠安并未得到根本改变。1952年12月,《福建日报》的一篇文章便注意到:"在惠安,除了惠安山区

---

① 《关于惠安县检查贯彻婚姻法的情况报告》,福建省档案馆馆藏,1953年,档号:0133-001-0078-0028。
② 《从对封建婚姻制度给妇女的残害看新婚姻法的重要性》,载《福建日报》,1950年6月23日。
③ 《福建惠安妇女集体自杀现象仍然存在,中共福建省委等组织坚决予以制止》,载《人民日报》,1951年11月15日。
④ 《马克思恩格斯选集》第4卷,人民出版社1972年版,第70页。
⑤ 《毛泽东文集》第六卷,人民出版社1999年版,第453页。

惠安女：一个特殊女性群体社会形象变迁中的国家与乡村（20世纪30—90年代）

和惠东靠近仙游的部分地区及少数侨眷区外，几千年来，妇女们都是家庭和社会的主要劳动者。在这里几乎农村妇女都会把犁耕田，而且兼作各种粗重的肩挑重活。"①1957年6月，《闽中日报》的一篇文章则写道，惠东涂寨区岩峰乡固园高级社9个自然村，男性"大部分外出打石、做木匠"，妇女占全社劳力的97%。②这种两性分工格局使惠安妇女肩负着沉重生活与生产压力。她们既要承担料理家务、抚养小孩、赡养老人的重任，又要挑起农业生产的重担。如惠安下东乡下坂农业社女社长苏腰一家，"丈夫出外做石工，小叔在中学念"，婆婆六十多岁，"全家只靠她一人来出工，她不仅天天下田生产，和管理全社的事情，还要兼做一些家务"。③这种双重的压力在长住娘家妇女身上尤为明显。地方政府的调查表明，许多父母为了保证劳动力，在女儿结婚后仍将其留在娘家，要求她们"住在娘家帮助劳动，直到弟妹长大成人才能住夫家"④。而每当农忙时，她们除担负娘家的生产重任外，还得依照习俗回夫家帮忙。"妇女自杀的产生与农事复杂是有着一定的关系"，超负荷的劳动往往是妇女自杀的重要诱因。⑤

其次，传统婚姻家庭观念的延续仍是惠安妇女集体自杀的主要原因。

为了打破了传统婚姻枷锁，化解社会矛盾，1950年5月1日，中央颁布了《婚姻法》。《婚姻法》大力宣扬"婚姻自由、一夫一妻""禁止重婚、纳妾，禁止童养媳"等⑥。这一定程度唤醒了惠安女的婚姻自主

---

① 《伟大的改革，光辉的胜利——记惠安县贯彻婚姻法开展社会改革运动》，载《福建日报》，1952年12月18日。
② 《合不来就好好分开》，载《闽中日报》，1957年6月13日。
③ 李细进：《社长的家庭》，载《闽中日报》，1957年5月13日。
④ 《关于惠安县七个月来非正常死亡情况的报告》，惠安县档案馆藏，1953年，档号：32-1.1-4-1。
⑤ 《惠安县第二、三、四三个区召开妇女代表会议的情况报告》，惠安县档案馆藏，1954年，档号：32-1.1-4-3。
⑥ 中共中央文献研究室编：《建国以来重要文献选编》第一册，中央文献出版社1992年版，第172页。

意识，让她们逐渐明白"终身大事自主强，别人干涉免来想"①的道理。许多妇女觉醒后，主动要求脱离不合理的婚姻，追求人生幸福。惠安地方政府"对于夫妻感情已经破裂无法维持者，坚决批准离婚"。据统计，1950—1956年，惠安县共审理婚姻案件4766件，占民事案件的67.39%，其中最高的1952年，婚姻案件占民事案件总数的85.88%。②

然而，《婚姻法》虽冲击了惠安传统婚姻家庭制度，但这种"发散在日常生活中，与饮食男女、婚姻生育这些基本的本能缠绕在一起"③的法律制度变革，并未能迅速引起广大干部群众的重视和彻底执行，许多妇女的婚姻家庭生活方式并没有彻底改变，部分民众则以某种形式抗拒或敷衍国家的要求。地方政府的调查深刻认识到这一点。一份材料指出，《婚姻法》的颁布为有离婚诉求的妇女提供了法律援助，但"离婚"无论在观念上还是现实上都难以迅速被基层民众所理解和接受。他们将《婚姻法》误读为"离婚法"④，是"要来一次大扫除，大整理，大离婚……"⑤ 另一份材料也写道，人们对于《婚姻法》存在不解。村民们认为，媳妇"娶进来呀，花了很多钱，现在离婚了，人没有了，土地还给他，'人财两空'"⑥。也有调查注意到妇女的反应。她们因"怕父母反对，群众讥笑""怕离婚后找不到对象""怕出头露面离不掉又丢人""怕离婚后分不到财产，生活成问题"⑦，而对离婚充满矛

---

① 惠安县民间文学集成编委会编：《中国歌谣集成·福建卷·惠安县分卷》，1993年，第273页。免：不用。
② 庄笑娘主编：《惠安县妇联志》，惠安县妇女联合会，1993年，第25—26页。
③ 应星：《村庄审判史中的道德与政治：1951—1976年中国西南一个山村的故事》，知识产权出版社2009年版，第3页。
④ 关于此种误读的研究，可参见汤水清：《"离婚法"与"妇女法"：20世纪50年代初期乡村民众对婚姻法的误读》，载《复旦学报》（社会科学版），2011年第6期。
⑤ 《惠安县宣传贯彻婚姻法运动基本总结》，惠安县档案馆馆藏，1953年，档号：32-1.1-5-5。
⑥ 《惠安县第十区涂岭乡贯彻婚姻法重点试验第一阶段乡干部学习小结》，惠安县档案馆馆藏，1953年，档号：32-1.1-5-3。
⑦ 《惠安县贯彻婚姻法工作总结》，惠安县档案馆馆藏，1952年，档号：32-1.1-2-12。

惠安女：一个特殊女性群体社会形象变迁中的国家与乡村（20世纪30—90年代）

盾心态。故而，传统婚姻家庭问题仍使得惠安女因得不到幸福生活而走上自杀歧路。相关的调查指出，1949—1950年，惠安县有15名妇女集体自杀，其中缘于婚姻家庭问题者11人，约占总人数的73.33%。① 1953年，惠安县有189名妇女自杀，其中缘于婚姻家庭问题者127人，约占总人数的67.19%。② 1956年，惠安县涂寨、东岭、张坂三个区有226名妇女准备集体自杀，其中缘于婚姻家庭问题者142人，约占总人数的62.83%。③ 惠安地方政府的调查报告也对这些婚姻家庭矛盾进行了归纳，主要包括：(1) 婚姻得不到自由；(2) 婚姻不满但又不敢提出离婚；(3) 离婚后对财产处理不满；(4) 重婚后又找错了对象，不敢再次提出离婚；(5) 寡妇不敢再嫁而造成精神失常或苦闷；(6) 通奸引起纠纷；(7) 因生活细故引起夫妻口角；(8) 不堪封建家长虐待；(9) 失恋等。④ 地方政府的报告写道，"婚姻问题不能妥善处理……要离婚不敢提出，要找对象条件不能如意"，或是夫妻因细故争吵，导致惠安妇女集体走上绝望的自杀之路。⑤

再次，民间姊妹社群组织仍然根深蒂固，并继续成为惠安女自杀集体化的深层原因。

新中国成立初期，各级妇联的建立和妇女干部的增多，改变了惠安的妇女组织形态。但正如前论所言，新的妇女组织"由政治制度自上而下所安排规定着的"，其日常工作也主要集中在政治领域，如组织妇女参与斗霸、减租减息斗争工作，宣传贯彻《婚姻法》等，较少触及妇女私人生活领域。地方政府的调查发现，传统民间姊妹社群组织仍然是惠安妇女生活和情感的主要寄托。许多调查发现，妇女姊妹们"白天一同

---

① 《惠安县妇女自杀统计表》，惠安县档案馆馆藏，1950年，档号：32-1.1-1-6。
② 《惠安县1953年妇女自杀情况汇报》，惠安县档案馆馆藏，1953年，档号：32-1.1-5-8。
③ 庄笑娘主编：《惠安县妇联志》，惠安县妇女联合会，1993年，第23页。
④ 《关于惠安县七个月来非正常死亡情况的报告》，惠安县档案馆馆藏，1953年，档号：32-1.1-4-1。
⑤ 《惠安县第二、三、四三个区召开妇女代表会议的情况报告》，惠安县档案馆馆藏，1954年，档号：32-1.1-4-3。

第二章 政治变动与新中国成立初期惠安女形象之转变

上山干活,晚上一起睡觉"①,有时"姐妹伴的亲密胜于自己的父母亲"②。一些报告指出,姊妹社群继续扮演着绝望情绪的传染媒介。每遇不幸之事,妇女们便找各自的姊妹同伴诉说,情到深处,便一同赴死。是故,加入集体自杀团体者并非人人皆有不幸之事,多数乃因与"组织者的友谊关系,所以同情她的苦处,所以也去参加"③。1952年惠安三区一寡妇因无法忍受夫家的歧视和冷遇发动姊妹集体自杀,参与者竟达12人之多。④ 相关的调查报告也同样指出,姊妹社群在自杀集体的组织中凸显出一定的强制性作用。有些妇女参与集体自杀并非出于同情或自愿,而是因于同生共死盟言。姐妹伴在缔结金兰时常会举行某种仪式,立下"生同生,死同死"誓言。许多妇女轻信,如果未践行诺言,那些死去姐妹伴的鬼魂不会饶恕她们。如1953年惠安十区三妇女集体自杀,有一死者生前和"丈夫感情很密切,公婆对她也很好",自杀原因仅是与"另二位有立誓密约",要"共生共死",担心"如果没有照做,也会给死鬼抓去"。⑤

最后,封建迷信盛行仍是惠安女集体自杀的催化剂。新中国成立初期,惠安女的生活世界仍充满这种迷信之风。地方政府的报告指出,惠安妇女迷信"吃黄鱼要趁生,妇女要死趁年轻"以及"死后可以转世"等之类的思想,误以为在死亡世界可以过上幸福生活,即便转世后也不会如今生痛苦。妇女们还认为,特别是春夏气候温暖"到水里不冻身,'灵魂容易转世'"。这种对死亡世界充满幻想的集体意识使得"一有个别自杀现象发生,风气就传开,且很多是三五成群集体

---

① 《惠安县挽救妇女自杀工作总结》,惠安县档案馆馆藏,1952年,档号:32-1.1-2-13。
② 《惠安县制止妇女自杀工作总结》,惠安县档案馆馆藏,1956年,档号:32-1.1-4-11。
③ 《福建省人民法院工作组惠安县十四区贯彻婚姻法工作组总结》,惠安县档案馆馆藏,1952年,档号:32-1.1-2-14。
④ 《惠安县解放以来妇女自杀的转变过程》,惠安县档案馆馆藏,1952年,档号:32-1.1-2-1。
⑤ 《惠安妇女自杀情况的报告》,惠安县档案馆馆藏,1953年,档号:32-1.1-5-7。

惠安女：一个特殊女性群体社会形象变迁中的国家与乡村（20世纪30—90年代）

谋死"①。

正如迪尔凯姆所言："自杀与社会结构最根深蒂固的东西有关，因为自杀表现了社会的情绪，而民族情绪像个人的情绪一样，反映了机体最根本的状态。"② 从地方政府的调查可以看出，新中国成立初期，惠安的政治与社会发生极大变迁，但当地社会结构中诸多根深蒂固的因素仍在持续发酵，正是这些的综合作用，导致妇女集体自杀现象一如既往不断发生。

二、治理特殊风气之努力

新中国成立初期，惠安女集体自杀特殊风气的延续，使经济恢复和发展遭到阻碍，"如果任其自流发展，将会使农业生产受到一定的损失"，甚至引起社会混乱。③ 同时，这种现象也重阻滞了妇女解放的进程，只有切实将之革除，"方能够带领妇女群众逐步过渡到社会主义"。④ 为了化解这一陋习，地方政府多次派遣工作组下乡开展群众运动进行社会治理。1952年8—10月，惠安县配合福建省人民法院特别工作队在该县7个区开展"贯彻婚姻法运动"，力图解决妇女集体自杀等问题。⑤ 1953年2—3月份，惠安县各部门组成联合工作队，在全县133个乡开展宣传贯彻婚姻法运动，治理妇女长住娘家、集体自杀等问题。⑥ 1956年9—11月，惠安县组织妇女干部工作队在东岭、涂寨、驿坂3个区12

---

① 《惠安妇女自杀情况的报告》，惠安县档案馆馆藏，1953年，档号：32-1.1-5-7。
② ［法］埃米尔·迪尔凯姆：《自杀论社会学研究》，冯韵文译，商务印书馆1996年版，第350页。
③ 《惠安县目前妇女自杀情况检查报告》，惠安县档案馆馆藏，1956年，32-1.1-4-10。
④ 《惠安县第二、三、四三个区召开妇女代表会议的情况报告》，惠安县档案馆馆藏，1954年，档号：32-1.1-4-3。
⑤ 《惠安县贯彻婚姻法开展社会改革运动的经验》，载《福建日报》，1952年12月18日。
⑥ 《惠安县宣传贯彻婚姻法运动基本总结》，惠安县档案馆馆藏，1953年，档号：32-1.1-5-5。

第二章 政治变动与新中国成立初期惠安女形象之转变

个乡结合宣传《婚姻法》，防治集体自杀。① 这些治理运动有以下基本做法。

首先，思想动员。当时社会普遍认为，妇女集体自杀的发生，一方面是"新婚姻法虽已颁布，但还未能在广大干部群众（特别是区级下层政权和群众团体中）引起重视和执行"②；另一方面是妇女"思想狭隘看不到前途"③。为此，工作组下乡后召开各种干部、群众会议，大张旗鼓进行思想动员，"说明贯彻婚姻法、社会改革的重大政治意义"，同时"揭发封建婚姻制度所加给人民的毒害"。④ 这些工作组还不断强调，"自杀是破坏社会生产力，因此想自杀是最落后、最愚笨的表现，也是向封建低头的可耻行为"，号召妇女敢于同封建恶习作斗争，并对妇女进行社会主义前途教育，"明确有问题、有痛苦应以坚强大胆的态度提出来"向政府求助。工作组希望借此扫除妇女的"封建思想"，提高她们的"社会主义觉悟"，"指出妇女努力的方向和幸福前途"，从而扭转"轻生"的恶劣之风。⑤

其次，移风易俗。由于认识到"封建婚姻制度和长住娘家的恶习，是造成惠安妇女集体自杀的主要原因"，亟须"开展反对阻碍夫妻同居来挽救和制止妇女集体自杀"。⑥ 因而，这些治理运动均将消除长住娘家陋习的影响作为工作中心，开展了大规模的动员妇女回夫家运动。据统计，1952年8—10月，惠安7个区86个乡9395名长住娘家妇女中有8120人回了夫家，占总数的86%。妇女回夫家后，工作组还"有重点地召开婆媳会，夫妻和睦会"，反对和批判阻隔妇女同居的行为，大力

---

① 《惠安县制止妇女自杀工作总结》，惠安县档案馆馆藏，1956年，档号：32-1.1-4-11。
② 《惠安、东山两县妇女自杀现象不断发生》，载《福建日报》，1950年10月20日。
③ 《惠安县第二、三、四三个区召开妇女代表会议的情况报告》，惠安县档案馆馆藏，1954年，档号：32-1.1-4-3。
④ 《惠安县贯彻婚姻法工作总结》，惠安县档案馆馆藏，1952年，档号：32-1.1-2-12。
⑤ 《惠安县制止妇女自杀工作总结》，惠安县档案馆馆藏，1956年，档号：32-1.1-4-11。
⑥ 《从对封建婚姻制度给妇女的残害看新婚姻法的重要性》，载《福建日报》，1950年6月23日。

惠安女：一个特殊女性群体社会形象变迁中的国家与乡村（20世纪30—90年代）

提倡"尊婆爱媳、民主和睦、劳动互助、团结生产"新风气，订立家庭公约，解决家庭纠纷，表彰模范家庭与模范夫妻，希望妇女融入夫家生活，帮助民众建立起和谐的家庭氛围。①

再次，说服教育。为了制止妇女集体自杀，工作组积极寻求欲自杀妇女的家人的配合，使"制止自杀的责任由家长共同负担"，要求家长"转变漠不关心的态度"，"想尽办法，动员自己女儿回家睡觉"，以期"在母女骨肉之亲的感情驱使下，女儿也感到家庭、父母的温暖，从而达到扭转想自杀的思想"。② 对于一些准备集体自杀的妇女，工作组与其周围群众建立联系，"布置力量在她们周围"，及时掌握其动向，并着力进行说服教育，"时刻动摇她们的自杀念头"。③ 其中，对于自杀的随从者与思想徘徊者，工作队常以说服教育的方式，"瓦解她们的力量，使主动者孤立起来，让被动的再说服主动的，使她觉悟"。对于执迷不悟者，工作队则派遣一些"思想较健康"的妇女干部与她们一同生活，取得她们的信任，耐心说服。如1950年，工作组发现，一个3人自杀集团中"有一个是主动的，两个是被动的"，于是先"把两个被动说服过来"，再通过她们说服主动者，甚至派一名女队员与"她在一起工作，一起睡觉"，试图解决。④ 工作组的说服教育主要采取现身说法、以苦引苦，即让亲历者讲述"过去如何受封建婚姻束缚"，曾几次想自杀，"以后又如何转变过来，参加工作的亲身经历"。⑤ 通过说服教育，一些妇女最终放弃自杀念头。如1950年8月，惠安三区21个准备集体自杀的妇女，在工作队说服下放弃轻生念头。⑥ 再如1956年，一妇女因"婚后数年夫妇无同居，感情十分恶化"，多次自杀未遂，工作队到来后认真说

---

① 《惠安县贯彻婚姻法开展社会改革运动的经验》，载《福建日报》，1952年12月18日。
② 《惠安县制止妇女自杀工作总结》，惠安县档案馆馆藏，1956年，档号：32-1.1-4-11。
③ 《惠安县贯彻婚姻法工作总结》，惠安县档案馆馆藏，1952年，档号：32-1.1-2-12。
④ 《三区妇女工作报告》，惠安县档案馆馆藏，1950年，档号：32-1.1-1-4。
⑤ 鲁一绩：《惠安人民婚姻生活变了样》，载《展望》，1953年第3期。
⑥ 《惠安县解放以来妇女自杀的转变过程》，惠安县档案馆馆藏，1952年，档号：32-1.1-2-1。

第二章 政治变动与新中国成立初期惠安女形象之转变

服,并给其提供援助,促使其放弃自杀行动。①

最后,组织改造。不少企图自杀的乡村妇女被解救后,工作组便动员她们参与农会、互助组等。这些组织通过举办各种活动动员妇女,改变她们的人际网络与生活方式,进而在一定程度上挤占传统姊妹社群的生存空间,削弱妇女集体自杀的诱因。1954年,惠安县召开妇女代表大会,18名试图自杀的妇女,经过组织改造已成长为"副乡长、互助组长、积极分子、妇代主任"。②

新中国成立初期,地方政府的治理运动维护了妇女的合法权利,挽救了许多准备集体自杀的妇女,但也存在一些局限性,导致惠安女集体自杀陋习未能根除(这在本书第四章将会论及)。

当时,地方政府习惯性地将妇女问题政治化,通过派工作队、召开大会、宣传政策、动员群众等方式开展治理。以群众运动处理社会问题,声势浩大,影响广泛,立竿见影;但无法持久,也不能深入,效果有限。如在治理过程中,各级领导都存在"初期经常抓紧碰头,汇报情况,分析问题,总结工作经验,指导全面。但到最后一段,因中心工作任务繁重,领导力量就逐步分散,工作也就任其自流"。③ 许多乡村干部则担心,宣传贯彻《婚姻法》以及治理集体自杀运动"会妨碍生产",由是多"抱着应付的态度","草率了事"。④他们平时对妇女"宣传教育不够经常,缺乏积极的办法,认为制止无效,注意不了……或感觉不耐烦"⑤,"发现问题后不是深入想办法解决,反而是大惊小怪,空喊情况,单纯依赖工作组去解决"⑥。因而,这些运动遂存在"工作组所在

---

① 《惠安县制止妇女自杀工作总结》,惠安县档案馆馆藏,1956年,档号:32-1.1-4-11。
② 《惠安县第二、三、四三个区召开妇女代表会议的情况报告》,惠安县档案馆馆藏,1954年,档号:32-1.1-4-3。
③ 《惠安县制止妇女自杀工作总结》,惠安县档案馆馆藏,1956年,档号:32-1.1-4-11。
④ 《惠安县宣传贯彻婚姻法运动基本总结》,惠安县档案馆馆藏,1953年,档号:32-1.1-5-5。
⑤ 《惠安妇女自杀情况的报告》,惠安县档案馆馆藏,1953年,档号:32-1.1-5-7。
⑥ 《惠安县制止妇女自杀工作总结》,惠安县档案馆馆藏,1956年,档号:32-1.1-4-11。

惠安女：一个特殊女性群体社会形象变迁中的国家与乡村（20世纪30—90年代）

村宣传较好，群众发动较透，而非工作组所在村宣传工作开展得较差"①。为此，《人民日报》曾一针见血指出，"由于封建婚姻制度根深蒂固，当地党组织与人民政府，对解决妇女的特殊的痛苦还注意不够，没有认真组织力量，彻底摧毁野蛮的婚姻制度"，以致新中国成立以后"仍继续发生妇女自杀事件"②。因此，治理妇女集体自杀没有成为日常性的工作，只能依靠一次次的群众运动来解决。

正如前论所言，妇女集体自杀是复杂的社会现象，必须采取综合治理，而其中的关键之法是对妇女进行思想启蒙，使她们形成自我调节的主体能力。虽然在历次的治理运动中，地方政府十分重视对广大干部群众进行思想教育，从根本上消除其落后思想意识。然而，由于妇女所受的压迫被"看作是封建阶级和资产阶级压迫不可分割的一部分"③，妇女解放内置于阶级解放的结构之中，这些思想启蒙基本上被包裹于阶级话语之中。毋庸置疑，阶级话语可为妇女思想启蒙搭建有利平台，但也存在由于刻板遵循阶级话语而忽视妇女问题的特殊性，导致启蒙效果受限的难局。工作组在说服教育中也经常发现阶级话语难以奏效的情况。如在对一名企图自杀妇女进行"以苦引苦"说服教育中，女工作队员"讲出自己的身世是如何苦，以前也准备自杀，到解放后，深明道理，知道穷人翻身了……地位也提高了，才不想死，再讲有参加组织的妇女，现在如何快活过日子"。然而，"无论怎样讲解，她都听不入耳，整天没精打采，似失去知觉的样子，神态全变，逃避接近，当我们从前门进去，她从后门跑掉，要跟她讲话，她东走西走，假装做事情。问她三句五句，她也不答，有时候很不耐烦地随便答了一

---

① 《惠安县制止妇女自杀工作总结》，惠安县档案馆馆藏，1956年，档号：32 - 1.1 - 4 - 11。
② 《福建惠安妇女集体自杀现象仍然存在，中共福建省委等组织坚决予以制止》，载《人民日报》，1951年11月15日。
③ 李小江、朱虹、董秀玉主编：《平等与发展》，生活·读书·新知三联书店1997年版，第1页。

句,表示很不满,而且讨厌的样子".① 部分工作人员甚至丧失立场也加入集体自杀行列。如1951年惠安下庄乡发生三妇女集体自杀事件,其中一名妇女便是被派往做说服工作的女干部。② 一些妇女党团干部的集体自杀③,更说明阶级启蒙虽可令妇女赢得一定的思想解放,但仍无法彻底改变妇女的主体意识,从而帮助她们形成有效的自我调节能力。因而,大部分惠安女常以被动的姿态参与历次治理运动,随波逐流。如在发动"长住娘家"妇女回夫家运动中,妇女"当时回去,住了五天左右",但当"看见自己的姊妹仍旧在娘家里,即产生动摇思想,觉得自己带头是毛病,人家也没有个个回夫家",随即又大部分赶回娘家。④ 这种被动性,最终导致地方政府的治理目标无法彻底实现。

第三节 转变中的惠安女社会形象

新中国成立初期,惠安女的生活世界,尽管旧问题一时难以完全化解,新事物也还有待发展和完善,但总体而言新陈代谢的趋势日益强劲。正由于新社会的需要,以及新性别文化的滋生,社会舆论关于惠安女性形象的塑造也有了新趋向和内容。

---

① 《三区妇女工作报告》,惠安县档案馆藏,1950年,档号:32-1.1-1-4。
② 《惠安下庄乡三妇女不堪虐待集体自杀,乡干部竟"斗争"死者尸体》,载《福建日报》,1951年10月23日。
③ 如1951年6月惠安县十一区尚厝村集体自杀事件的三妇女均为妇女干部,一个是乡农会委员,一个是乡妇女代表,一个是乡农会小组长。1956年1—10月份87名自杀的妇女中,有党员1名团员6名。参见《福建惠安妇女集体自杀现象仍然存在,中共福建省委等组织坚决予以制止》,载《人民日报》,1951年11月15日;《惠安县制止妇女自杀工作总结》,惠安县档案馆藏,1956年,档号:32-1.1-4-11。
④ 《从二区松林乡调查有关婚姻演变的情况报告》,惠安县档案馆藏,1954年,档号:32-1.1-4-4。

惠安女：一个特殊女性群体社会形象变迁中的国家与乡村（20世纪30—90年代）

一、翻身的妇女：新形象的总色调

这一时期，"解放""翻身"成为人们描述新的惠安女社会形象的总色调。在各种社会舆论中，惠安女"从前上山下海都哼'哭丧调'，现在大家喜笑颜开地扭秧歌，唱解放歌曲，参加各种社会活动"①。

随着《婚姻法》宣传贯彻运动的开展，在将惠安女塑造为翻身解放妇女之代表的各种叙事中，妇女们如何从集体自杀、长住娘家等怪俗中解脱出来，一直占据显著位置。尽管舆论仍不断重复着这些怪俗，但并非旨在继续将惠安女视为问题人群，更多是作为《婚姻法》宣传贯彻运动后妇女生活、精神焕然一新的对照。如1953年2月，《福建日报》一篇题为《惠安小岞渔庄的新气象》的文章描述了该乡1949年前后的变化。在涉及妇女与两性关系方面，作者写道，"妇女翻了身夫妻大团圆"：

> 小岞的妇女占全人口的半数，几乎都参加主要劳动，她们不但要耕田理家务，还要帮助染网修船。但在旧社会里，封建婚姻制度长期地束缚和摧残着她们。过去她们结婚后四天就得回娘家住，以后非逢年过节或者生了小孩就不能到夫家去。还未生小孩的妇女回夫家时要戴着长长的黑布巾；有的结婚十多年，连脸都未让丈夫看过，自己也认不清丈夫。青年妇女因忍不住长住娘家的痛苦，很多人跳海自杀……解放后，毛主席制定了新婚姻法，去年八月间省人民法院又派工作队来这里贯彻新婚姻制度，开展社会改革运动，动员妇女回夫家，摧毁了罪恶的旧婚姻制度。妇女们都兴高采烈地回夫家和丈夫团聚了。渔民家庭现在到处都显现着和睦融洽的气

---

① 《惠安小岞渔庄新气象》，载《福建日报》，1953年2月13日。

第二章 政治变动与新中国成立初期惠安女形象之转变

氛……妇女们现在都愉快地在劳动着。①

此类舆论,在彼时有关《婚姻法》宣传贯彻运动的各种报道中被更多地传播。如1952年12月18日,一篇题为《婚姻法的光辉普照到渔庄》的文章感慨道:"自从去年九月间摧毁了封建婚姻习俗后,到处出现了团结和睦的新家庭……媳妇们上山收番薯和割草的时候总是有说有笑……长住娘家的女儿穿上新衣服,脸上第一次现出真正的笑容"②。同日,该报上的另一篇文章以《伟大的改革,光辉的胜利》为题记述了"惠安贯彻婚姻法开展社会改革运动"的概况,文章以令人欢欣鼓舞的语调指出,"过去惠安县到处充满妇女悲哀的哭声,现在到处可以听到妇女们快乐的歌声,看到妇女们在愉快地跳舞,惠安县变得年轻活泼了"③。

不仅群体性的描述如此,不少反映个人因运动开展婚姻家庭生活得到极大改善的文章,也在报刊上宣传。如1951年7月26日《福建日报》刊登的《新婚姻法救了她 寡妇林西玲合法结婚》一文,以及1952年10月10日同报刊登的惠安妇女李红枣来信《婚姻法使我们解脱了封建枷锁》,等等。其中,李红枣的来信记述了自己如何被夫家强逼结婚,婚后又备受丈夫压迫的过程。李氏写道,《婚姻法》宣传贯彻运动以及工作组入乡推行社会改革,使她受到教育,"弄懂了婚姻法是打倒封建制度,建立合理的婚姻"。因此,她"大胆地提出了离婚的要求",并在工作组的帮助下使丈夫公开向其道歉。④

新中国成立初期,关于解放翻身中的惠安女形象的塑造,不只体现

---

① 《惠安小岞渔庄新气象》,载《福建日报》,1953年2月13日。
② 《婚姻法的光辉普照到渔庄》,载《福建日报》,1952年12月18日。
③ 《伟大的改革,光辉的胜利——记惠安贯彻婚姻法开展社会改革运动》,载《福建日报》,1952年12月18日。
④ 《婚姻法救了她 寡妇林西玲合法结婚》,载《福建日报》,1951年7月26日;《婚姻法使我们解脱了封建枷锁》,载《福建日报》,1952年10月10日。

惠安女：一个特殊女性群体社会形象变迁中的国家与乡村（20世纪30—90年代）

在消除陋俗、建立新的婚姻家庭和两性关系上，也弥漫于其他方方面面。如在备受关注的惠安女的外在形象上，一些报章也作了比较。它们指出，惠安"妇女们头上已不再盖着面罩，走起路来也不再低头掩首了"①。关于惠安女的文化素养，舆论则欢呼道，"妇女们都踊跃地上民校和冬学。她们学习认真，进步很快"，部分"青年妇女由民校中提拔出来当冬学教师"②。翻身解放的惠安女形象更彰显在她们的社会地位、话语权等的变迁上。1954年10月9日，《福建日报》一篇有关惠安渔乡的报道写道："旧社会被人看不起的妇女，现在已经取得了和男子完全平等的地位，乡里人民代表大会的三十一名代表中有八名是妇女，乡政委员中有三名是妇女。还有二十多名妇女在乡民校学习文化。这真是天翻地覆变化呀"。而"在解放前，我们这里的妇女连跟自己丈夫公开说话的权利都没有，妇女们外出都要带个黑面罩，看见人就把头低下来，不敢和别人打照脸，更别说跟男人们一起干事情了"③。

在各种舆论之中，惠安女的翻身既体现为外在政治力量推动的生活风貌变迁，也体现为妇女自觉拥护和融入新政权的主体意识之变。为了展示这种主体政治意识的觉醒，各种舆论时常引援基层妇女的相关表述。如有妇女表示："过去国民党压迫，丈夫抽去当兵，连牛卖光交租还不够，被迫卖了七岁的孩子，现在是我们自己的政府领导生产，我翻了身，今后一定还要积极干。"④ 1950年被选为全国劳模的惠安女黄淑鸾更是号召妇女："要在生产中和支前中积极努力以报答毛主席的恩情。"⑤ 1952年，因婚姻法宣传贯彻运动而得到翻身解放的李红枣表示："我是一个劳动妇女，我要努力生产来报答共产党、人民政府的解救。"⑥

---

① 《我们的渔乡》，载《福建日报》，1954年10月9日。
② 《惠安小岞渔庄新气象》，载《福建日报》，1953年2月13日。
③ 《我们的渔乡》，载《福建日报》，1954年10月9日。
④ 《向生产剿匪模范祝贺》，载《福建日报》，1950年6月23日。
⑤ 《惠安县一片欢迎之声，劳模曾亦成、王淑鸾光荣回乡》，载《福建日报》，1950年11月4日。
⑥ 《婚姻法使我们解脱了封建枷锁》，载《福建日报》，1952年10月10日。

1953年，惠安妇女曾刊在给朝鲜战场上的丈夫的信中写道："我们有毛主席、共产党的领导，生活是一天一天好起了。"她向丈夫保证："我一定要听首长们对我们所讲的话：积极生产、支援前线，争取更大光荣。我也希望你要狠狠地打击敌人，争取为人民立功，你在前方杀敌，我在家乡增产，我们前方后方一条心。"①

二、劳动的妇女：传统元素的新意涵

新中国成立初期，在解放翻身的总基调下，惠安女的劳动能力再次受到关注。许多报章提及惠安女时往往都有类似描述："当你沿着福厦公路南行、进入惠安县境后，你会看到许许多多头上扎着红头巾的妇女，她们挑着沉重的担子，沿着公路矫健地迈着快步前进；在公路两旁的田野上，你也可以看到到处有妇女在辛勤地劳动着——惠安女，一向是以能劳动而著名的。……在惠安，除了惠安山区和惠东靠近仙游的部分地区及少数侨眷区外，几千年来，妇女们都是家庭和社会的主要农动者。在这里几乎农村妇女都会把犁耕田，而且兼作各种粗重的肩挑重活。长年累月的劳动赋予惠安妇女特有的性格，她们倔强、勇敢、热情。"② 作者强调惠安女的劳动传统，以及这种传统如何重塑她们的外形与内在。

值得注意的是，这一时期人们虽也常将惠安女的劳作生活与她们的怪习陋俗一并讨论，但以"劳动"塑造新女性形象的重要元素，赋予经济参与"男女平等""女性解放"等重大意义，更成为时代主流。③ 自20世纪50年代初起，惠安女劳模被广泛宣传便是这种转向的表现。如

---

① 《惠安县志愿军家属、省二等优抚模范曾刊写给在朝鲜前线的丈夫一封信》，载《福建日报》，1953年3月18日。
② 《伟大的改革，光辉的胜利——记惠安贯彻婚姻法开展社会改革运动》，载《福建日报》，1952年12月18日。
③ 国内其他地区的研究可参见李巧宁：《1950年代中国农村妇女的社会动员》，载《社会科学家》，2004年第4期。

惠安女：一个特殊女性群体社会形象变迁中的国家与乡村（20世纪30—90年代）

在1950年6月惠安的一次劳模会上，多名妇女受到地方政府的奖励。据报章所载，一位杨姓女劳模"十天帮工二十三户，插秧三百四十七亩，挑肥一千八百六十四担，干肥一千二百五十九担，插完秧后，她又组织了七个人到山上开荒，七天开了二亩，在她的带领下，全乡群众均积极的生产，度过春荒"①。1951年10月，《福建日报》报道了惠安一朱姓女劳模积极参加修堤活动，"还发动了一百二十八个妇女，提出'不迟到、不早退，保证把堤修好'的口号，向男工们挑战"，而她"解放前从来没有出过自己家的大门"②。王淑鸾是20世纪50年代初惠安女劳模的典范，被誉为"农业生产的状元"。《福建日报》的报道称她"八岁跟着父亲下田耕作，十五岁起，因父亲年老力衰，弟妹年幼，所有耕作的重担都落在她和姐姐二人身上。她就这样锻炼出一身耕田的好本领"。但超强的劳动能力给她带来不幸的婚姻。在王淑鸾18岁时，富农郑某"贪她能干，强娶为媳"。新中国成立后，因其劳动能力过人，"组织妇女生产也非常努力和有办法"，1950年被选送为全国劳模。③ 该年10月24日，当她载誉而归经过惠安县城时，得到了地方政府和民众的热烈欢迎，"城区各机关、学校、团体、群众二千余人在东门外欢迎，经过市区时，各商店燃放鞭炮。到县府门口已时近晌午，但群众都不愿散，要求代表讲话"，她只得"在群声雷动中"向群众作了报告。④ 狂欢场面直观地说明，"劳动"的价值已超越其具体形式和传统意义，而上升为一种新的价值观念，成为定义新女性的重要标准。

20世纪50年代中后期，这种用参与社会劳动定义新的惠安女形象的做法在报章中更频繁地出现。其中，女渔民作为一种富有地方特色的劳动妇女形象开始为报章所注意。1954年5月，一则关于惠安第五区的

---

① 《向生产剿匪模范祝贺》，载《福建日报》，1950年6月23日。
② 《为了保证秋季大丰收惠安县修好五十三条海堤》，载《福建日报》，1951年10月24日。
③ 《农业生产中的女状元王淑鸾》，载《福建日报》，1950年9月10日。
④ 《惠安县一片欢迎之声，劳模曾亦成、王淑鸾光荣回乡》，载《福建日报》，1950年11月4日。

第二章 政治变动与新中国成立初期惠安女形象之转变

报道称,"该区从来就没见过妇女下海生产,在今年春汛中已有六十多名妇女下了海。前按乡黄银等十多名妇女,只一天多就初步学会了捕捞墨鱼的技术。第二天,他们三个一组地下海单独生产了,得到男渔民的称赞"①。1955年,惠安崇武的张细琴等成为"当地第一代女渔民",她们历经各种挫折后,以"男渔民当师傅","学会了摇橹、划桨、撒网、收网、放桴、敲舣、开舣、起落帆和起桅",并"到舟山渔场捕了二次鱼"。1956年,张细琴被评为"县二等渔业生产模范",其时该社已有"二十七个女渔民"。② 1955年,参加惠安崇武半岛墨鱼生产劳动的,"不仅有习惯海上劳动的渔民,还有以往从不下海的妇女和孩子们"③。在时人看来,女渔民群体形成的社会意义,不在于其捕捞产量,而在于这是"在党的领导和教育下,渔民们清除旧社会遗留下来的封建迷信思想"的结果。④ 妇女下海曾是惠安的一个禁忌。自古以来,渔民就认为,"妇女不能上渔船的","妇女上了渔船,那只渔船就要倒霉。不出事故便罢,一出事故便就说是妇女害的"。⑤ 新中国成立初期,这种风俗遭到否定,妇女不仅能上船下海,而且展示出非凡的劳动能力,符合了新社会的价值标准。

1956年"三大改造"完成后,报纸上大量报道了惠安女社长、女社员如何领导或参与生产的故事。仅以《闽中日报》的报道为例。1957年,该报宣传的惠安东园区云山聚声高级社女生产队长庄乌姐;下东乡下坂农业社女社长苏腰;侨眷骆品;初中毕业生汪秀华等都是这方面的典范。19岁的庄乌姐因一次带领社员"冒雨插秧",被人们称为热爱农

---

① 《惠女亘区渔民早下海勤撒网, 月捕鱼一百四十万斤》,载《福建日报》,1954年5月13日。
② 《惠安张细琴等一批妇女勤学苦练成为当地第一代女渔民》,载《福建日报》,1957年11月12日。
③ 《崇武半岛墨鱼大丰收》,载《福建日报》,1955年5月13日。
④ 《战胜海洋的妇女们》,载《福建日报》,1956年3月8日。
⑤ 《惠安张细琴等一批妇女勤学苦练成为当地第一代女渔民》,载《福建日报》,1957年11月12日。

惠安女：一个特殊女性群体社会形象变迁中的国家与乡村（20世纪30—90年代）

业社的领头人物。骆品"热爱劳动，勤俭持家"，抗战时，侨汇断绝，"她忍受了寒暑，越山涉水，靠肩挑得来一些钱，养活家人"，因此被认为是女侨眷的形象代表。初中应届毕业生汪秀华，因升学无门而学兄理发，被认为是勇于突破传统观念，实现男女劳动机会平等的典范。①

"劳动"价值的急速上升，有其时代因素。长期的战争使中国经济濒临崩溃，为扭转这一局面，新中国成立后，新政权便立刻展现出对经济发展的极大关注。这种政治导向使人们更加重视妇女的人力资源潜力，在基层则表现为对女性参与农副业生产劳动的倡导。"走出家门"参与社会劳动也被提升为评判新旧妇女的一种尺度，报刊等社会宣传媒介更为这一评价尺度寻找各种形象载体。在闽南乃至全福建，向来负有农耕之全责的惠安女自然成为人们关注和宣传的对象。

除了实用主义考量外，"劳动"更从价值观上被视为新旧女性分野的界碑。"劳动"定义女性并不在于其所生产出的价值量，而在于它是其他价值品质的载体。中共领导下的妇女解放，以马克思主义作为指导思想。在这一指导思想下，中共遵循恩格斯"妇女解放的第一个先决条件就是一切妇女重新回到公共的劳动中去"的命题，将"劳动""塑造为一个新的文化类别"，成为"评判中国女人的完全不同文化框架"。"在这个革命话语里，新中国妇女与新中国一起被作为一个主体来塑造，她们通过参与生产将自己从'传统'的封建主义中解放出来，并站在反帝国主义的立场上。"② 对惠安女劳动形象的重新挖掘与定义，便见证了这种普遍的定义转向。人们认为，通过参加生产，惠安女已从"传统价值"中解放出来，获得新的社会价值，形成新的女性形象。

新中国成立前后，以"劳动"描写惠安女，经历了由"对照性"到

---

① 《穆桂英一下令，人人都出征》，载《闽中日报》，1957年5月1日；《社长的家庭》，载《闽中日报》，1957年5年13日；《人人赞扬的好侨眷——火星婶》，载《闽中日报》，1957年9月1日；《她学会了理发》，载《闽中日报》，1957年9月16日。

② [美]罗丽莎：《另类的现代性：改革开放时代中国性别化的渴望》，黄新译，江苏人民出版社2006年版，第78页

"定义性"的转换。尽管如此,普通妇女对"劳动"价值的提升可能不会做太多的思索。她们参与劳动的目的是讨得生计,维持生活。只是在1949年以前,妇女的劳动常是个体性、无组织的;此后,政治力量融入其中,她们逐渐被置身于一定的组织化运作之中。应该看到的是,尽管在这一时期以"劳动"定义惠安女形象已逐渐开启,但尚未出现具有较高识别度的惠安女劳动形象代表性符号,它更多的是与全国趋同化的结果,只是长期参与社会劳动使惠女更能适应这种变迁,更加显目而已。

三、武装的妇女:新元素的滋生

如果说"劳动的妇女"只是对惠安女既存形象进行重新释义的话,"武装的妇女"则完全是惠安女社会形象的新趋势,在时论看来也是惠安女解放翻身成为新社会女性的最显著证据。

新中国成立初期,除了恢复和发展经济外,如何维护社会稳定、巩固新生政权也是重要工作,尤其是如何应对国内外敌对势力的滋扰或破坏更成为重中之重。为此,培育民兵队伍,以之维护地方社会秩序,便成了新政权基层建设的重要着力点。与全国大部分地区一样,武装力量与生产建设在惠安基层政权建设中占据同等地位。一个明显的例证是,1950年5月20日,在惠安县召开的有千余普通民众和干部参加的模范大会上,那些在剿匪斗争中有突出贡献的人员,与在生产建设中有突出表现的人一同受到了表彰。① 在基层民兵队伍的建设过程中,作为人口的另一半——女性的力量被史无前例的重视和挖掘,许多妇女直接加入这些组织中。如1950年《福建日报》报道了惠安女民兵林梅华的故事。她是该县松湖村人,本"是个不识字的贫农,经过教育后,觉悟提高。该村附近公路发现土匪时,她自动组织了一百三十多妇女拿着扁担,配

---

① 《向生产剿匪模范祝贺》,载《福建日报》,1950年6月23日。

惠安女：一个特殊女性群体社会形象变迁中的国家与乡村（20世纪30—90年代）

合着该村民兵打土匪，使土匪不敢前往骚扰"①。1950年9月，林氏被推荐为省级劳动模范，相关报道称她在一年多以来一共参加过5次剿匪斗争，是名副其实的"组织民兵参加剿匪的女英雄"。②据统计，20世纪50年代初，"在全民皆兵的运动中"，惠安所隶属之晋江专区"就有90万多名妇女参加民兵组织，占全区民兵总数60%"。是时，"惠安县崇武岛有民兵1100人，其中女民兵占49%"。③

值得注意的是，新中国成立初期，有关惠安女民兵的叙事，往往与海防问题有关。由于濒临台湾海峡，使得这一时期包括惠安在内的福建沿海各县市承受巨大的海防压力。这一方面来自传统的海匪、海盗的威胁，另一方面也来自海峡两岸的军事对峙。因此，关于惠安女民兵形象的宣传，大量集中于她们参与巡海固边，打击海匪、特务等上面。如1951年4月，《福建日报》报道了惠安八区大同乡女民兵张蔡妹抓获放毒特务的事迹。

> 女民兵张蔡妹是惠安八区大同乡人。有一天（一九五一年三月）和黄宝珠、黄送娘一起在村子的大路旁放哨。有一个穿长衫的妇女走过，检查过路条，就走了。但她走了二三步，又回头看看。张蔡妹觉得奇怪，马上把她叫回来，盘问她，同时搜查她的身上，没有发现什么。可是，她又想起区长说过，有些特务会把东西放在头上，于是她就把那女的帽子摘下来。果然，在她头发中发现了二包毒药，一包黑色，一包红色。张蔡妹知道这是特务，就送她到区里去了。原来这妇女是……刚派来的特务，专在我们沿海以及内地施放毒药。她骗到了路条，从南安到惠安已经放了九口井。这下子，幸亏被张蔡妹机警地抓到了，否则又该害死我们多少老百姓！④

---

① 《惠安七区千余人集会向生产剿匪模范祝贺》，载《福建日报》，1950年6月23日。
② 《英雄榜：林梅华》，载《福建日报》，1950年9月1日。
③ 福建省地方志编纂委员会编：《福建省志·妇女运动志》，福建人民出版社2008年版，第82页。
④ 《张蔡妹抓到放毒的特务》，载《福建日报》，1951年4月22日。

第二章 政治变动与新中国成立初期惠安女形象之转变

再如，惠安獭窟岛的女民兵也引起舆论注意。该岛因海峡两岸对峙而经常受到战争灾害，到1954年"青壮年已普遍参加了民兵"。妇女在其中发挥了重要作用。她们"也参加了海防自卫队，不管风雨昼夜都巡逻放哨"。① 此外，有报道描述了惠安北部的萧厝一带，渔民组织武装力量抵御海匪侵扰的故事。尽管这则报道没有提及当地的女民兵队伍，却展现了民兵萧志英的母亲无私支持民兵队伍剿匪的事例。②

妇女充当民兵，这与传统中国拒斥女性参与军事性活动的文化大相径庭。在传统中国社会，军事性活动只是男性的游戏。尽管花木兰替父从军被广为传扬，历代亦有不少妇女参与军事活动之例，如明代便有一些妇女参与到抗击倭寇、抵御土匪战争中③；然则，这些妇女多因偶然因素参与其中，并非两性平等观念的觉醒与影响。近代以后，妇女参与军事活动的局面有显著变化。在太平天国运动中，农民起义军曾大量使用女军，但其中是否包含两性平等的因素，仍可讨论。清末民初，由于尚武观念和妇女参政意识的兴起，此种禁忌在主流社会中也开始松动。国民政府时期，一些妇女开始被允许参加到各种军事组织和活动之中。正如前章所述，抗日战争时期，国民政府当局也开始试图在惠安女之中进行一定程度的军事训练和军事组织。但作为维护基层社会稳定的重要力量，女民兵在中国大地的广泛存在却是新中国的一种特殊产物。并且，如果说在1949年以前，中国女性对于军事的参与更多是基于对时局的应对的话（如抗战时期的女性军事动员），那么新中国成立初期的女民兵组织，则是将应对变革与两性平等并相注重。其两性平等意图在后来毛泽东的诗词《七绝·为女民兵题照》中表达得十分明显，诗云："飒爽英姿五尺枪，曙光初照演兵场。中华儿女多奇志，不爱红装爱武装。"其中，"不爱红色装爱武装"在很长一段时间内，成为女性追求平等的重要口号。惠安女走出家庭，参与民兵队伍，实现翻身

---

① 《獭窟岛上的英勇斗争》，载《福建日报》，1954年9月11日。
② 尔奇、启奇：《海上英雄的萧厝乡民兵》，载《福建日报》，1951年5月16日。
③ 陈宝良：《中国妇女通史·明代卷》，杭州出版社2010年版，第548—556页。

惠安女：一个特殊女性群体社会形象变迁中的国家与乡村（20世纪30—90年代）

解放，成为社会新女性，则在此后表现得最为显目。1960年4月27日，《人民日报》发表了《万女锁蛟龙：一万三千女民兵修建"惠女水库"的事迹》宣传了惠安"娘子军"建设水利工程的事迹①，同月一些惠安女民兵还获得毛泽东的接见（这将在第四章提及）。

综上所述，与1949年以前相比，新中国成立初期的惠安女形象已截然不同：此前，惠安女往往被描述为拘禁于家庭与婚姻之中，精神忧郁、问题重重；这一时期，舆论中的惠安女则广泛参与到政治、经济、文化、军事等领域中，展露出乐观、积极的精神气质。1949年以前，惠安女社会形象的形成，与当地传统社会文化有着十分显著的联系，而新中国成立初期以"劳动""武装"等建构翻身解放的惠安女社会形象，其动力完全源自国家的权威。可以说，这一时期是惠安女社会形象国家化（nationalistic）②的全面深化期。还需看到的是，这一时期，惠安女社会形象仍处于新旧交替的过渡状态。除了从旧的婚俗中解脱出来这一点具有一定典型意义外，无论是"劳动的妇女"还是"武装的妇女"，惠安女界都没有形成具有典范价值的形象符号，亦未在全国女界中具备较高显示度。新中国成立以后，惠安女在全国女界的典范化直到20世纪50年代末60年代初才呈现出来。

小 结

本章从三个维度对新中国成立初期惠安女的社会处境展开论述：一是从组织、立法、文化等方面梳理了新政权对惠安社会性别制度的重

---

① 周长宗：《万女锁蛟龙：一万三千女民兵修建"惠女水库"的事迹》，载《人民日报》，1960年4月27日。
② "国家化"是人社会化的一个过程，它指人政治上的社会化，即"社会个体通过接触和学习某种政治文化，培养政治立场（包括宗教信仰、政治情感和政治态度等）和政治参与能力的过程"。参见郑杭生：《社会学概论新修》，中国人民大学出版社2004年版，第84页。

塑，探讨了这些重塑活动如何影响惠安女的翻身解放；二是讨论了彼时地方政府对惠安女集体自杀成因的调查，分析与《婚姻法》宣传贯彻运动相关的治理活动的成效与局限；三是对惠安女社会形象的新发展进行了剖析。前两个主题主要着眼于政治改造运动与乡村社会反应，后一个主题讨论了政治变动对于新女性形象的塑造。通过研究可以发现：其一，新中国成立初期，国家对基层社会的婚姻家庭领域进行了诸多深入改造，这极大改变了基层社会的性别制度，亦深深影响了基层妇女的思想与行为。其二，尽管惠安的社会性别制度经历改造后发生翻天覆地变化，妇女集体自杀却持续不断，从地方政府的调查可以看出，其根源乃在于社会制度虽取得极大进步，民众思想文化的滞后却无法一时得到克服。由于新的社会价值导向无法完全扭转农民的传统思维，惠安基层社会的性别文化遂呈现新旧杂陈的局面，妇女集体自杀仍有其社会文化土壤。其三，由于政治力量推动，社会舆论中的惠女形象出现较大转变。一如彼时其他诸多社会现象一般，转变中的惠安女形象，以翻身解放为其总色调。在此底色下，传统惠安女社会形象中的重要元素——"劳动"——重新得到挖掘并被赋予新的价值，从而不断在舆论中高扬；"武装"——尤其是与东南海防前线女民兵相关联——作为新的元素被运用于惠安女形象的建构中。

新中国成立初期，国家力量对基层社会性别文化变迁的影响一直是学界讨论的重要问题。这一时期，惠安社会性别文化及惠安女社会形象的发展状态，从一个侧面上展现了二者的复杂关系：一方面，国家权力积极地介入基层社会，力图以其强劲的动力主导基层社会性别关系，实现妇女解放和两性平等；另一方面，传统性别文化仍顽固地潜藏于基层社会，左右着民众的思想与行为。正是由于二者的复杂关系，新中国成立初期的基层社会性别文化往往呈现新旧杂糅的景象，妇女们一面随新政权凯歌猛进，一面又因旧文化羁绊徘徊不前。

第三章　水利建设与全面建设社会主义时期惠安女形象之重塑

（白）头顶黄斗笠，身穿浅蓝色衫配乌裤，勤劳智慧的惠安女，战天斗地兴建惠女水库，挖渠引水灌溉惠东片，一曲《灌区人民绘宏图》唱遍四方。

（唱词）奋战在灌区，心潮逐浪高。喜看高峡出平湖，洛阳桥闸奏凯歌。千军万马绘宏图，十万惠女逞英豪。喝令金鸡水，分成南北路。穿通大坪山，横跨洛江道。山美水滔滔，奔流灌溉良田数万亩。架设千里电线路，万家灯火，恰似天上银河。工农业要实现电气化，快马加鞭在社会主义大道。啊——灌区惠女绘宏图。永远跟着共产党，万里长征不停步。①

这是一首名为《惠安女》南曲②中的一段唱词，作者为惠安民间传统戏曲作家毛敦礼。在毛氏精选的描述惠安女形象的元素中，修建惠女水库成为其中之一。毛敦礼以惠女水库演绎惠安女形象，主要凸显出两个方面：其一，以豪情万丈、"勤劳智慧"的精神品质，"千军万马"

---

① 毛敦礼：《夕照放歌》，科山书院丛书委员会编，2001年，第48、49页。
② 一种流行于中国南方的传统戏曲。

"战天斗地"的行为气势,汇成惠安女的性格特征;其二,以建设"工农业要实现电气化,快马加鞭在社会主义大道"的生活憧憬,"永远跟着共产党,万里长征不停步"的政治觉悟,联结成惠安女形象特征的时代底色。要而言之,新中国体力劳动者的典范及参与新国家建设,成为作者钩沉惠女水库史事的基本思路。

事实上,这种创作思路在20世纪五六十年代惠女水库建造之时即已有之。如1964年1月,《泉州日报》刊登的《五更月》写道:"惠安妇女真本领,粗细活儿都会做,犁地耙田件件能……惠女赛过穆桂英,惠女水库当年建成,巾帼个个比虎猛。"① 同时刊出的剧作《赛歌会》也写道:"惠安妇女是英雄,八女跨海去开荒,干劲赛过男子汉,惠女水库美名扬。"②

需要说明的是,20世纪五六十年代闻名一时之惠安女形象符号并不止惠女水库。如惠安八女跨海征服荒岛的故事,也曾被《人民日报》以及20多个省市的喉舌报刊宣传报道。③ 然而,与惠女水库建设广泛的民众参与度相比,八女跨海征服荒岛所涉及的人员十分有限,惠安妇女对其认知度也较为局限。如笔者所采访的惠西H村妇女,对这一发生于惠东的故事便无多少记忆,甚至一无所知。当问及八女跨海征服荒岛故事时,一位妇女说"不懂八女跨海,出名都是干部在做"④,另一位妇女也说"不懂八女跨海,当时我去乌潭(惠女水库)打夯"⑤。这说明,从作为彼时惠安女形象的代表性符号角度看,"八女跨海"的影响力不如惠女水库。由是,本书仅以惠女水库为例展开研究,从中管窥和理解全

---

① 刘玉聪:《五更月》,载《泉州日报》,1964年1月1日。
② 若尒、方元:《赛歌会》,载《泉州日报》,1964年1月27日。
③ 《福建惠安八女跨海征服荒岛》,载《人民日报》,1960年10月29日;《敢于胜利》,载《人民日报》,1960年10月29日。
④ 陈D访谈资料。陈D,女,80岁,惠西H村人,访谈人汪炜伟,时间2008年5月14日下午,地点陈家。
⑤ 梁JZ访谈资料。梁JZ,女,70岁,惠西H村人,访谈人汪炜伟,时间2008年5月14日下午,地点梁宅大厅。

惠安女：一个特殊女性群体社会形象变迁中的国家与乡村（20世纪30—90年代）

面建设社会主义时期国家—乡村社会—女性三者的关系，以及惠安女形象的变迁和典范化的历史过程。

第一节　水库的空间、女性主体与组织结构

惠女水库为惠安县最大的水库，也是福建省八大水库之一。但该水库并不在惠安县界内，而位于惠安县西面现泉州市洛江区马甲镇、南安市①洪濑镇、南安市洪梅镇三镇交界处一个叫乌潭的山涧大潭上，时为福建省晋江县所辖。水库原计划由惠安、晋江两县合建。后因受益程度有限，晋江县决定退出，但同意惠安县在此建库，"水库淹没地方的居民以及房产全部迁移自行安置；淹没的田地庄稼，山林果树……自行处理，赔偿不拿惠安一分钱"，但所需劳力、资金则由惠安县自行解决。② 就其功能而言，惠女水库是一座以农业灌溉为主，集防洪、供水、发电、养殖等为一体的综合性大型水利工程。惠女水库坝身工程始于1958年7月，落成于1960年2月。渠道工程开工于1959年11月，建成于1960年6月。灌区1962年部分受益，1963年配套工程结束后全面受益。尽管工程从具体方案的制定到落实，大部分由惠安地方政府自行抉择，但它产生于20世纪五六十年代大兴水利运动的背景中，因而可视为国家运动的地方事件，是在国家全面领导下，由惠安县具体运作的结果。

自修建之日起，惠女水库便成社会舆论聚焦的公共工程和惠安女形象的重要符号。这主要是因建设水库的民工以妇女为主体。据《惠安县

---

① 南安市为泉州市所辖之县级市。
② 《万女锁蛟龙》，惠女水库管理局编印，2007年，第50—51页；苏JH访谈资料。苏JH，男，惠女水库工地宣传干部，访谈人汪炜伟，时间2007年9月5日上午，地点惠安县城苏家。

第三章 水利建设与全面建设社会主义时期惠安女形象之重塑

水利电力志》及《惠安县志》载,在建设坝身的15000名民工中,妇女达13000多名,占80%以上。"渠道开工后,从大坝到渠道40000多名的民工,仍然是妇女为主"①。"惠安治山治水纪念碑"则称:"建设惠女水库的四万员工中,妇女劳力占百分之九十左右。"② 可以看出,建库民工的性别比例悬殊,女性为其主体力量。③ 这使得惠女水库建设成为名副其实的女性事件。

参与惠女水库建设的民工以妇女为主体,与当时社会注重女性参与公共劳动,积极进行妇女动员有关。全面建设社会主义时期,为了实现经济高速发展,各级政府都大力动员和组织妇女投入经济建设中。1960年3月的一份报道指出,惠安县所隶属之"晋江专区三十万妇女投入修水利运动,她们日夜奋战在各个工地上"。此外,晋江专区"又有大批妇女投入积肥运动,共积肥一万余担,占全区积肥总数的70%"④。由于妇女大量投入到兴修水利运动中,这一时期,福建诞生了不少

---

① 曾文法、蔡思成:《惠安县水利电力志》,惠安县水利电力局编,1992年,第34—35页;陈万里主编:《惠安县志》,方志出版社1998年版,第351页。
② 参见"惠安治山治水纪念碑"碑文。治理"穷山恶水"是全面建设社会主义时期惠安的重要县政之一。由于成效显著,该县在"1958年荣获了中华人民共和国国务院特等红旗奖励",名诧一时。为了纪念这一重要事件,1961年1月,惠安地方政府在县城(螺城)西郊科山上,用花岗岩建造此碑。"惠安治山治水纪念碑"碑前部由"十年林业水利保持图"及"十年水利建设分布图"两副石刻图构成;正身坐落于一座石亭下,由碑文(被分成两部分)、对联及浮雕组成。除了对中国共产党、惠安人民等进行热情歌颂外,惠安妇女也成为碑文颂扬的主要对象。
③ 另据庄笑娘主编《惠安县妇联志》(惠安县妇女联会编,1993年,第54页)载,坝区妇女民工有13286人。1959年1月24日《泉州日报》的《劈山造林的巾帼英雄》一文则指出,惠女水库建设工人中女工占了90%。1959年1月,一篇题为《坚决依靠群众,贯彻勤俭办水利方针,兴建乌潭水库四个月来工作情况介绍》(惠女水库纪念馆馆藏)的文章显示,"截至(1958年)十月底,在场干部101人,技术人员115人,非脱产大中队干部和医务人员333人,民工31132人,技工742人"合计32423人,"其中妇女占90%左右"。惠女水库工地政工干部苏金伙的记录(见《苏JH工作笔记》,惠女水库纪念馆馆藏)是:动用民工,坝区1.65万余人,渠道2.20万人,计3.85万多名。
④ 《全省妇女大闹生产迎"三八"》,载《福建日报》,1960年3月3日。

惠安女：一个特殊女性群体社会形象变迁中的国家与乡村（20世纪30—90年代）

"妇女水库""妇女山塘""妇女渠""妇女塘"。其中，仅11个县的统计数据便显示，主要由妇女修建的各类水利工程已达951处。如闽西上杭县才溪乡，"妇女兴修水利共出95311个工，占男女出工总数的74%"①。

惠女水库建设民工以妇女为主体，也是当地两性分工历史传统使然。由于自然环境的限制，惠安"男工女耕"的性别分工传统在此时仍在延继。20世纪50年代末60年代初，妇女成为惠安各公社实际上的主要劳动力，担负各种日常生产任务。如惠安东部的净峰公社东透生产队"最大特色是全部队员都是妇女"。"全队七十四个全半劳动力中"，除一个外派支援的男性干部外，参加领导生产的全部是妇女，故被称为"娘子军生产队"。②惠安西部的东红公社埔兜第四生产队，"男人大多外出当工人"，"只有十五个妇女劳动力"。③1961年，惠安城边公社金山边小队，"在家的劳动力只有一百七十六个，其中妇女劳动力一百五十九个"。④惠安南部的后边大队，共有54个女劳动力，是这个大队农业生产的主力军。⑤1959年3月，惠安县委书记刘玉群写道，惠安的生产劳动几乎由妇女承担，各水利建设工地妇女劳动力"均占百分之八十以上"，妇女还在科教文卫及海防上做出积极贡献。⑥惠女水库的出现是惠安的历史传统与社会现实巧妙结合的结果。

尽管如此，妇女并没成为水库建设的主导者。这可从水库工程指挥机构的性别结构状况管窥一斑。

---

① 福建省地方志编纂委员会编：《福建省志·妇女运动志》，福建人民出版社2008年版，第86页。
② 《红色娘子军生产队》，载《泉州日报》，1964年6月25日。
③ 《陈素莲是个出色的生产队长》，载《泉州日报》，1960年7月6日。
④ 《关心妇女集体妇—女队长庄细扣》，载《泉州日报》，1961年2月24日。
⑤ 《妇女干劲高，春耕搞得好》，载《福建日报》，1962年3月28日。
⑥ 《惠女干劲冲破天》，载《福建日报》，1959年3月7日。

第三章 水利建设与全面建设社会主义时期惠安女形象之重塑

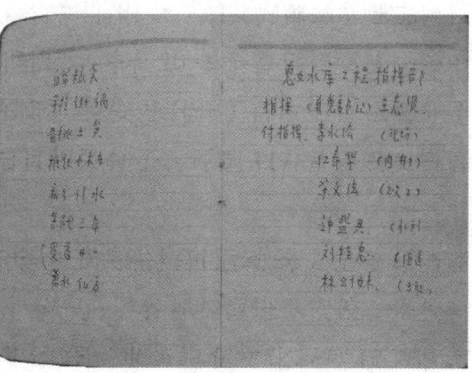

图 3.1 《苏 JH 工作笔记》

惠女水库工程指挥部：

指挥（兼党委书记）：王志贤；副指挥：李水法（现场）、江寿华（内勤）、苏义法（政工）、钟盛兴（水利）、刘桂忠（渠道）、林幼妹（女，专职）

指挥部：

办公：林金英、王福民

政工：姜　信

施工：刘桂忠、刘永泉

器材：江寿华、任青标

保卫：姜元芳、谢金法

妇联：曾秀桃（女）

青年：邱秋木、张敏玉（女）

供应：林水生

民工大队：

一大（东岭）：陈荣裕、黄善顺（锦峰）、黄盘菜（女）

二大（黄塘）：庄秋法、陈红姑（女）

>   三大（红旗）：连　远、林清来、刘　险
>   四大（崇武）：汪　清、李良木（下坑）
>   五大（东岭）：陈招法、张墨水（东岭）
>   六大（土寨）：王金斌、卢艮兰（瑞东）
>   七大（净峰）：魏继安、杨连金（莲峰）、朱水法
>   八大（张坂、洛阳）：张文生、骆扶成①

在访谈中曾为工地政工干部的苏 JH 进一步回忆道：

> 改成惠女水库后，为了增加妇女工作，工地添了一个女副总指挥——林幼妹。惠女水库各民工大队都有一个妇女副大队长（疑为后来增加之故），各中队都有一个妇女指导员或副中队长，中队长都是男的，以前都是县里调的。排（或称小队）的排长都是女的，这些女的都是先进工作者之一，是能带头的，她们都是团里的骨干。②

这一定程度上表明，惠女水库工程指挥机构在组织结构上具有两个显著特点。

其一，它有严密的组织机构。功能齐全、职责明确的指挥部——由工地的总指挥及其副手组成——统筹一切技术性和非技术性的工作。其中，技术控制机构，如施工、器材、保卫、供应等，为各种活动提供物资、技术支持；非技术控制机构，如政工、妇联、青年等，大多由优秀的宣传能手组成，负责对民工进行思想宣传和劳动动员。指挥部以下，大队负责人是各种建设任务的实际组织者，他们从指挥机构取得命令后，组织女民工完成工程的每一个细节。从组织者的身份看，工程总指

---

① 《苏 JH 工作笔记》，惠女水库纪念馆馆藏。
② 苏 JH 访谈资料。苏 JH，男，惠女水库工地宣传干部，访谈人汪炜伟，时间 2007 年 9 月 5 日上午，地点惠安县城苏家。

第三章　水利建设与全面建设社会主义时期惠安女形象之重塑

挥王志贤是中共惠安县委书记，副指挥及其他附属机构的负责人都是各级政府官员；各大队及中队的领导也都是"县里调的"，许多人是各公社领导或大队书记；排（小队）以下的领导，虽不是政府官员却是"团里的骨干"，"是先进工作者之一，是能带头的"。无论在横向还是纵向上，惠女水库组织机构都显示出对国家科层制的复制，这进一步明确了该工程建设的国家性。

其二，从性别角度看，由于时代的限制，惠女水库工程指挥机构体现了以男性为主导、以女工为主体的格局。可以看出，工程指挥机构的成员几乎为男性。更名为惠女水库后，虽有林幼妹为女副总指挥，但也只是量上的增减而非质的变化。大队、中队安排了一定数量的女副队长，但这种"男正女副"的安排，更显示男性的主导地位。惠女水库女民工杨 YC 回忆道：

> 大队、中队都有配备一个男性干部……（配备的男性都是干部？）嗯，会计、干部就是——叫作民兵营、民兵连、民兵排（干部）全部是男的，只有配一个副手——副的女干部，关心这些女的，就是这样。那些（男干部）抓生产，女干部则是管女性的事情……①

可见，女副队长的配置并非意在发挥女性领导能力，而是考虑到女性工人占绝大多数，有些女性事务男性不好介入。值得注意的是，在惠女水库工地上承担具体生产劳动任务的排（小队），负责人均为女性。但她们主要职责不在领导和决策上，而在带领和承担实际生产劳动任务上，凸显的是女工的主体地位。

综上所言，惠女水库在空间、组织等层面上，均体现出明显的国家

---

① 杨 YC 访谈资料。杨 YC，女，惠女水库建设者，访谈人汪炜伟，时间 2007 年 8 月 14 日上午，地点杨家院落。

性，是国家权威的地方象征符号。在此情境下，"男性主导"与"女性主体"相映成趣，展示出惠女水库建设的性别特征，即在男性领导和组织下，以女性工人为主体的公共工程。

第二节 "万女锁蛟龙"：惠女水库的建设过程

需要继续讨论的是，惠女水库建设隐含着怎样的国家—女性关系？这种关系又如何通过建设过程中的各个环节表达出来？厘清惠女水库工程的建设过程，分析在此过程中国家权力的彰显以及女民工的行为是解决这些问题的关键所在。

一、"国家仪式"：理解水库建设过程的重要路径

历史无法重演，但人们又常常千方百计地对历史进行重构，惠女水库也是如此。自水库兴建之时起，人们便以各种剧场演绎其过程。成书于水库建设期间的纪实文学作品《万女锁蛟龙》，巧妙地将工程建设的过程戏剧化。该书以章回体小说的风格进行叙事，每回的标题都表现出浓厚的戏剧风格，如"第四回 书记任元帅调兵布陈，县长作指挥选将运谋""第七回 六营官兵巧排石头阵，三连干群智取木桥关""第十回 分兵八路奇袭围水坝，遣将八员领攻绕山渠""第十九回 领导挥毫题惠女水库，坚持原则保生产安全""第二十一回 厌恶劳动郑惜作逃兵，喜爱漂浮彩鸾当鼠窃"[①]等，惠女水库建设俨然成为一场历时持久的革命戏剧。1964年惠女水库竣工后，晋江专区文化局与专区戏剧协会也以工地一个中队的日常生活、劳动为素材，编成高甲戏《惠女新传》，参加了

---

① 《万女锁蛟龙》，惠女水库管理局编印，2007年。

第三章 水利建设与全面建设社会主义时期惠安女形象之重塑

同年8月举办的福建省戏曲现代剧会演，博得一时盛名。此外，在1965年福建革命歌曲观摩演出会上，晋江专区代表队献上了南曲说唱《惠女锁蛟龙》。由于该曲反响良好，遂成为此次观摩会的代表作并被定为曲目集的集名。① 可见，赋予惠女水库工程建设的剧场化特质，是时人观察、认识、描述和宣传该水库建设过程的一种特殊角度。从某种意义上说，正是经过这些戏剧化的"叙说、征引与诠释"，才使得惠女水库"成为一个形象符号，集聚了丰富的意蕴，可以在众多场合作为权威与榜样出现"②。

对惠女水库工程的剧场化再现，在很大程度上与实际的建设情形相契合。一方面，水库建设过程本身就点缀着各种象征性文化展演，包括誓师仪式、劳动竞赛、表彰大会等。它们弥散于惠女水库各个环节，成了水库建设过程的一种存在方式。这些象征性文化展演在水库建设过程中也各具重要功能，有的成为水库建设的重要标志性事件，有的则是水库领导层向民工传播国家价值观念的重要渠道。正是这些大大小小、林林总总的文化展演，使得惠女水库的建设充满剧场气息。另一方面，时至今日，惠女水库仍被普遍理解为新的惠安女整体形象形成的封冕之仪，这更增添了惠女水库的剧场特质。

当然，若完全将惠女水库称为剧场，也不尽合乎事实。客观而言，无论开展何种仪式性活动，象征性的展演并不是水库女民工们最根本的考虑。早日竣工，使家乡获得农业灌溉的水源，同时回归家庭与亲人团聚，才是女工们最关切的问题。不过，就女性形象符号的塑造而言，象征性文化展演又成为基本手段。特殊时代里的高昂的政治热情，又时常使务实性的想法融化到象征性展演之中。实际上，更多的时候则是两者

---

① 《坚定不移地发展革命的现代戏》，载《福建日报》，1964年8月11日；《惠女锁蛟龙》，《惠女锁蛟龙——福建省革命曲艺观摩演出会节目选之三》，福建人民出版社1965年版，第1—12页。
② 此处借夏晓虹评说罗兰夫人形象符号形成之语。见夏晓虹：《晚清女性与近代中国》，北京大学出版社2004年版，第203页。

惠安女：一个特殊女性群体社会形象变迁中的国家与乡村（20世纪30—90年代）

合二为一，这使得水库工程得以完工又不失为一场绝妙的象征性展演。剧场具有鲜明的角色定位，又常以矛盾冲突为主题展开之线索，从而使得背后隐喻之权力关系得以揭露，以水库建设过程中的剧场性事件为研究的基点，无疑为回答本章所关切问题提供了方便。

　　美国人类学家克利福德·格尔兹（Clifford Geertz）的"剧场国家"理论，为本章论述提供了启发。在对巴厘社会进行研究后，格尔兹认为，"至今所知的全部历史"表明，巴厘国家"具有展示本质"。它并未走向专制，"相反……走向了一种排场，走向庆典，走向了主宰着巴厘文化的迷狂精神（obsession）的公共戏剧化：社会不平等（social inequality）与地位炫耀。它是一个剧场国家"。所谓"剧场国家"，实际上是由国家领导和控制下的一系列仪式性展演。"国王和王公们乃是主持人，祭司乃是导演，而农民则是支持表演的演员、跑龙套者和观众。"这种仪式，如"规模惊人的火葬、锉牙、庙祭、进香和血祭，都动员了数百人甚至数千人以及数量庞大的财富"。格尔兹认为，巴厘的政治以这些仪式展演为存在方式。它们并非意在"制造出什么政治结果：它们即是政治本身，它们正是国家的目的"。[①] 通过此项研究，格尔兹"旨在阐明通常被西方人忽略的政治关系维度，即展示性和表演性的政治模式"[②]。惠女水库建设过程也不难感受到这种"剧场国家"气息，数量众多的象征性文化展演，更标明其"展示本质"，实际上也是各种大大小小的仪式。不过，虽有主题上沟通的可能，但两者表露出的仪式形式和内容，以及内外所隐含的权力关系大相径庭。因此，仅以格尔兹的"剧场国家"之样画瓢不免失之偏狭。虽然如此，格尔兹揭示的仪式与国家政治权力的关系对本章的研究仍有重要启示价值。

---

① [美]克利福德·格尔兹：《尼加拉：十九世纪巴厘剧场国家》，赵丙祥译，上海人民出版社1999年版，第12页。
② 郭于华：《民间社会与仪式国家：一种权力实践的解释》，见郭于华主编：《仪式与社会变迁》，社会科学文献出版社2003年版，第342页。

第三章 水利建设与全面建设社会主义时期惠安女形象之重塑

"剧场国家"理论是西方人类学家对仪式研究进行反思的结果①，它也为现代人类学界观察仪式与政治的关系，提供了十分有价值的参考。正是在这种理论反思与研究实践过程中，现代西方人类学对仪式的定义，"已经扩大到一个几乎无所不涉的领域和研究空间"②。英国人类学家维克多·特纳（Victor Turner）认为，仪式是用于特定场合的一套规定好了的正式行为，它们虽然没有放弃技术惯例，却是对神秘的（非经验的）存在或力量的信仰。这些存在或力量被看作所有结果的第一位和终极的原因。③ 这种对仪式的定义"不限于宗教及巫术"，也未将世俗事务和政治排除在外。

随着西方人类学理论的影响以及本土人类学研究实践的推进，许多中国人类学家也开始"不再执著于功能主义的视角，在阐明仪式象征意义及其内在逻辑的同时，更为关注仪式行为、象征符号和权力的关系；并且注意到仪式作为社会认同与社会动员的方式之一，既可以有整合、强固功能，又可能具有瓦解、分化的作用"。人们认识到，向来被理解为乡野文化的仪式并非与现代政治截然二分。相反，它们"反映、增强并弥漫于政治权力中"④。彭兆荣指出："在传统的民间社会里，仪式中的'国家符号'并不十分明显，随着现代国家的影响力日益浸透、深入、扩大到民间社会，仪式中的'国家符号'也就越来越多，哪怕是根植于草根社会的仪式也会在这个过程中越来越多地嵌入国家的权力和国家的表述符号。"⑤ 他还认为："仪式和戏剧一样，

---

① 这方面的成果，如柯恩（Abner Cohn）关于"权力关系与象征行为"的研究，克利福德·格尔茨（Clifford Geertz）的"剧场国家"（Theatre State）理论，D. 柯泽（David Kertzer）关于现代政治生活与仪式的论述等。（参见郭于华：《民间社会与仪式国家：一种权力实践的解释》，见郭于华主编：《仪式与社会变迁》，社会科学文献出版社2003年版，第341—343页。）
② 彭兆荣：《人类学仪式的理论与实践》，民族出版社2007年版，第3页。
③ 庄孔韶：《人类学概论》，中国人民大学出版社2006年版，第358页。
④ 朱炳祥：《社会人类学》，武汉大学出版社2004年版，第168页。
⑤ 彭兆荣：《人类学仪式的理论与实践》，民族出版社2007年版，第62页。

都可以成为政治权力、观念价值、民族主义等的'炒作'的可控手段。"①

在此种仪式研究的学术转向中,郭于华关于"国家仪式"的研究引人注目。基于对20世纪50年代以来陕北骥村各种政治、经济和文化运动的研究,郭于华发现,这些政治运动充满各式各样"象征性"的"文化表演",如新中国成立初期"斗地主""识字运动"中的"文化岗"等,她称之为作"国家仪式"。②这些"仪式"本身不一定具有实际意义,但它是对旧的秩序与象征进行破坏,树立新的秩序与象征的必然选择。它们是国家乡村政治的存在形式和乡村动员的手段。因此,郭于华指出:"在社会主义制度建立后的现代社会中,仪式并非不复存在……"③她写道:"执著于生计的农民如何被卷入国家政治生活的旋涡,又何以放弃其原已相当完备的文化意义体系而进入一套与其日常生活似乎并不相关的共产主义意识形态和革命话语的结构中。对于务实而虔诚的中国农民来说,崇高理想的灌输、意识形态说教和重大理论的解释,都比不上实践来得重要,而最为有效的恐怕是仪式化的行动这一权力实践的方式,配合以象征与形象建构的过程。在中国近半个世纪的历史中,这是一个仪式如何将国家权力、政治生活与普通农民的生活世界联系起来的过程;而当代中国的乡土社会,仪式和象征更是传统复兴与地方文化重建的核心内容。"郭于华批评道,执着于"马林诺夫斯基颇具影响的功能主义模式","对传统社会与现代社会、仪式象征与制度权力做截然对立的二元划分,无助于认识基层社会的变迁过程及在这一过程中国家的影响"。她认为,"从仪式与象征的角度来理解国家权力,将提供一个透

---

① 转引自胡志毅:《国家的仪式:中国革命戏剧的文化透视》,广西师范大学出版社2008年版,第95页。
② 郭于华:《民间社会与仪式国家:一种权力实践的解释》,见郭于华主编:《仪式与社会变迁》,社会科学文献出版社2003年版,第364—372页。
③ 郭于华:《民间社会与仪式国家:一种权力实践的解释》,见郭于华主编:《仪式与社会变迁》,社会科学文献出版社2000年版,第364页。

视民间社会与国家权力关系的新颖角度"①,并希图通过这种理解方式及研究,展示"作为权力实践的国家仪式"在具体社区中的运用,从而"理解社会变迁与重组的机制,以及其中错综复杂的国家与社会关系"。② 无疑,郭于华的"国家仪式"理论及其具体研究,无论在时间还是内容上都更接近本章的论题,更有助于下文的分析。

胡志毅则将"国家仪式"理论运用于中国革命戏剧研究中。他强调指出,所谓的"国家"应是有别于传统国家的"民族国家"。国家仪式"是与意识形态相联系的",它是"民族国家在组建过程中统治者的一种意识形态,包括政治、宗教、艺术,通过直接和间接的方式来进行的一种行为过程"。在中国,这些"国家仪式"在1949年以后成为可能。胡志毅认为,"一个政权要取得合法化,还是必须通过仪式。这种国家仪式是通过反对传统仪式来完成的"。新中国成立后,"国旗、国徽,以及开国典礼"即是此类仪式的典型。胡志毅认为,革命戏剧具有国家仪式的性质,因为各种国家"典礼需要通过神话与仪式才能真正确立自己的象征体系。从这个意义上说,戏剧真正成为一种国家仪式"。更简明地说,胡志毅"所指的国家的仪式,是指戏剧作为一种民族国家的文化表演方式来进行的一种行为过程"。这主要表现在各种各样的献礼性演出中,"所有这些献礼演出、观摩演出和会演乃至全国性的讨论会,都是一种戏剧的节日,也是一种国家仪式"。地区性的观摩演出则与全国性的演出形成互补。"这些全国性的和地区性的观摩演出都是国家对戏剧演出的一种控制方式,使得戏剧在国家的意识形态下表现出一体化的色彩,而评奖就是实施这种一体化的有效方式。在这种情况下,原有的民间的、职业的剧团在经过这种国家化的改造以后,就销声匿迹了。"胡志毅认为,"剧场国家"是"国家仪式"化的戏剧的一种特殊现象。当

---

① 郭于华:《民间社会与仪式国家:一种权力实践的解释》,见郭于华主编:《仪式与社会变迁》,社会科学文献出版社2000年版,第343、344页。

② 郭于华:《导论:仪式——社会生活及其变迁的文化人类学视角》,见郭于华主编:《仪式与社会变迁》,社会科学文献出版社2000年版,第8页。

然,无论是"国家仪式"或是"剧场国家","其主要目的,不是为了仪式而仪式,为了剧场而剧场,而是为了塑造国家的形象"。"戏剧"是一种象征性的存在,"国家"也是一种"想象的共同体",在作为"国家仪式"的戏剧即"剧场国家"中,这两种"异质"的象征结成"同构关系",所谓"戏剧表演是一种国家的仪式,国家的仪式也是一种戏剧表演"。①

一而言之,郭于华等人的"国家仪式"理论可以简述为:由国家发动的,民众自觉或不自觉地参与其中的象征性文化展演,它们是一种政治运行技术,是政治的存在方式之一,其功能也在于彰显政治力量,传播国家意识形态,实现社会动员等。下文将借助这些理论进行论述。

二、水库民工动员中的"仪式"

惠女水库建设过程充满各式各样的"国家仪式",女民工作为主体参与其中,则应从社会动员开始。按一般估算,惠女水库库区建设总共动员了13000多名妇女参与,若加上参与渠道工程建设的妇女,女民工达32000名以上。以1964年惠安全县女性人口总数316909人作为参照②,则有10%左右的惠安女成为这些"国家仪式"参与者,其中有4%左右的人参与了在坝区开展的各项活动。尽管人数众多,但水库建设的社会动员颇为得力。据载,水库勘测人员在1958年4月15日首次留下勘测纪念③,到5月初便已有女民工进驻工地。④ 是年7月3日,大坝正式全面开工的决定作出,5日13000多名妇女已基本到场。⑤

---

① 以上引自胡志毅:《国家的仪式:中国革命戏剧的文化透视》,广西师范大学出版社2008年版,第93—113页。
② 陈万里主编:《惠安县志》,方志出版社1998年版,第179页。
③ 《万女锁蛟龙》,惠女水库管理局编印,2007年,第39页。
④ 张国琳:《记惠女水库的一面红旗杨亚尝》,见《惠安文史资料》第十七辑,中国人民政治协商会议福建省惠安县委员会文史资料研究委员会编,2003年,第16页。
⑤ 《劈山造湖的巾帼英雄》,载《泉州日报》,1959年1月24日。

第三章 水利建设与全面建设社会主义时期惠安女形象之重塑

据纪实文学《万女锁蛟龙》所述，惠女水库建设的民众动员主要有两个程序：一是自愿报名、表决心，二是誓师仪式。两个程序的仪式感都十分浓厚。

据《万女锁蛟龙》所言，在"书记任元帅调兵布阵，县长作指挥选将运谋"等一番戏剧性的筹备后，惠女水库工程的指挥机构建立起来。接着，1958年5月初，作为"开路先锋"的曾世法和指导员刘金花在得到副县长钟盛兴"将令"后，到惠安东部的东岭后仑大队招募民工。《万女锁蛟龙》里写道：

> 人们看到曾世法和刘金花，"一下子十几个人围拢过来"，急切地询问民工的分配情况。当没有得到老曾的回答后，"可把姑娘们急坏了，就听到一阵吱吱喳喳的乱叫。这个说：'批准我去吧，我参加过建设美峰水库，我会打夯。'那个说：'可别把我忘掉了，我一定要去，我还会推车呢。'又一个说：'我是就下了决心，连行李都准备好了，不让我去可不行。'这个过来拉老曾的衣服，那个过来拉着老曾的手……"①

作者极力以戏剧化的笔调彰显基层妇女积极响应、主动参与工程建设的热闹场面。作为文学作品，《万女锁蛟龙》的描述或许并不完全合乎当时的历史情形，但也明显地表达了惠女水库工程宣传机构希望传递的意图：一方面，希望通过描述女性的积极迎合和热心参与，显示惠安女的社会责任感和爱国爱家意识的上升；另一方面，最为重要的是，表明建设水库的正确性。

《万女锁蛟龙》中民众动员的剧场化、仪式化，更表现在人们向大队部送"申请书""决心书"等情形上。书中写道："进军乌潭水库的消息便像春雷一样，传遍整个大队，真是人人激动非常，个个兴奋无

---

① 《万女锁蛟龙》，惠女水库管理局编印，2007年，第78—79页。

惠安女：一个特殊女性群体社会形象变迁中的国家与乡村（20世纪30—90年代）

比，谁都想为乌潭水库的建设贡献出自己的力量。到处在打听什么时候进场，申请书、决心书像雪片一样，纷纷送到大队部。"书中还特别描述了女青年邹玉兰送"决心书"的景况：

> 邹玉兰送来一张决心书，要求首先批准她参加开路先锋行列，前去为修建乌潭水库出力。……老曾故意逗着她说道："水库的劳动很艰苦，第一批先头部队都要身强力壮的人才行，看你个子这么小，恐怕受不了，还是第二批再报名吧。"邹玉兰一听就气上来了，冲着老曾说道："人家可以去，怎么我就不能去啦，社会主义建设也有我的一份呀，是瞧不起我是个妇女，还是怎么的？"老曾说道："人这么小，气可真不小呀。"曾世法打心里高兴，只得说道："我们再考虑考虑，别这么急好吗？"邹玉兰更进一步胁迫着说道："说什么我也要去，这是我的权利，如果不批准，我就带着行李自己走。"……老曾端起邹玉兰的决心书，询问了她的学历情况，以及家属的意见，并在一番思想教育后同意了邹的请求。得到老曾批准后，邹玉兰"飞也似的跑了"，并将这件事告诉了她母亲。但在她母亲那里，她又是费尽了一番口舌后才得到认可。她母亲原本希望她尽早结婚，而邹则认为有必要将婚期推延，待水库建成后再完婚。在书中可以看到，她说服母亲的主要话语是从家里的情况、新旧社会的对比以及修水库对农业和社会发展的好处着手的。①

从中可以看出，在这些仪式化的活动中，以邹玉兰为代表的普通妇女不仅要征得老曾等基层领导对自己能力的认可，还要打破母亲的传统思想观念。老曾的认可非常重要，"国家是不可见的，它必须人格化方可见到，必须象征方能被热爱，必须想象方能被接受"②，它只有通过其在地

---

① 《万女锁蛟龙》，惠女水库管理局编印，2007年，第80—84页。
② 沃泽（Walze）语，转引自郭于华：《民间社会与仪式国家：一种权力实践的解释》，见郭于华主编：《仪式与社会变迁》，社会科学文献出版社2000年版，第343页。

第三章 水利建设与全面建设社会主义时期惠安女形象之重塑

方的代表——基层干部——才得以与百姓建立起有形的沟通。只取得老曾等基层干部的同意，妇女才能使自己跻身于国家行为，即邹玉兰所期许的参与"社会主义服务建设"之中。此外，由于母亲是中国民间日常权威（everyday authority）的代表①，是影响妇女生活与思想的重要力量，取得母亲同意也是女性得以参与国家行为的必要之举。邹玉兰通过自身努力，胜利地完成了这些目标，使其身份发生转变，由一名普通乡村妇女晋身为惠女水库的民工和国家仪式的参与者。透过《万女锁蛟龙》所描述的动员仪式可以发现，理想化的国家—女性互动关系中，女性向国家靠近始于一种承诺，这通过"申请书""决心书"等表现出来。而欲实现这种承诺，女性必须首先突破生理条件的限制，其次必须削弱旧有思想和家庭关系的影响。当日常权威与国家权威矛盾交织时，必须使日常权威服从于国家权威。尽管这只是惠女水库众多国家仪式展演前的一个小小插曲，但女性对"身体局限"及"传统权威"的突破，却是此后各种仪式的主题之一。

《万女锁蛟龙》中另一个重要的动员仪式是"誓师仪式"。曾世法在后仑大队共召集了500名女工。尔后，她们在一个下午举行了"誓师仪式"。500名"巾帼健儿，胸前挂着光荣的红花，显得特别威武"。她们先在领袖的画像前宣誓。曾世法领着妇女们高喊道："一定要战胜穷山恶水，不怕任何困难，坚决完成党所交给的任务。"500名妇女举起锄头高呼："一定要提早修好水库，不完成任务誓不回家。"接着是支部书记训话，内容主要是要求大家"搞好生产，随时支援前线"。而在家长代表发言环节上，一位母亲上台讲话，她"劝导妈妈们放心让自己的子女们参加水库建设，勉励子女们积极劳动"。在仪式的最后，女民工代表上台发言表决心："要为惠安的妇女争光，为……公社的妇女姐妹们争光，不建好水库，决不罢休。"②"誓师仪式"的国家属性毋庸置疑，它

---

① 有关"日常权威"的研究，可参见翟学伟：《中国社会中的日常权威：关系与权力的历史社会学研究》，社会科学文献出版社2003年版。
② 《万女锁蛟龙》，惠女水库管理局编印，2007年，第95—96页。

惠安女：一个特殊女性群体社会形象变迁中的国家与乡村（20世纪30—90年代）

由国家在基层的代表——支部书记组织，并在国家权力的象征——领袖画像前宣誓。整个仪式的话语逻辑也彰显典型的国家属性，如建设水库是要"坚决完成党所交给的任务""搞好生产，随时支援前线"等等。与送"申请书""决心书"的"破"相比，"誓师仪式"象征着新权威、新秩序的确立，标志着国家完成对基层女性资源整合。从此，参与惠女水库建设的妇女不再是单独的个体，而是成为国家行为中的成员，她们必须完全服从领导，完成国家赋予的劳动任务。

从写作策略上看，作为宣传文本的《万女锁蛟龙》，将水库建设的民众动员描述为女性高度的自觉和日常权威的全力支持，是可以理解的。但这显然是十分理想的情境。在现实情形中，惠女水库建设的民众动员究竟如何开展呢？首批被征召的女民工杨YC曾向笔者回忆道：

> （名额）从高级社下来，安排到生产队，然后由生产队长安排劳力，由村民报名，你要去就去，不去，安排到你就得去，那时很好管。那时初解放，大家有一个这样的心，以前大家都很困难，现在政府说要去建水库，水可以到我们这来，大家可欢喜啦，改造咱的自然条件，大家都很欢喜。那时每天都开会，不像现在，那时开会、唱歌、演街剧、演戏仔都这样讲，宣传建水库对人民的好处。以前我们这没水，（现在不仅有水）还可以发电，以前大家都不懂得发电，有电灯那不是很好吗？建水库后对惠安怎样（多么）有利，以前初解放什么都没有，只有油火，只有一小点，又不舍得点，没有一根蜡烛，一说到可以发电，大家当然很欢喜啦。……建水库很辛苦，但农村人每个人都要劳动，也不怕辛苦……参加水库让我去我就去了。①

---

① 杨YC访谈资料。杨YC，女，惠女水库建设者，访谈人汪炜伟，时间2007年8月14日上午，地点杨家院落。

第三章　水利建设与全面建设社会主义时期惠安女形象之重塑

这位女工的经历表明,《万女锁蛟龙》所描述的诸种仪式,在动员的初期应是存在的,如"开会、唱歌、演街剧、演戏仔"等,便是具体体现。通过这些宣传之后,许多惠安女主动加入水库工程建设中。但与《万女锁蛟龙》着眼于女性的政治觉悟不同,基层妇女更看重水库建设所带来的实际益处。惠女水库另一位女民工回忆道:

> 菱溪①建完说要建水库,建在河市进去(指河市辖区一带),但也不知在哪里。大家议论说不知水能不能到我们这里来,如果能,死也要努力去建。有的说水能到崇武烟墩山,那时建水库也说能到崇武烟墩山。崇武烟墩山就要从我们那里过,我们那也没有潭涧,也没有溪涧,没有水吃(闽南语意为没有水灌溉),若有渠道水就要欢喜到死。②

这种立场还体现在女民工杨YC母亲的态度上,一位惠女水库女民工回忆道:

> 参加水库要让我去我就去了。我们分公社这个社长,这个人跟我们家的关系挺好。那时他就这样说,意思是说,我家庭里没有一个哥,也没有一个弟,我妈把我当男的养,才有一个心想让我读书。(我母亲不想让我去)但他们说要让我出去,只有让我出去才有打拼,我到时看工作能力如何,到时再自己去找(工作),那时才让我出去,不然那时只有男的才能出门挣钱来养父母的。我母亲只我两个姐妹,后来我姐姐又出嫁结婚了,我母亲生活上便只能靠我了,我那时打拼,就希望能脱产,有一份工资,我可以来养我这

---

① 即菱溪水库,是惠安县一座中型水库。该水库1956年1月8日动工兴建,同年6月6日竣工。见《惠安县菱溪水库发展简史》,惠安县菱溪水库管理处编,2004年。
② 张Q访谈资料。张Q,女,惠女水库建设者,访谈人汪炜伟,时间2007年9月29日,地点张家大厅。

惠安女：一个特殊女性群体社会形象变迁中的国家与乡村（20世纪30—90年代）

个母亲，所以那时是尽心尽意去表现。在农村没办法做到，没有脱产就没办法，没脱产就没钱挣。那时，我妈不想让我去，但分社这个社长就帮我解释，说老太太你得让她去。……只有让我出去，才能有出头之日，如果没有出去，没有出头之日，等我们俩姐妹嫁了，就只剩下老母一个人了。意思是说得让我出去。……这样她就让我去了，不然的话，让我出去对于她来说就像割肉一样。（但）不让我去，也得让我去，为了让我出头，也得让我去。（而且）那时国家要求我到哪里，我就得去哪里。另外也为了有出头之日，所以我出去了，不然那时我已经在做出纳了，我做了一年的出纳。①

可以看出，惠女水库建设最得力的动员方式是因势利导，积极以农民能获得的实际益处引导妇女加入其中。一份报道称，参与惠女水库建设的15000多个民工，乃"从各社，从沿海、侨区、城镇等各行业抽调"。②

总之，在惠女水库的动员仪式中，自国家而言，主要目的是为充分开展兴修水利运动而动员更多的劳动力量；自基层妇女而言，主要目的是为取得农业耕作所需之水源。

无论基层妇女的真实想法如何，到1958年7月，惠女水库坝区已集合了大部分民工。她们，脱离先前的岗位和职务，离开村子，跨县步行到库区所在的深山老林，成为工程建设和各种国家仪式的实际参与者。当年五一节，惠安东部净峰东内村年仅19岁的杨YC，也辞去村中出纳职务，与十几个人一道成为水库工程的第一批女民工。她们"扛着锄头、挑着畚箕，带着薯干、草席"③，"整整走了43公里约15个小时"，

---

① 杨YC访谈资料。杨YC，女，惠女水库建设者，访谈人汪炜伟，时间2007年8月14日上午，地点杨家院落。
② 《人民公社无限好，同心协作威力强：惠安县四社合建乌潭水库》，载《泉州日报》，1959年1月17日。
③ 曾文法、蔡思成：《惠安县水利电力志》，惠安县水利电力局编，1992年，第34页。

来到乌潭工地，开始了三年多的民工生活。① 杨后来成为惠女水库最为著名的女民工，是库区建设功臣之一。来到库区后，妇女们举行了隆重的入场仪式（见图3.2）：一位拿着团旗的青年妇女站在队伍最前端，紧随其后是腰鼓队。在一位男领导的指挥下，妇女们有节奏地表演着，并通过一个由几根木棍架成和树枝装点的"大门"。图片中清晰可辨两个重要元素：头巾与团旗。② 这明确显示了这场仪式性质，即由官方组织、女性参与的国家仪式。其情形亦正如当时的水库民工诗歌所言："裹紧行装挑起担，送女修建乌潭□。慈母别女心英雄，望女立功凯旋归。"③

图3.2 惠女水库入场仪式

三、水库建设劳动中的"仪式"

1958年7月8日，惠女水库进入全面施工阶段。民工们所作的诗歌

---

① 张国琳：《记惠女水库的一面红旗杨亚尝》，见《惠安文史资料》第十七辑，中国人民政治协商会议福建省惠安县委员会文史资料研究委员会编，2003年，第16页。
② 《万名惠女进驻工地》，苏金伙摄影，见《万女锁蛟龙》，惠女水库管理局编印，2007年。
③ 《进场》，惠女水库诗歌，惠女水库纪念馆馆藏。

惠安女：一个特殊女性群体社会形象变迁中的国家与乡村（20世纪30—90年代）

描述道："夏日乌潭水潺潺，民工进场心喜欢，开工首先修公路，东西南北条条通。时间过去五日外，大坝填方劲头大，坚持工作无叫苦，先进人物遍水库，人民干劲比天高，老天也得拜下风。"① 在工地上，各种带有仪式气息的活动全面开展。"战鼓咚咚，擂台四方"②，劳动竞赛对于惠女水库工地至关重要，工程建设的大部分时间都充斥着这类竞赛活动。

劳动竞赛的仪式色彩常常始于动员仪式。这些动员仪式有时在临时搭建的"草房"中举行，如一次"群英比武大会"动员情形是："草房里布置得庄严朴素，毛主席像挂在正中，两旁悬着国旗，墙壁上贴着条副标语：'要高山低头让路，要河水驯服改道'。'眠可少，汗可流，不削平河格岭（坝区的一座山），誓不罢休。'""指战员们高举右手，在毛主席像前"庄严宣誓。接着人们"都上去应战，并提出要翻定额五番，作为个人向全体同志的挑战条件"。"会场里，群众的情绪沸腾了起来，充满着强烈的革命英雄主义气氛。"③ 有时，这些仪式在"台"上举行。惠女水库经常搭建各种"台"，如有红旗台、卫星台、孔明台、放鸣台、擂台等"五台"。它们分布于各个大队、中队的工地上。这些"台"一般以木棍、木板、幕布和石头搭成，设置目的是"使工地的劳动和生活面貌，更加生动活泼"，并成为"政治鼓动的工具"④。图3.3展示了另一场"群英比武大会"的动员场景：领袖像、国旗、各种标语，气氛依然十分严肃；台两旁悬着"万女奋战斩蛟龙，红旗折冠贺群英"对联，表达激烈的竞争气息。⑤ 此外，人们也通过其他方式发起竞赛，如下战书便是颇具象征性的一种。1959年11月29日，工地订出"二天二万

---

① 《人民干劲比天高》，惠女水库诗歌，惠女水库纪念馆馆藏。
② 《政治挂帅》，惠女水库诗歌，惠女水库纪念馆馆藏。
③ 《万女锁蛟龙》，惠女水库管理局编印，2007年，第110—111页。
④ 《惠安冬修水利的两面红旗》，载《福建日报》，1959年1月19日。
⑤ 《惠安女开展劳动比武竞赛》，苏金伙摄影，见《万女锁蛟龙》，惠女水库管理局编印，2007年。

第三章　水利建设与全面建设社会主义时期惠安女形象之重塑

方"的劳动任务，坝区第四大队一妇女便代表该大队"向各大全体妇联分会"下战书，开展友谊竞赛。① 同日，其他施工单位也纷纷列出比武条件，选择比武对象。如第八大队妇联提出，"日产1650方，出勤率99%，出车率95%，确保安全"，并分别向第一大队、第七大队妇联下了战书。再如，一吴姓女民工以"日跑96华里，运40车土"，"向全场青年突击队手"发出比武要求。② 可以发现，无论何种劳动竞赛的动员仪式，表演性、夸示性、鼓动性都处处彰显出来。

图3.3　惠女水库群英比武会擂台

动员仪式过后，劳动竞赛便在全工地展开，整个"工地就像一个大擂台"③。"大夯一起破云朵，大夯一落地发抖。咿呀嗨，抖落星星满山谷。"④《惠安报》曾针对一次打夯竞赛描写道：

① 《四大全体妇女下战书》，见《快记（41）》，惠女水库工程指挥部编，1959年11月29日。
② 《比武台》，见《快记（37）》，惠女水库工程指挥部编，1959年11月29日。
③ 林啸、顺兴、傅明：《乌潭降龙——记惠安妇女兴建"惠女水库"》，载《福建日报》，1959年3月7日。
④ 《万女锁蛟龙》，惠女水库管理局编印，2007年，第167页。

工地举行群英打夯竞赛,参加竞赛的单位有六个大队,个个精神抖擞,雄姿英态的姐妹投入竞赛。在热烈的掌声中。夯锤如六月的雷雨,四大队的夯手像猛虎下山,博得观众和评判员的赞扬,比赛结果跃居第一,荣获第一名红旗。夯手黄甜、庄秀粉受工地党委王书记表扬,被大家公认为打夯"能手"得到个人奖。①

这种劳动竞赛有组织者、参与者、观众、评判员等,仪式色彩十分浓厚。

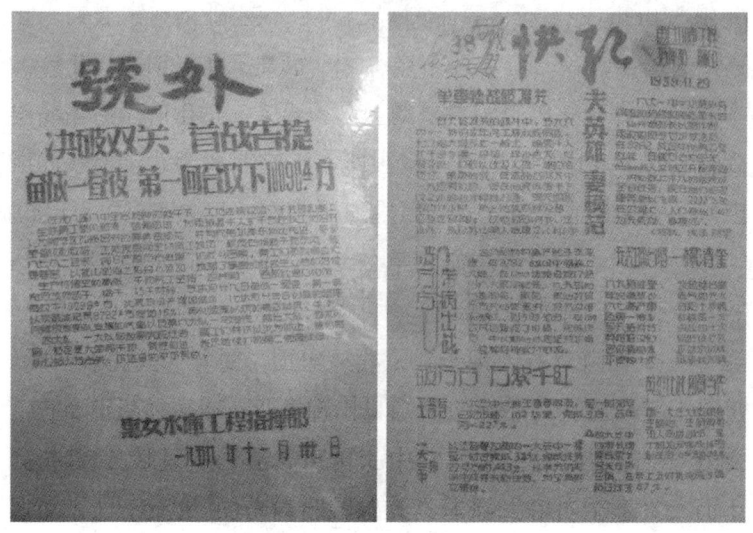

图 3.4　惠女水库工地简报②

惠女水库的劳动竞赛名目繁多,如有"百夯比赛""千女运车""摇橹比赛""万人红"、群英会、破"关"竞赛等。③ 其中,较出名、规模较大的有"万人红"劳动竞赛、群英会,以及历次破"关"竞赛

---

① 陈兴进:《颂乌潭娘子军》,载《惠安报》,1958 年 12 月 4 日。
② 惠女水库工地简报,惠女水库纪念馆馆藏。
③ 苏 JH 访谈资料。苏 JH,男,惠女水库工地宣传干部,访谈人汪炜伟,时间 2007 年 9 月 5 日上午,地点惠安县城苏家。

第三章　水利建设与全面建设社会主义时期惠安女形象之重塑

等。劳动竞赛有时旷日持久。以"万人红"竞赛为例，该竞赛"从一九五八年十月开始至十一月底结束"，持续两个月。在这两个月中，坝区所有女民工都是参赛者，都要"积极想办法、相继使出新招"，"人人早出晚归，争分夺秒，夜以继日地加班加点"①。民工所作的诗歌称颂道："祝谢英模造乾坤，万军奋发斩蛟龙。人中之雄今朝会，红旗招展贺群英……身心立誓擒龙王，体魄昂扬□天地。健儿气吞众山河，□□卫星日蒸上……"②

不过，也有一些劳动竞赛时间较短，但劳动强度更加令人惊叹。惠女水库坝区建设过程中的破"关"竞赛是这方面典型。所谓破"关"，即为追求工程进度，要求全场民工以劳动竞赛的方式，在一个工作日中完成一定的土石方量，人们又习惯称之为"高产日"。据载，惠女水库工程于1959年1月14日破"五千方关"，该月15日破了"六千方关"，该月17日又破了"八千方关"③；1959年11月19日破"万方关"④，1959年12月13日破了"一万二千方关"⑤。正如人们为这些竞赛所取的名称一样，仪式性活动充溢其间。如1959年11月19日"破万方关"时，女民工杨亚尝在推土竞赛中的表现，堪称破"关"竞赛仪式化的典范：

> 参赛的那天为1959年11月29日（应为19日），天刚蒙蒙亮，鸡一啼，水库工地政工股长苏全伙就第一个把亚尝叫醒。五虎将（亚尝此时为工地七大队卫星突击队队员与另外四个女队友合称五

---

① 骆炳章口述、廖秀华整理：《忆惠女水库工地的"万人红"劳动竞赛》，载《惠安文史资料》第十七辑，中国人民政治协商会议福建省惠安县委员会文史资料研究委员会编，2003年，第13页。
② 《颂"万人红"代表》，惠女水库诗歌，惠女水库纪念馆馆藏。
③ 《贺信》，载《惠安报》，1959年1月20日。
④ 《惠女水库填坝日产破万方》，载《惠安报》，1959年12月7日。
⑤ 《惠女水库填坝日产越过一万二千方提前七天完成第四季度任务》，载《惠安报》，1959年12月18日。

惠安女：一个特殊女性群体社会形象变迁中的国家与乡村（20世纪30—90年代）

虎将）五辆板车，一人扎两条红绸子带，饿的时候可以扎在腰上。根据大队的安排和照顾，还得另备五部车轮流装土轮换位，五虎不能忙里偷闲趁装土时稍作休息。一辆木板车的定额是装18担土大约0.23立方，而亚尝的车还得另外加装6大篓，算起来应在0.3方以上，装土时旁边还得由检查人员把关，哪一担没装满就毫不留情地给你插上白旗，让你偷懒不得！魏继安（亚尝所在队的大队长）说："亚尝，你今天就是累得趴下地也得给我起来接着跑，看你是不是真正的英雄！"……而组织上的照顾和关怀只是专门为五虎将配了一名卫生员，午饭和晚饭时特地为她们先舀粥拌凉让她们边跑边吃以节省时间，为了鼓励，大队不知从哪儿弄来蜜水，能喝上一口已在万人之上，当时可算是稀世珍品，权当参汤让她们喝上几口以恢复体力。无法想象亚尝当年的干劲，24小时内，在2000公尺（2000米）的距离里，一人足足跑了62趟车来回248公里。别人是越跑脸越青，肚子纹成一团，小腿胀痛得要命，亚尝却风驰电掣，简直如七仙女下凡。她越跑脸色越红，几名跟车的人都怕了，无人敢跟她的车。最后五虎将里只剩下亚尝一人，整个工地都看呆了。就这样单亚尝一车就接了近20立方米，创造了水库的最高纪录。①

杨亚尝等人的展现引发上级领导的关注。据一些民工的回忆，"到那天要破万方关，市水电局来了，县水电局的也来了。县委书记、县长全都到了"。这些领导的出席使得这场劳动竞赛的仪式色彩更加浓厚。鉴于观摩者的特殊性，在比赛前一天晚上，杨亚尝所在大队的大队长便动员

---

① 张国琳：《记惠女水库一面红旗杨亚尝》，见《惠安文史资料》第十七辑，中国人民政治协商会议福建省惠安县委员会文史资料研究委员会编，2003年，第18—19页。惠女水库破"万方关"的时间应为1959年11月19日，此处时间有误。另据惠1960年2月7日惠女水库光荣榜载（惠女水库纪念馆馆藏），应为248华里之误。但杨亚尝一天跑248华里，也是个有待考证的问题。

第三章　水利建设与全面建设社会主义时期惠安女形象之重塑

她道："杨亚尝，你明天就算累得晕倒过去你都得爬起来再跑，明天要看你是真英雄还是假英雄。市水电局要下来，各级领导都要下来，要看你是真英雄还是假英雄。"①

不可否认，这些破"关"竞赛有提高生产速度的考量，是"调动广大民工的积极性，使之进一步发掘潜力"的有效方式。②但也应该看到，作为国家力量组织下的仪式，以一定的劳动量为象征性目标进行展演，以显示女性的劳动能力也是其重要驱动力。从不少资料中可见，劳动竞赛的"仪式过程及其象征意义超过了实用性的考虑"③。惠女水库民工所作的诗歌写道："千军奋发建乌潭，万人罗溪立奇功。"④ 在这种工地建设气氛下，许多女民工竭尽所能加入劳动竞赛之中。如工地标兵许配"在抢修溢洪道时，最强的劳动力一天只挑四百七十担，而许配同志不放松一分时间，挑到八百〇四担。围水坝处在紧张危险时候，她害病，干部却一再劝阻无效，她还冒雨抢修二天二夜没有合过眼，吃不下饭，用头巾扎紧身腰，坚持猛干，脚又发生'沉底'，开刀三次，她忍受疼痛，继续出工，没缺过一天勤。在攻打日产万方关的激战中，许配带病上阵，单人推车，在工地晕倒三次始终不下火线，终于超额完成任务235%"。水上女英雄张招治，"当大坝临时溢洪道堵口的紧张战斗开始时，招治同志突然生病了，中队长和指导员一再动员她休息，但这个顽强的姑娘却无论如何也要参加战斗，带病上船，连续激战四天，在三千二百米的运距中，计驶船六十六载，超过定额二十一载的二倍一。激战中是如此，平时她也是天天超额，日日满勤，曾创造一橹六舟高产拖带

---

① 杨YC访谈资料。杨YC，女，惠女水库建设者，访谈人汪炜伟，时间2007年8月14日上午，地点杨家院落。
② 骆炳章口述、廖秀华整理：《忆惠女水库工地的"万人红"劳动竞赛》，见《惠安文史资料》第十七辑，中国人民政治协商会议福建省惠安县委员会文史资料研究委员会编，2003年，第13页。
③ 郭于华：《民间社会与仪式国家：一种权力实践的解释》，见郭于华主编：《仪式与社会变迁》，社会科学文献出版社2000年版，第369页。
④ 《高抛卫量凌太空》，惠女水库诗歌，惠女水库纪念馆馆藏。

惠安女：一个特殊女性群体社会形象变迁中的国家与乡村（20世纪30—90年代）

先进操作方法，超产四倍半，是'船运标兵'"①。对于张招治的事迹，惠女水库民工的诗歌写道："摇船娘姑不怕累，只只船儿排成队。一支小橹押六载，产量力争第一位。"② 类如许、张等的事迹在水库建设过程中俯拾皆是。"亚扣干劲冲九天，完成任务心最坚。脚痛坚持推着车，模范事迹人欣羡。"③ "早霜方浓，晨光模糊，她像风一样推着虎头车，为大坝添上第一车土。一车又一车，日未中午，她完成了任务，擦干了汗珠，在擂台上写上了新纪录。"④ 这些诗中的阿扣和不知名的"她"即是此类人物一般素描。

劳动竞赛对象征意义的注重，更凸显于一些"献礼式"和"报喜式"的竞赛运动中。如1959年10月1日，恰逢中华人民共和国成立十周年国庆，惠女水库民工们便准备大型的献礼性劳动竞赛运动。"一排大姐修小车，二排小妹整箩筐。王家大娘理板锄，赵家大嫂忙修路，大姐小妹为啥忙？大嫂大娘为啥急？国庆十年日子到，为创献礼赶行装。"⑤ 这描述的是竞赛开启前，女民工们整理劳动工具、作足准备的情形。尔后，她们便"热火朝天搞生产，欢欢喜喜迎国庆"⑥。在这些劳动竞赛中，为了"做出成绩迎国庆，夺取高产红旗飘"，女民工须有"天塌地陷不动摇，冲破万难赶前潮"的勇气和干劲。⑦ 人们期待以"高产纪录日日新"来"欣迎国庆大节日"⑧。在劳动竞赛中，人们充满着对新生政权的信仰。水库民工诗歌写道："迎国庆，庆国庆。四九年江山奠定，十年建设获全胜。迎国庆，庆国庆。工业生产飞跃生，一日胜于廿十年。迎国庆，庆国庆。生产红花遍地开，党的恩情深似海。迎国

---

① 《惠女水库光荣榜》，惠女水库纪念馆馆藏，1960年2月7日。
② 《一支小橹押六载》，惠女水库诗歌，惠女水库纪念馆馆藏。
③ 《脚痛坚持推车》，惠女水库诗歌，惠女水库纪念馆馆藏。
④ 《新纪录》，惠女水库诗歌，惠女水库纪念馆馆藏。
⑤ 《为创献礼赶行装》，惠女水库诗歌，惠女水库纪念馆馆藏。
⑥ 《欢欢喜喜迎国庆》，惠女水库诗歌，惠女水库纪念馆馆藏。
⑦ 《天塌地陷不动摇》，惠女水库诗歌，惠女水库纪念馆馆藏。
⑧ 《载歌载舞喜开怀》，惠女水库诗歌，惠女水库纪念馆馆藏。

庆，庆国庆。毛主席，领导真英明，全国人民一条心，领导我们拔穷根，指引我们向光明。"① 胡志毅用"国家仪式"研究革命戏剧时曾指出，"戏剧与节庆是一种相辅相成的关系"，新中国成立以后，"国家仪式主要表现在戏剧的献礼演出中"。② 不过，从惠女水库献礼性的劳动竞赛可以看出，这类活动的国家仪式特征也不逊于戏剧演出。

事实上，在集体化时代，仪式化的劳动并不仅现于惠女水库，而是在全国各地不断上演。这些劳动竞赛仪式与彼时社会中的其他各种"国家仪式"一脉相承，除了完成生产建设任务的实用考量外，象征性的展示亦是它们所追求的目标。正是基于这种考虑，一些在竞赛仪式中被委以重任的女民工，不得不发挥超常的劳动能力，而大部分女民工则夜以继日奋力工作，以保证生产建设任务的基本进度。

四、水库奖惩活动中的"仪式"

奖赏与惩罚是常常与劳动竞赛共存的工地仪式。"作为革命仪式而存在的运动，追求气氛声势上的轰动，最偏爱整齐划一，因此'抓典型'、'树样板'、'学榜样'就是经常使用的办法。"③ 这些"典型"和"样板"主要通过奖赏仪式塑造起来，而与之对应的惩罚性仪式也常同时进行。在水库日常建设中不断上演这些令人兴奋与失落的仪式，它们构成了水库工程的另一种过程。

服务于竞赛的奖赏与惩罚构成了这类仪式的基础。

昨日各排青壮年，掀起一场大激战，干劲冲天意志坚，夺取红

---

① 《迎国庆 庆国庆》，惠女水库诗歌，惠女水库纪念馆馆藏。
② 胡志毅：《国家的仪式：中国革命戏剧的文化透视》，广西师范大学出版社2008年版，第97页。
③ 郭于华：《民间社会与仪式国家：一种权力实践的解释》，见郭于华主编：《仪式与社会变迁》，社会科学文献出版社2000年版，第371页。

惠安女:一个特殊女性群体社会形象变迁中的国家与乡村(20世纪30—90年代)

旗齐领先。

七排排长是吓秀,带领扛石众能手,大家都是雄赳赳,开展竞赛争上游。

素珍带领众勇士,干劲也是冲破天,八排决战取第二,仅与七排差五厘。

三排排长是吴省,所带战士年最轻,速度算来是最猛,扛石动作如飞龙。

三排夺取第三名,九排奋起尽力拼,劳力虽是比较弱,接受任务心最强。

…………①

每一次劳动竞赛之后,组织者便开始按照一定标准给参与的队伍排名。接着,各种各样的象征性奖赏与惩罚性仪式开始运作。据工地政工干部苏JH回忆,他们经常给各大队"评乌龟、评红旗、评白旗"。"水库搞评比,如有升降旗,每个大队都有一面红旗,谁完成得最好就升得最高,一直排下去,七个大队七面大红旗。""工地还进行评百面红旗,好的插红旗,差的插白旗。""好的可以将红旗插在大队部工房上,出工就把红旗扛出来。""表现好的女工都有一朵红花,这个出来大家都会鼓掌欢迎。""也有评乌龟,若是被评上乌龟的,就得敲锣打鼓,把红旗送到优胜者那里。所以大家都说我抓到一只乌龟已经很倒霉了,还想方设法来打击我",弄得大家哭笑不得。惠女水库工地还有"形象排"评比,人们"按照各排的劳动速度,给她们排分别取喷气式(飞机)、火车、汽车等"。②杨亚尝的突击队曾被命名为"卫星突击队"。形成于1964年的剧本《惠女新传》,描写了惠女水库民工迎送流动红旗的情形:"咚锵锣鼓响回山,是谁迎红旗万人争看。"接红旗的中队必须在流动红旗到

---

① 《一场激战》,惠女水库诗歌,惠女水库纪念馆馆藏。
② 苏JH访谈资料。苏JH,男,惠女水库工地宣传干部,访谈人汪炜伟,时间2007年9月5日上午,地点惠安县城苏家。

来前整齐列队,并由中队长或其助理出面敬礼迎旗。在接旗时,中队其他成员要"更出大力(热烈)鼓掌"。①

正式的表彰仪式也时常举行。1958年12月,为了"巩固挖渠成绩,掀起全线跃进高潮,确保渠道早日通水",工地召开了"全线红旗代表大会",共表彰"104个功臣、模范和积极分子"。"37个营、连、排荣获'光荣连'、'突击排'的称号。"虽然,这些仪式一般都在工地进行,形式也较为简单,官方媒介报道较少,但它们对参与者思想意识的影响却不容忽视。女民工杨YC回忆道:

> 到1958年后,进度赶不上来,开始评乌龟、评红旗、评白旗。你去到那里,就得一直呆那里,我当小队长,每晚它(水库)有些大队、中队,每天晚上都要来评。比如说你这个生产队有20个人,每天要推100车的土到现场,没达到(100车),若50车你就插白旗,若60车你插黄旗,就是这样从头按比例下去。那时去的都是青年,大家都有那个雄心壮,都有那颗心,也都要那个面子,而且当时有政治宣传,大喇叭没有停歇地宣传。红白旗拿起来,这个够高就插红旗,不够高就插白旗。那时都是少年家,13000个都是妇女,全部都是少年家。②

正是由于各种奖惩仪式的作用,许多女工的工作干劲和立功意识得到提升。因此,"困难咱无惊,吃苦不算啥。积极来打拼,立功好名声"③;"员工干劲冲天起,突破定额干到底,英雄好汉来比比,不夺红旗不休止"④之类的诗作不胫而走,并内化为民工参与劳动竞赛的普遍心态。

---

① 《惠女新传》,晋江专区文化局、晋江专区戏剧协会合编,1964年,惠女水库纪念馆馆藏。
② 杨YC访谈资料。杨YC,女,惠女水库建设者,访谈人汪炜伟,时间2007年8月14日上午,地点杨家院落。
③ 《立功好名声》,惠女水库诗歌,惠女水库纪念馆馆藏。
④ 《不夺红旗不休止》,惠女水库诗歌,惠女水库纪念馆馆藏。

惠安女：一个特殊女性群体社会形象变迁中的国家与乡村（20世纪30—90年代）

工地政工干部苏 JH 在访谈中也归纳了这种仪式的象征性特征及功能："这些都是技巧问题，实际起到一个鼓动作用。群众有一句叫做明知是褒，心情都比较爽，明知评选、插红花、拿红旗，这是褒啰嗦，但大家都比较好胜，当时都在争先进、争上游。"① 这也道出此类仪式对参与者思想意识的影响。

1960 年 2 月 10 日，惠女水库坝身基本竣工之际，为了表彰那些听从指挥、表现出色的女民工，中共惠女水库工程委员会和惠女水库工程指挥部共同举办了坝区最大、最隆重的表彰仪式。"参加大会的除工地建设者外，还有省水电厅、省妇联、晋江地委、各地、县来宾、本县各机关团体的代表和驻惠部队首长 10000 多人。大会接到中央水利部、全国妇联、晋江地委和各地发来的贺电，省电影制片厂也特地前来拍摄大会实况。"② 从图 3.5 可见，庆功台设于背水坡下，与前文所述的擂台相似，仍是由木棍、木板、幕布和石头搭建而成。台正中是领袖像、国旗，台两旁挂满各界赠送之锦旗。主席台置于台上的正前方，由三张相互分离的小桌子组成，每张小桌各陈列锦旗一面，其中有两面锦旗书"万女锁蛟龙"等字样，桌上陈满物品。来宾列坐于主席台之后。台之两旁悬挂对联一副："喜风扬旗万千条，惠安人民胜舜尧"③。在台下，10000 多个民工汇集广场上，他们大多是包着头巾的妇女。从其结果看，这项表彰仪式共评出一等功臣 4 名，女性居其三，即东红公社白仁店谢厝村的辛娌、飞跃公社莲峰东内村的杨亚尝、飞跃公社湖边后仑村的许配等；二等功臣 219 名，三等功臣 714 名。④ 庆功仪式的国家性不言而喻，而仪式的女性价值也鲜明地体现在其对联上。人们正是要通过这场国家仪式，表明"舜尧"等传统治水英雄的文化象征已被惠安女所突

---

① 苏 JH 访谈资料。苏 JH，男，惠女水库工地宣传干部，访谈人汪炜伟，时间 2007 年 9 月 5 日上午，地点惠安县城苏家。
② 曾文法、蔡思成编：《惠安县水利电力志》，惠安县水利电力局编，1992 年，第 35—36 页。
③ 惠女水库摄影作品，惠女水库纪念馆馆藏。
④ 《惠女水库光荣榜》，惠女水库纪念馆馆藏，1960 年 2 月 7 日。

破,从而展示新社会女性的劳动能力。

图 3.5 惠女水库落成庆功大会

然而,将这些树立起来的"样板""模范"仅仅用于竞赛仪式的动员上,毕竟不能起到更大的宣传价值。把她们推上社会,作为新女性的形象代表,更是"样板""模范"的意义所在。因此,在各种劳动竞赛、表彰大会之后,人们便敏锐地将那些堪称劳动楷模的女性推上公共媒体进行宣传。如1960年4月20日《泉州日报》的《推车能手杨阿赏》一文写道:"女民兵排长杨阿赏(亦称杨亚尝),是惠女水库闻名的一等功臣、推车能手。为了实现今年水利建设'开门红',她在二十小时、运距一千二百公尺中来回推车六十二趟,超额完成任务十倍半,创全县最高纪录。八个月来她推车里程达四万多华里,同时做到绝对安全。"①1959年1月6日,《惠安报》一篇介绍女推车能手庄明燕(见图3.6)

---

① 《推车能手杨阿赏》,载《泉州日报》,1960年4月20日。杨亚尝在此次竞赛中的运距,不同资料记载不同,前文已有说明。

惠安女：一个特殊女性群体社会形象变迁中的国家与乡村（20世纪30—90年代）

高中毕业生庄仍燕，是工地运输标兵之一
一车载一千八百斤，四小时跑八十二华里。

图3.6　女飞车手——庄明燕①

与其他四位"飞车手"的报道称，她们是"不夜工地英雄汉，万能技工巧姑娘。推土遏住溪中水，挥锄尽把山折腰"，"哪怕推车手发泡，姑娘驯龙拉返家"，而这些"赤土坡上红花开"应归功为"鲜艳花朵党来栽"。② 由此可见，女工们的劳动承载着新的国家价值，这也是对她们进行宣传的主要原因。1959年11月19日，《惠安报》更着重说明了庄明燕如何从一个高小生成长为一名水利建设工人，又从推车"三颠两倒"到取得"推车第一名"的称号。文章希望借此"治山治水走前头"的妇女说明"妇女顶住半边天"。③ 1960年1月20日，《泉州日报》亦刊载了庄明燕的故事，内容上虽无多少变化④，但通过该报的扩大宣传，妇

---

① 许多资料把"庄明燕"与"庄仍燕"混称，其实指的是一个人。
② 《五姊姐推车》，载《惠安报》，1959年1月6日。
③ 《妇女顶住半边天　治山治水走前头——车运能手庄明燕》，载《惠安报》，1959年11月19日。
④ 《女飞车队长庄明燕》，载《泉州日报》，1960年1月20日。

女的模范作用也得到进一步增强。20世纪五六十年代,惠女水库竞赛仪式中的许多女性形象便是通过劳动竞赛、官方推介、报纸宣传等方式出现在社会舆论中,进而成为全社会"样板""模范"。

将这些"样板""模范"推向社会,也常用仪式化的劳模大会进行。这些仪式一般超出工地的空间限制,由各级政府发起,以正面奖励为主。由于在劳动竞赛中表现出色,且积极参加工地的扫盲运动,还曾在工地的一次民兵射击比赛中取得三发三中的成绩,1960年4月下旬,杨亚尝被"推选为乌潭(惠女)水库民兵代表",与其他45个人组成一个民兵代表团"晋京出席全国民兵会"。杨亚尝受到毛泽东接见,并被授予"一支'五六式'仿苏半自动步枪,子弹一百发,红旗奖章一枚"。① 除杨亚尝外,其他几位著名的惠女水库民工也获得相应的表彰,如张钦"连获省、地、县、工程指挥部22次嘉奖",杨美珍和刘桂妹等被"评为'水利模范'和赴省'三八'红旗手"等。② 这些表彰仪式以新的国家价值观念为原则,依据女工的劳动表现,将她们转换成级别不同的受奖对象。各种表彰仪式结束后,受奖励的女工自然成为国家价值观念的载体,被各级报刊竞相宣传,在社会上产生一定模仿作用。

综上所述,惠女水库建设过程中的正面奖赏仪式和反面惩罚仪式,不仅起到维护竞赛秩序、提升民工参与积极性的作用,更成为树立符合时代价值观的女性象征资源的有效方式。不过,也可以看到,在此过程中,国家对女性的政治动员仍是人们的主要考虑对象,至于女性本身的主体感受往往未能被及时地关切到。

五、水库日常管理中的"仪式"

从1958年7月到1960年2月,在近3年的工程建设过程中,无论

---

① 张国琳:《记惠女水库一面红旗杨亚尝》,见《惠安文史资料》第十七辑,中国人民政治协商会议福建省惠安县委员会文史资料研究委员会编,2003年,第22—23页。
② 庄笑娘主编:《惠安县妇联志》,惠安县妇女联合会,1993年,第54页。

惠安女：一个特殊女性群体社会形象变迁中的国家与乡村（20世纪30—90年代）

从表层的制度建设还是从深层的文化机制培育看，惠女水库坝区都已形成一个独特的社区①。这个独特的社区建立了较为完备的机构，如有各种管理机构、后勤工厂、工地医院、炊事房等。人们也以大队、中队、小队及各类突击队为基础，建立了新的人际关系，并各司其职，逐渐形成各种规则。工地不断发展出一系列富有特色的文化，如劳动竞赛文化、工地学校、诗歌高产运动②、印发工地简报③、建立工地广播、排练工地戏剧等等。

但由于偏离正常生活轨道，且负有特殊的、繁重的建设任务，惠女水库工地在管理上遇到许多严峻挑战。首先，民工的生活条件十分恶劣。工地政工干部苏JH回忆道："初去时她们吃的地瓜糠，睡的是鹅卵石铺成的地板，后来才盖了草房，且劳动量又这么大。"④ 这使许多女工很难一时适应下来。其次，妇女长期离乡亦带来不少严重问题。"许多已婚已育妇女都是一担挑着幼儿和摇篮扎进了工地"，工地为了"赶进度、赶工程"又要求民工在工地过节。正常家庭生活的缺失和对集体生活的不适应，使一些妇女患上严重的生理和心理疾病。因此，如何管理好这个特殊的社区，使其良好运行，需要一套行之有效的机制。在实际运作中，各种仪式性的活动仍被广泛使用，以维持工地的生活与生产秩序。

其一，积极的引导仪式。苏JH所在的政工科便是负责这些工作的主要机构。政工科"共有十几个人，分组织股、宣传股、保卫股，下面

---

① 这个"独特社区"或可以称为"工地社会"，相关研究可参见刘彦文：《工地社会：引洮上山水利工程的革命、集体主义与现代化》（社会科学文献出版社2018年版）一书。
② 现存惠女水库民工诗歌共有两百多首，藏于惠女水库纪念馆。
③ 现存的惠女水库工地简报有《惠女水库简报》（惠女水库工程指挥部编印）、《防汛水利快报》（福建省防汛水利指挥部办公室编印）、《水利快报》（福建省兴修水利指挥部编印）、《惠安水利》（惠安县兴修水利指挥部编印）、《乌潭简记》（乌潭工程指挥部编印）、《快报》（乌潭工程指挥部编印）、《诗刊》（中共惠安县委宣传部、惠安县文化馆编印）、《大会快报》（惠女水库工程指挥部编印）等，均藏于惠女水库纪念馆。
④ 苏JH访谈资料。苏JH，男，惠女水库工地宣传干部，访谈人汪炜伟，时间2007年9月5日上午，地点惠安县城苏家。

还附设一个团委会、一个妇联会"①。政工科的干部除负责机构的日常事务外，还需下到各大队协管工作。② 据苏 JH 回忆，政工科科长叫姜信，是个南下干部，而分管他们工作的是工地副总指挥苏义法，苏 JH 为政工科宣传股股长。政工科主要工作有：（1）现场的政治宣传；（2）民工教育工作；（3）负责保安；（4）发动妇女工作及青年工作；（5）搞文化教育。③ 他们的主要工作平台是惠女水库的各种简报和工地的广播系统，劳动竞赛也由他们组织。④ 简而言之，政工科的任务是利用一切方式进行思想政治宣传，从而维持和提升民工对各种工作的参与热情。

苏 JH 认为，这些积极的引导仪式，目的在于引导妇女融入集体生活。为此，他们在女民工中组织各种展演，如"搞文娱、学文化、编歌、唱曲、组织场外慰问团等"，"这些都是为了调节她们"⑤。图 3.7 中展示了这样的娱乐场景：一支由十几个男女演员组成的表演队伍正在工地演出，男演员抚着琵琶、吹起唢呐、拉响二胡，女演员则击着节拍唱和着。现场人群环抱、团旗飘飘、彩旗飞舞。⑥ 这种工地剧场由民工自行搭起，不必有太多繁杂的装饰，表演随时可以开始。图 3.8 则是另一番风味。来自"福建省前线慰问团"的专业演员们，正挥舞着鲜花向台下的观众致意。他们冠带飘舞、装饰华丽，戏台也为之修整一新。这类较为正式的娱乐表演也不时开展。如 1958 年 10 月 27 日，福建省人民慰

---

① 苏 JH 访谈资料。苏 JH，男，惠女水库工地宣传干部，访谈人汪炜伟，时间 2007 年 9 月 5 日上午，地点惠安县城苏家。
② 如苏 JH 在第一大队，负责妇女工作的曾秀桃与负责青年工作的张敏玉分别在第六大队和第七大队，工地团委书记邱秋木则在第五大队兼职。见《苏 JH 工作笔记》，惠女水库纪念馆馆藏。
③ 苏 JH 访谈资料。苏 JH，男，惠女水库工地宣传干部，访谈人汪炜伟，时间 2007 年 9 月 5 日上午，地点惠安县城苏家。
④ 张 Q 访谈资料。张 Q，女，惠女水库建设者，访谈人汪炜伟，时间 2007 年 9 月 29 日，地点张家大厅。
⑤ 苏 JH 访谈资料。苏 JH，男，惠女水库工地宣传干部，访谈人汪炜伟，时间 2007 年 9 月 5 日上午，地点惠安县城苏家。
⑥ 《惠安女自娱自乐》，苏金伙摄影，见《万女锁蛟龙》，惠女水库管理局编印，2007 年。

惠安女：一个特殊女性群体社会形象变迁中的国家与乡村（20世纪30—90年代）

问团晋江分团和上海歌舞团联合组织慰问团来到水库工地。慰问活动在当日午饭后举行。人们"从四面八方载歌载舞，红旗招展整队步入会场的万人大军，神气十足"。慰问团"受中共福建省委、省人委会、中共晋江地委、晋江专署委托"而来，团长代表"省委、省人委、地委、专署"，成为国家话语的传播者。表演大会，以慰问团团长的盛情讲演开始。他盛赞"惠安妇女闻名世界，苏联得知后都感到惊奇，并说这是世界各国罕有的"。另一位致辞的是上海歌舞团副团长，他表示要将惠女的"英雄事迹带到上海，让上海人民向你们学习"。致辞后，上海歌舞团开始演出，博得民工一片掌声。① 再如，1958年12月16日下午，惠安县水利慰问团也来到水库。该团由县各界人士30多人以及惠安群艺高甲剧团组成，团长为一张姓县委副书记。慰问团"带着全县人民的慰问信、锦旗等慰问品"，访问了水库各单位及一些模范人物。同时，"剧团日夜进行慰问演出"。为了"迎接"和"答谢"他们，全场员工以"实际行动"展开了一场劳动竞赛。展现出慰问和竞赛两种仪式交织互动的奇观，所谓"表寸心慰英友，加油干答亲人"②。对于这种情形，水库工地诗歌中也屡有谈及，如《礼品》称"我县妇女访问团，不辞辛苦路遥远。带来姐妹亲切意"，将用努力的工作作为回报的"礼品"等。③

图3.7　惠安女自娱自乐

图3.8　到惠女水库的慰问团

---

① 《省慰问团、上海歌舞团到我库慰问》，载《乌潭简记》，惠女水库纪念馆馆藏，1958年11月1日。
② 《县水利慰问团在乌潭慰问》，载《惠安报》，1958年12月21日。
③ 《礼品》，惠女水库诗歌，惠女水库纪念馆馆藏。

第三章 水利建设与全面建设社会主义时期惠安女形象之重塑

娱乐和慰问是希图通过悦人耳目的方式，抚慰女民工困倦的身心，实现维持工地秩序的功能。但从口述回忆看，普通女性对此类仪式的印象并不深刻。有人回忆道："中午（下工后）人家教唱歌，我都得回去（回草房）喂小孩。"① 也有人回忆称："平时没有教唱歌，衣服都没空洗了！"② 可见，部分普通妇女并未对这些娱乐表演产生持久兴趣，她们抱定一种务实的生活态度，日常的私事才是她们劳动过后的重要事务。更有甚者，一些人已对水库建设丧失信心，逸出轨范的现象开始出现。

其二，治理越轨现象的仪式。这以对逃跑者的处理最为典型。由于生活轨道的偏离，加上旷日持久的繁重劳动和异常艰苦的生活条件，少量女性出现纪律松懈状态，逃跑的现象屡有发生。《万女锁蛟龙》载，1959年5月中旬，七大队有13个民工逃跑回家；六大队民工逃跑23个；四大队、五大队也有逃跑现象；三大队更是厉害，小队长带着民工连夜逃跑。"厌恶劳动郑惜当逃兵，喜爱漂浮彩鸾当鼠窃"，女工张彩鸾将逃工戏剧化：

> 好玩的二大队女民工张彩鸾为了去厦门寻夫，便假托母亲患心脏病，并将工友们集资为民工杨玉华母亲治病的30多元骗到手后，趁着夜色逃离工地。当她正准备在从离惠女水库不远的小镇——河市买车票时，被工地纠察队发现，并被勒令返回工地。但由于害怕回去无法面对姐妹们，且因怕回去一定得受批评，不被批评"也受不了那冷言冷语的讽刺"，故而决心逃离。于是她以上厕所为幌子，趁男纠察队员不注意时，化装成当地挑大粪的老乡成功摆脱纠察队员，雇了一辆三轮车逃离。张的结局是可想而知。《万女锁蛟龙》的作者写道，不久彩鸾便从厦门被追回，受到拘留半个月的处分，

---

① 陈D访谈资料。陈D，女，80岁，惠西H村人，访谈人汪炜伟，时间2008年5月14日下午，地点陈家。
② 董B访谈资料。董B，女，77岁，惠西H村人，访谈人汪炜伟，时间2008年5月15日早上，地点董B女儿家。

惠安女：一个特殊女性群体社会形象变迁中的国家与乡村（20世纪30—90年代）

要后悔可来不及了，只得老老实实在劳动中改造那腐朽的思想。①

1960年，水库的逃工现象也曾一度出现严重化趋势。据该年3月31日惠女水库《大会快报》载，渠道工程一个中队，进场一个月便有64名民工逃跑回家，被追回的仅2人，该中队蒋姓男中队长亦在逃工之列。另一个中队"逃跑回家一百多人，造成不良的政治影响"。渠道东红二中队，逃跑者则达300多人。②《万女锁蛟龙》分析认为，主要是"管理得过死，该准假的也不给准假"；"对民工态度蛮横，强迫命令，对民工不够关心"；"对制度控制不严，账目没有公布，工资没有及时发下去"；有些干部"有意让民工回去"，目的是"为了照顾农业生产"。③此外，强大的劳动压力、恶劣的物质条件，也使女工不得不做此选择。杨YC回忆道：

> 有一次是这样的，我们下来到洛阳渠道后，炊事员煎了薯片。地瓜很大，但只有三个，盛了半饭盒，而且配的都是白开水。大家饿得半死，也只能喝些白开水。这时，有人便说要逃跑。我们小队有个人……跟我非常要好，她偷偷地对我说想逃跑，她说饿得受不了。我知道后，就劝她不要逃跑，后来她也就没跑了。④

从仪式角度看，逃工现象的出现与仪式期限过长、组织不善，对参与者的吸引力大为降低有关。正是因此，人们开始产生尽快回归正常生活的急躁情绪。

---

① 根据《万女锁蛟龙》（惠女水库管理局编印，2007年，第406页）整理。
② 《口诛笔伐，横扫三风》，载《大会快报》第3期，惠女水库工程指挥部编印，1960年3月31日，惠女水库纪念馆馆藏。
③ 《万女锁蛟龙》，惠女水库管理局编印，2007年，第408页。
④ 杨YC访谈资料。杨YC，女，惠女水库建设者，访谈人汪炜伟，时间2007年8月14日上午，地点杨家院落。

第三章　水利建设与全面建设社会主义时期惠安女形象之重塑

那么，惠女水库如何治理这些失范现象呢？起初主要"用抓、用站岗、用罚劳动来制止逃跑"①。逃工被抓回后，让她们在脖子上挂畚箕示众。② 这些惩罚性仪式的实质是，以针锋相对的方式来制止冲突。通过仪式，给逃工者贴上象征性标签，将她们从熟悉的集体社群中剖离出来，转变为陌生的个体，重新界定其在群体中的地位。这种剖离和陌生化在初期起到一定震慑作用，它告诉人们"虽然有这么些冲突，社会还是统一的"③。不过，久而久之，这些仪式也渐失其效。在1960年3月的一次全场扩干会议上，有人批评"（坝区）对逃跑和场外冷空气，领导态度不够坚决，措施不够有力，有畏难情绪"④。坝区六大队三中队甚至发生指导员私吞逃跑民工工资的现象。⑤

面对困境，工地领导层开始倾向采用比较缓和的态度和方式对待逃跑者。如采用场内外动员，而非"抓"的方式让逃跑者回工。⑥当逃工回来后，"安排她们做比较轻松的活，让她们耙土或其他轻松的活，不用让她们推车"。⑦ 更为重要的是，各种思想政治工作方式也被用以维持水库工地秩序。

一是"整风运动"风靡整个工地，人们相信这是"右倾"或"腐朽的资产阶级思想"在"作怪"⑧。一些工地诗歌对此有所反映，如

---

① 《万女锁蛟龙》，惠女水库管理局编印，2007年，第408页。
② 张国琳：《记惠女水库一面红旗杨亚尝》，见《惠安文史资料》第十七辑，中国人民政治协商会议福建省惠安县委员会文史资料研究委员会编，2003年，第17页。
③ 转引自朱炳祥：《社会人类学》，武汉大学出版社2004年版，第168页。
④ 《立即开展高速度的大生产运动》，载《大会快报》第4期，惠女水库工程指挥部编印，1960年3月31日，惠女水库纪念馆馆藏。
⑤ 《口诛笔伐，横扫三凤》，载《大会快报》第3期，惠女水库工程指挥部编印，1960年3月31日，惠女水库纪念馆馆藏。
⑥ 苏JH访谈资料。苏JH，男，惠女水库工地宣传干部，访谈人汪炜伟，时间2007年9月5日上午，地点惠安县城苏家。
⑦ 张Q访谈资料。张Q，女，惠女水库建设者，访谈人汪炜伟，时间2007年9月29日，地点张家大厅。
⑧ 《万女锁蛟龙》，惠女水库管理局编印，2007年，第418页。

惠安女：一个特殊女性群体社会形象变迁中的国家与乡村（20世纪30—90年代）

"反透右倾干劲鼓，惠女英雄猛如虎""反透右倾干劲鼓，高产竞赛猛如虎"①等。为了从思想上深挖"右倾"思想，"座谈、大字报，大鸣大放"开始弥散于工地各个角落。"指挥带头下去作检查，并指定专门人成立整改工作组，规定纪律"，"任何人不得打击报复"。②采取坚决而有力的措施，如在干部中解决思想问题，在积极分子中召开动员会议，组织参观先进操作法和先进大队等。③另一个施工单位对此则提出，需要在民工中坚持深入地开展思想教育，如进行"五大辩论""算五大笔账"等，提高觉悟，增强信心；需要干部与民工同甘共苦；需要走群众路线，大搞群众评比运动；需要开展"干部反工头作风"等不良作风。④

二是各种"公开保证"也仪式性地通过简报向全场发出。为了防止逃工，在1959年春节来临之际，水库工地第二营（中队）向全场保证，要"安定思想情绪，愉快地在工地过个光荣年，保证不逃跑"。第三大队第二中队第七小队的队员也"纷纷保证，要安心在工地过好春节"，提出"1. 不完成乌潭水库决不收兵；2. 保证在年底没有一个向上级请假回家；3. 保证不做社会主义的逃兵；保证大病不叫苦，小病坚持下工地；4. 保证服从领导，超额完成党委所分配的任务……"。⑤

三是"诉苦"也被用来纠正风气，其主要内容仍是通过新中国成立前后的对比，说明党和国家建设水库的正确性，"兴修水利是为了我们自己"，进而说服民工不要逃跑。⑥

---

① 《惠女水库英雄谱》，惠女水库诗歌，惠女水库纪念馆馆藏。
② 《万女锁蛟龙》，惠女水库管理局编印，2007年，第409—410页。
③ 《辩通思想，大搞群众性的技术革新工效运动——五大四中队长张高生书面发言报告》，载《大会快报》第2期，惠女水库工程指挥部编印，1960年3月31日，惠女水库纪念馆馆藏。
④ 《在不平凡的道路上前进——红旗站站长蔡思成发言摘录》，载《大会快报》第2期，惠女水库工程指挥部编印，1960年3月31日，惠女水库纪念馆馆藏。
⑤ 《雄心勃勃战乌潭，友谊竞赛比功高》《六大保证》，这两篇文章均出自水库简报，无刊名，时间落款为1959年1月25日和26日，惠女水库纪念馆馆藏。
⑥ 《万女锁蛟龙》，惠女水库管理局编印，2007年，第409—410页。

第三章 水利建设与全面建设社会主义时期惠安女形象之重塑

然而，与强大的劳动压力相比，这些象征化的政治仪式仍显得效力有限，未起到理想的遏制作用。

亲历者认为，对逃工者颇具遏制作用的主要是公共食堂制度。20世纪50年代末60年代初，中国各地奉行"一大二公"，各地大办公共食堂。从某种程度上可以说，公共食堂对民众的日常生活起到一定调节作用。由于农民饮食皆由公社食堂办理，与其饮食供给联系紧密的劳动场所也相关固定。逃工者回乡后，公共食堂拒绝向她们提供饮食，这使得她们不得不重返工地，回归所属的集体关系中。

惠女水库管理及其所运用的仪式，隐喻着集体化时代国家—女性关系中的一些特征：国家仪式往往更趋重于实现政治目标而非性别文化目标，只是由于在特殊的时代环境，并同特定的地方性别文化相结合后，遂成为女性仪式。因此，尽管惠女水库中的各种仪式性活动都带有极强的性别色彩，却是以政治目标为首要，工地所制定的诸项政策——从劳动计划到管理策略等——均着力于完成政治任务。正因政治目标而非女性需求成为最重要的考量，无论是积极地介入，抑或是对越轨者的治理，惠女水库管理仪式都无法从根本上遏制失范现象。

以上总结了惠女水库建设过程中的几类仪式，包括动员仪式、竞赛仪式、奖惩仪式、管理仪式等。从形式上言之，如果把惠女水库建设过程当成一场大型的国家仪式，那么以特纳的"仪式树"（mudyi tree）为参照，这些无疑都是"主干仪式"，除此之外，水库工地上还不时上演着各种各样的"分支仪式"。它们在"确定的主题所主导下"形成"仪式群"，共同筑起惠女水库建设这场规模巨大、历时持久的建设工程和国家仪式。① 而其中"确定的主题"指的是：国家如何对女性进行动员、组织和管理，以及女性如何以自身的劳动实现国家的政治目标。

---

① 关于特纳的"仪式树"理论研究，可参见彭兆荣：《人类学仪式的理论与实践》，民族出版社2007年版，第209页。

第三节 "仪式活动"如何模塑惠安女

国家通过一系列的仪式，对基层女性进行动员、组织和塑造，最终实现其政治和社会目标。除此实用主义目的之外，国家仪式"其主要目的，不是为了仪式而仪式，为了剧场而剧场，而是为了塑造国家的形象"。惠女水库建设中的各种仪式也努力塑造符合新社会要求的惠安女形象。那么，这种新的女性形象应具备哪些特点呢？以下主要从外在和内在两个方面进行探讨。

一、外在——"铁娘子"的典范

（一）符号化的体力劳动者：惠女服饰的变革

"仪式中充满了象征符号，或者干脆说，仪式就是一个巨大的象征符号。"同时，仪式也不断进行符号（sigh）与象征（symbol）的再造，既包括物质层面的，也包括意义层面的。[①] 正如前文所言，外在形象，特别是奇特服饰，是惠安女形象的主要象征符号。惠女水库在这个象征符号的重塑过程中也有不少贡献。

苏 JH 笔记中记载了一首反映彼时惠安各地妇女着装特点的民谣：

> 一大华侨骨；二大山内窟；三大肥脱脱；四大乌术术；五大青族族；六大扛石骨；七大裤掉掉；八大戏仔骨。[②]

---

① 彭兆荣：《人类学仪式的理论与实践》，民族出版社 2007 年版，第 202—209 页。
② 见《苏 JH 工作笔记》，惠女水库纪念馆馆藏。

第三章 水利建设与全面建设社会主义时期惠安女形象之重塑

在口述访谈中苏 JH 对此解释道:

> 一大来自惠南侨区,许多妇女穿着比较柔软,许多人头包丝巾;二大来自惠西山区,故称山内骨,她们经常要扛石头,穿的是宽阔的灰色裤子;三大来自惠安县城,这些妇女穿着花花绿绿的;四大来自惠东崇武,这一带妇女穿黑衣黑裤;五大来自东岭,因为她们穿的衣服都是青色的,所以说她们青术术;六大来自涂寨一带,她们扛石头肩对肩很有特色,她们穿的是白衣绿裤;七大为小岞一带的妇女,她们"裤掉掉"(穿的裤子好像要掉下来似的),是我们常说的封建头、民主肚、短衣、浪费裤(即"封建头,民主肚,节约衫,浪费裤");八大是来自洛阳一带的妇女,她们很会演戏,文娱活动很好,穿得也像戏仔,软软的。①

由此可见,彼时惠安各地妇女着装上存有一些差异,这种差异根源于不同区域的生活方式及文化传统。

然而,这些形形色色的文化象征和地域符号,在惠女水库这个共同的场域中,出现了一些趋同化再造。1960 年,资金条件允许,惠安水库开始动员妇女改易着装,"使用短装阔脚裤",还大量改穿"中山裤",并将裤子的颜色改成绿色。这样使服装"接近现代化",穿起来也轻便。"水库妇女回乡后,许多人看了她们的着装都觉得十分喜欢",纷纷效仿。这对日后惠安女服饰的变迁起了很大的作用。② 陈国强等人类学者的研究还显示,惠女水库对惠安女服装改造的影响,最重要的一点是现

---

① 苏 JH 访谈资料。苏 JH,男,惠女水库工地宣传干部,访谈人汪炜伟,时间 2007 年 9 月 5 日上午,地点惠安县城苏家。
② 苏 JH 访谈资料。苏 JH,男,惠女水库工地宣传干部,访谈人汪炜伟,时间 2007 年 9 月 5 日上午,地点惠安县城苏家。

惠安女：一个特殊女性群体社会形象变迁中的国家与乡村（20世纪30—90年代）

存惠女服饰文化中较为流行的黄斗笠的出现。① 1998年出版的《惠安县志》也指出，20世纪50年代以来，黄斗笠、花头巾已成为惠安女服饰中重要的特色。② 由此可见，仅就服饰而言，惠女水库建设在一定程度上改变了惠安女的外在形象。国家仪式所形成的特殊政治、文化、生活环境，一定程度重塑了原先与惠安各地的生存环境、生活水平、生产劳动相联系的惠安女外在形象，形成一些以服务生产劳动为目的的新服饰符号并融入惠安女性的生活中。

服饰是人们社会身份和角色的外在体现。惠安女服饰的变化，其重要意义在于使这个特殊女性群体的整体身份和角色——体力劳者——更加独特而鲜明，也获得可资展示的符号载体，这在此后报刊刊登的一些图像中得到较好体现。如《福建日报》1962年10月11日刊登的水印木刻画《闽南女》，以及1963年6月9日刊登的油画《晒网》等，均以惠女为原型。这些画作共有的构图元素是：斗笠、头巾、短装阔裤等。单就斗笠一项便可以看出，这些图作明显受到惠女水库建设的影响。《闽南女》的内容十分简单：硕果累累的木瓜下，两名惠女正打着草绳，一个背对坐在地板上，一个侧蹲，脸上半露笑颜，二人似有微语。③《晒网》：天上微云，远处海鸥点点，一群惠女、一个男人和一个小孩正费力拉着渔网。④ 它们均将惠安女视为体力劳动者之典范。1963年3月8日，《福建日报》"福建妇女"画刊刊头画（见图3.9）更明显地体现了这种角色定位。作者宪龙、谷水提供了工人、医生、农民、教师、餐厅服务员等5种女性形象。其中的女农民形象——斗笠、头巾和衣服样式等——不难看出是以惠女为原型。⑤

---

① 陈国强：《崇武的衣饰与族属试探》，见陈国强：《崇武研究》，中国社会科学出版社1990年，第252页。
② 陈万里主编：《惠安县志》，方志出版社1998年版，第1020页。
③ 庄元、吴光华：《闽南女》，载《福建日报》，1962年10月11日。
④ 陈如鹏：《晒网》，载《福建日报》，1963年6月9日。
⑤ 参见宪龙、谷水所设计的《福建妇女》第16期刊头画（载《福建日报》，1963年3月8日）。

第三章　水利建设与全面建设社会主义时期惠安女形象之重塑

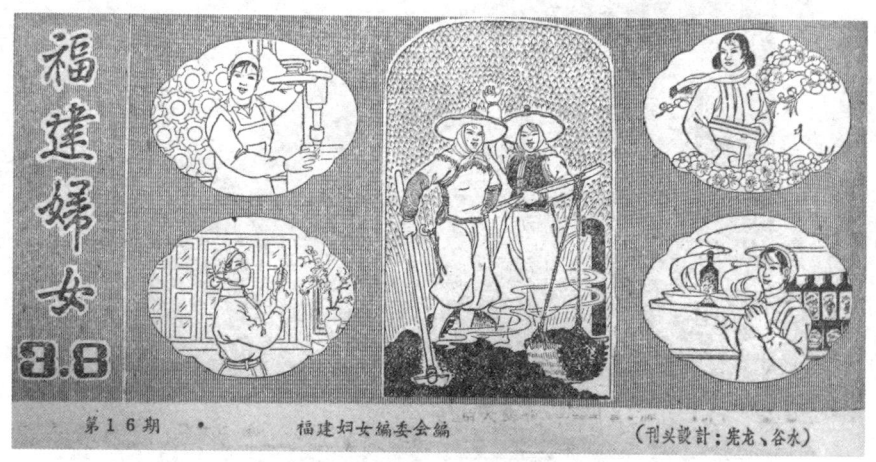

图 3.9　惠安女性成为福建农民妇女形象的象征

（二）仪式活动中的行为塑造

除服饰外，惠女水库女民工在各种仪式中的行为方式也被符号化，并逐渐成为惠安女形象的象征。如今，在惠女水库库区矗立着一尊石刻雕像（见图 3.10）：两名戴着斗笠、包着花头巾、身着短装阔裤的惠安女正扛着一块大理石。她们一手握着担具，另一手紧握石头雕成的麻绳，赤着足，脸色淡定地前行。①"惠安女扛石头"，这种被符号化的行为方式，不仅是一种艺术想象，更是惠女水库女工们在各种仪式中所展现的行为方式的代表。《万女锁蛟龙》中便充满了对这类行为方式的生动描绘：

---

① "扛石头的惠女"，这是常为外界惊叹的惠安女形象符号，它传达着惠安社会两性关系中的两个重要信息：一是惠安女承担了大量高强度的体力劳动；二是与阴柔的女性特质相比，惠安女是力量型与阳刚化女性的代表。因此，这种形象特征也常成为学者分析该区域两性关系的重要依据。

惠安女：一个特殊女性群体社会形象变迁中的国家与乡村（20世纪30—90年代）

图3.10 惠女水库坝区塑像

（一）女开山者形象："六月炎热天，英雄站云边。脚踏河格岭，身披彩云衫。山险何足怕，志比铁还坚。高举大铁锤，劈开万丈山。"描写的是两个女民工为了从河格岭这座山开一条路，正在悬崖上打炮眼、撬巨石的场景。她们用绳子绑住腰身，用有力的双手举起铁锤猛敲着石头。[①]

（二）扛石头女工形象："八个人一扛，一扛接着一扛，像湖水般的人群，不停地向前移动，只见那公路蜿蜒曲折，一起一伏，扛石的巾帼英雄们，穿着花花绿绿的衣裳，包着各色鲜艳的头巾，在灿烂的阳光底下，显得矫健异常。"书中写道，石头一块便达700多斤重，但女工们扛一块石头的人数却由"上午的八个人"，到"后来改成六个人"，"下午就改成四个人扛一块"。[②]矗立在惠女水库坝身前的那尊雕像正是这种文学描述的具象表现。

[①]《万女锁蛟龙》，惠女水库管理局编印，2007年，第112页。
[②]《万女锁蛟龙》，惠女水库管理局编印，2007年，第130页。

第三章 水利建设与全面建设社会主义时期惠安女形象之重塑

（三）打夯女工形象：她们六人一组，扬起109斤重的石夯。由两个人握夯柄，其他四个人拉夯绳，领头的唱"嗨哟嗬"，"其他五个人便跟着'嗨哟嗬'，声音雄壮，动作整齐"。①

（四）女挖土手形象：她们"用粗壮有力的双手，不停地挥舞着板锄，汗珠不断地从脸上淌下来，谁也顾不上揩一手"。②

（五）女摇橹手形象：她们"驾驶着一百三十多条小船，狂摇着橹，运载沙土，穿梭往来于乌峰渡口。她们动作是那样的熟练，无异于老渔民，她们摇橹是那样的轻快，胜过海上男子"。③

（六）女推车手形象：她们是一群小姑娘，推着装满红土的车。这些车比"人高过一头"，一车"足足有一千五百斤重"，但她们却稳稳当当，健步如飞。④

图3.11 当代惠安女扛石头情形

---

① 《万女锁蛟龙》，惠女水库管理局编印，2007年，第164页。
② 《万女锁蛟龙》，惠女水库管理局编印，2007年，第164页。
③ 《万女锁蛟龙》，惠女水库管理局编印，2007年，第201页。
④ 《万女锁蛟龙》，惠女水库管理局编印，2007年，第262—263页。

此外，书中还描绘了女电线架设工、女护理员、女炊事员等的形象。在1965年公演的南曲说唱《惠女锁蛟龙》中，惠女水库女民工的形象也是如此：

（一）各种女民工的劳动形象："漫山红旗啊！舞东风！万女挥锄啊，撼群峰！打夯扛石连啊连昼夜，乌潭苦战几春冬……开山辟石争分秒，推车运土西又东；你追我赶，我追你赶，嘿哟似飞马，我扛你接一条龙；填基打夯咧不休息，筑坝造堤无歇工；创造发明有智勇，技术革新数百种；多快好省牢牢记，比学赶帮树新风，捷报纷纷传四方，欢声阵阵震长空。"

（二）打石开山的女工："石坝修筑未完工，暴雨一来变山洪，工程须赶风雨前，但缺数千打石工。惠女打破旧封建，学艺炸石意志坚，口号如雷震大地，备料修坝阻山洪……悬崖操作凭虎胆，深洞挥锤有恒心，英雄志壮身又强，何惧石头满山横！强钎猛锤无歇息，打了炮眼万千坑；天摇地动爆声响，烟雾腾腾山岭平。一日打石数千方，建坝速度似飞腾；战果辉煌超纪录，光荣榜上树先声。"

（三）抗雨护堤的女工："风雨交加洪水猛，勃勃士气震群峰；长堤酣战奔南北，高坝抢修走西东。贫农临战不后退，党员上阵打冲锋；革命意志坚如铁，英勇奋战缚蛟龙。长堤内外尽英雄，智勇双全心赤红；个个浑身湿淋淋，四夜风雨中。"①

从女工们的肢体行为看，20世纪五六十年代中国社会所提倡的"铁娘子"形象被引入惠安女形象的建构之中。摄影作品提供了更为直观的图景。1959年，摄影师张水林到惠女水库采风，其拍摄的多张作品刊登于当年12月的《福建画报》上（图3.12即是其中之一），内容包括：

---

① 《惠女锁蛟龙》，见《惠女锁蛟龙——福建省革命曲艺观摩演出会节目选之三》，福建人民出版社1965年版，第1—12页。

第三章 水利建设与全面建设社会主义时期惠安女形象之重塑

图 3.12 惠女水库开山女工

（一）为了防止渗水影响坝基稳固，由惠安洛阳、张坂妇女组成的第八大队侨眷女工们正"带领数百名妇女将花头巾和花布外衣脱下，把坝基的水擦得一干二净"。

（二）1959 年 9 月 30 日，正是南北两岸大坝合龙的紧要关头，为了防止台风推来的洪水冲垮临时围水堤，"数百名矫健的妇女"在指挥部的安排下，"手拉手，肩并肩，结成一道活的人堤，挡住了洪水，堵住了缺口"。

（三）由小岞半岛女民工组成的打夯队，她们六七人一组，正高高地扬起夯手。

（四）工地标兵庄明燕（许多资料又称庄明燕）推着独轮车，"一车载一千八百斤，四小时跑八十二华里"。

（五）大名鼎鼎的全面标兵刘丽华正和她的伙伴们扛着一大筐沙土。

（六）第四大队一中队张招治正在 3200 公尺的罗溪上运载砂

165

土,她平均每天跑十八趟半,最高可达二十一趟,这大大地超过工地原定的一天七趟的任务。

(七)惠安第一代女石工、工地标兵刘盛珍和她的伙伴肩上扛着大铁锤。此外还三个不知姓名的女子正抢着大锤,猛向一块被烤红的铁块砸去。①

"图像以真实明快的特点刺激读者的视觉感官"②,给人们留下深刻的印象,"让我们更加生动地想象过去"③。从以上材料可以看出,惠女水库所建构的几种惠安女形象:围水的人墙、打夯的工人、驾驭独轮车载起千斤土来回奔跑的车手、用箩筐扛土的民工、用小船运砂石的橹工、第一代开山工和抡着大锤的打铁工,她们无不被视为"铁娘子"之典范,承载着国家新的价值观,声名远播,影响各地。

二、内在——男性气质的转向

象征符号往往是反映人们内在心理的一种外在具象。惠女水库所造就的女性服饰与行为符号,也反映彼时人们的社会文化心理。20世纪五六十年代,在国家的倡导之下,社会给予"铁娘子"崇高的赞誉,这自有其实用意义考量,即充分地动员女性参与政治运动和社会经济建设;但也表达了人们将女性男性化,从两性差异的根源——生物方面否定男女有别的强烈愿望。具体而言,便是如何使女性从传统的"贤妻良母""贤内助"转变为"女石工""女开山工""女打铁工";如何实现从"阴柔"到"阳刚"的变奏。人们普遍喊出"叫声红娘莫再娇装",弱质女流成为鄙弃对象。

---

① 张水林:《惠女锁蛟龙》,载《福建画报》,1959年第18期。
② 行龙:《图像历史:以〈晋察冀画报〉为中心的视觉解读》,见杨念群主编:《新史学(第一卷):感觉·图像·叙事》,中华书局2007年版,第247页。
③ [英]彼得·伯克:《图像证史》,杨豫译,北京大学出版社2008年版,第9页。

第三章 水利建设与全面建设社会主义时期惠安女形象之重塑

整体而言，惠女水库女民工的男性化气质建构，主要基于对两类人的参照。

其一，从传统资源中寻找参照，穆桂英式的人物，包括花木兰、穆桂英、樊梨花等遂为人们所热衷。这些人物都是传说中中国古代女军人的杰出代表，长期被奉为"阳刚"女子的典范。"大坝巧干一年成，空拳赤手锁蛟龙。惠安妇女真光荣，赛过昔日穆桂英"①；"惠安妇女干劲大，移山倒海赛梨花。日夜劳动战斗化，宣传全国人人夸"②；穆桂英、樊梨花等被塑造成机智英勇的治水英雄，但事实上却是水库女民工自身的状写。人们甚至认为对古人的苦心模仿，不足以显示女民工的"力量"，超越古人的想法被提出。"惠安人民一条心，妇人赛过穆桂英"③；"桂英木兰杨排风，难胜乌潭女民工"④ 等，便是此种心理的反映。为了更为直接地表现女民工的阳刚之力、侠女之风，有时人们也未必提及这些传说人物。如组诗《赞惠女》写道：

一、

惠安妇女斗志强，干劲冲天气昂昂，
披星戴月修水利，个个争取当英雄。

二、

旭日初升遍地红，惠安妇女逞英豪。
你运土来我打夯，劳动竞赛热烘烘。

三、

惠安妇女心如铁，为民除害修水利。
日夜施工不怕苦，巾帼英雄胜须眉。

---

① 《赛过穆桂英》，惠女水库诗歌，惠女水库纪念馆馆藏。
② 《跃进声中的妇女》，惠女水库诗歌，惠女水库纪念馆馆藏。
③ 《"惠女"颂》，惠女水库诗歌，惠女水库纪念馆馆藏。
④ 《惠安人民心一条》，惠女水库诗歌，惠女水库纪念馆馆藏。

四、

　　惠安妇女个个猛,保证水库早完成。
　　发挥智慧和才能,功臣阁上题芳名。①

另如,《侠女战洪水》更直接将此侠风自赋的心思挑明:"乌潭(惠女水库)出洪水,惠安万侠女。侠女战洪水,引水灌田地。"② 不管是否以穆桂英式的人物作为参照,时人都极力将"斗志强""气昂昂""英雄""逞英豪""心如铁""英雄胜须眉""猛"等"阳刚"之词用在女民工身上,赋予她们浓厚的男性气质。

　　其二,直接以男性比照对象。"忆昔日愚公移山,看今朝改造自然"③;"日葵开花是向阳,七排战士个个强。突飞猛进如火箭,勇敢气魄赛武松"④;"巾帼英雄,真不愧,惠安妇女。身手好,移山凿石,兴修水利。矫捷常教男子服,坚强不亚愚公志,且看她,干劲欲冲天,谁能比"⑤;"乌库潭中景色雅,乾坤改造夏禹倾"⑥;在这些诗作中,"愚公""松武""夏禹"等男性形象被作为惠女水库女民工的参照对象。时人甚至还仿项羽《垓下歌》喊出:"力拔鹦哥岭,气吞大罗溪。"⑦ 男性的力量和毅力成为女性摆脱阴柔气质的借力之道。由是,一些原本用以形容男性的词汇也被用在女性身上。最典型是"好汉"一词,如"推车好汉处处有,首推我连女车手"⑧;"妇女英雄汉,勤劳不怕难"⑨;

---

① 《赞惠女》,惠女水库诗歌,惠女水库纪念馆馆藏。
② 《侠女战洪水》,惠女水库诗歌,惠女水库纪念馆馆藏。
③ 《龙王献水》,惠女水库诗歌,惠女水库纪念馆馆藏。
④ 《咏七排》,惠女水库诗歌,惠女水库纪念馆馆藏。
⑤ 曾文法、蔡思成:《惠安县水利水电志》,惠安县水利电力局编,1992年,第229页。
⑥ 《天晓偶感》,载《乌潭简记》第25期,乌潭水库工程指挥部编印,1958年10月22日,惠女水库纪念馆馆藏。
⑦ 《对联》,惠女水库诗歌,惠女水库纪念馆馆藏。
⑧ 《推车女战士大显身手》,惠女水库诗歌,惠女水库纪念馆馆藏。
⑨ 《颂惠安妇女》,惠女水库诗歌,惠女水库纪念馆馆藏。

"英雄周围出好汉,整个工地满堂红"① 等。

不过,在时人看来,女性不止可以向男性靠齐,更可以超越男性。人们对女性气质男性化的期待,是希望经由此完全抹平两性的生理差异,从而实现男女平等。水库民工的一些诗作,如"妇女英雄林秀珍,万项工作胜男人,推上风车似火箭,一车堆上3600斤"②;"心坚有志事能成,自古困难啊怕群英,炸石岂输男子汉,开山应数女儿兵,女儿兵"③,表达的正是这种"巾帼不让须眉"的普遍心理。因此,每一次竞赛都成为实现这种理想的仪式。1959年1月,《惠安报》关于黄树慈五姐妹推车的报道反映了这种情形:

> 去年九月转为坝区涵洞清基,党发号召解放肩膀,实现车子化,五姐妹在中队领导下和其他男同志的支持帮助下学起推车,每天三颠两倒,伤手发泡,旁人暗暗嘲笑:"查某(女人)就是查某,月光怎能晒粟。"她们当耳边风,脑海里盘旋着:"男的能推,女的不能吗?"她们暗暗回答:"学给他们看吧!"④

1959年3月,《福建日报》上《乌潭降龙——记惠安妇女兴起"惠女水库"》将"巾帼胜须眉"进一步发挥:

> 水库工地上有许多妇女在打夯,打夯是一种较重的活,许多男人也不大会干,但在这个工地上有二百多个石头夯,每个重一百斤左右,绝大部分都是妇女掌握的。她们有八个人打一个夯,也有六个人打一个夯,打的地基既结实又平坦。有一次几个男民

---

① 《"惠女"颂》,惠女水库诗歌,惠女水库纪念馆馆藏。
② 《三大诗抄》,惠女水库诗歌,惠女水库纪念馆馆藏。
③ 《惠女锁蛟龙》,见《惠女锁蛟龙——福建省革命曲艺观摩演出会节选之三》,福建人民出版社1965年版,第7—8页。
④ 《五姐妹推车》,载《惠安报》,1959年1月6日。

工自己抓了一只夯,要同姑娘们竞赛,可是打不多久,这几位民工累得满头大汗,坚持不下,而姑娘们还是哼着歌子,若无其事地打着。①

1960年1月,《泉州日报》的《女飞车队长庄明燕》一文也称赞道:

在惠女水库工地上,有一支非常出色的"廿二姐妹"飞车队。她们曾经在同男民工的运土竞赛中,连续三次打败了对手。这个飞车队的队长,是一个华侨姑娘,共青团员庄明燕。②

1963年11月,《福建日报》的《万女锁蛟龙,旱年庆丰收》则直接驳斥"弱质女流"这一传统命题:

按照过去的旧习惯,女人是不能打石头的,更不要说开山了。当时需要有技术的打石工人三千多个,但是会打石头的男工只有八百多个。许多妇女要求拜男工为师。但男工不愿教,有的还说什么"月亮底下晒不干谷子,粪坑边上长不出灵芝"。妇女们听了这些风言风语,并不泄气,在短短的几个月内,就有二千七百多人学会了打石开山,其中有几十名妇女成了出色的爆破手。青年妇女吴银妹的丈夫是个打石工人。他听说吴银妹要学打石头,起初坚决反对,说这不是女人干的事,并叫他母亲带着一封信,到工地上劝阻。吴银妹当场问婆婆,当石工不好,你儿子为什么去学石工。婆婆说,他是男人,你是女人。吴银妹说,如今女人和男人一样,在劳动中是平等的。婆婆无法,只好让她学。后来她学会了,丈夫也改变了原来的看法,对她的学习精神很佩服。在吴银妹的带领下,六十个

---

① 林啸、顺兴、傅明:《乌潭降龙——记惠安妇女兴起"惠女水库"》,载《福建日报》,1959年3月7日。

② 《女飞车队长庄明燕》,载《泉州日报》,1960年1月20日。

青年妇女猛攻三舍山，炸掉了四万二千多方石头，打开了一里长的渠道，还用炸下来的石头砌成一道石堤。①

不过，应当看到的是，在彼时特殊历史情境中，"巾帼胜须眉"虽重于"胜"，却也是以男性为尺度对女性进行衡量的做法，存在两性平等重新滑向向男性看齐的危险。

综上所述，在惠安水库建设过程中，惠安女社会形象无论是外在还是内在，均经历了一系列仪式性重塑，形成一些新象征符号。惠安女的新形象，符合国家政治需求，成为国家力量主导下新女性形象塑造的典范。不过，诚如许多学者所指出的，这一时期中国的女性解放理想——从生理方面颠覆男性优势，建构起两性平等的新平台——存在一定的局限性，它将女性阳刚化、男性化，某种程度上也呈现再度以男性为中心的导向。惠安水库工程对于惠安女新形象的建构亦不可避免地带有这种时代的局限性。

第四节　舆论中的惠女水库

惠女水库塑造了新的惠安女形象，然而这一新的形象为社会所认知与接受，则需通过外界舆论实现。

一、惠女水库之舆论宣传

自开建至完工，对于惠女水库的报道和描述一直频繁出现于各种媒介之中。这些宣传媒介包括报刊报道、文艺作品、图像资料、碑刻铭文、官方表彰等。

---

① 《万女蛟龙　旱年庆丰收》，载《福建日报》，1963年11月22日。

惠安女：一个特殊女性群体社会形象变迁中的国家与乡村（20世纪30—90年代）

其一，报刊报道。惠女水库建设过程中，包括《人民日报》《福建日报》《泉州日报》《惠安报》等在内的各级政府机关报均对这一工程进行过大量追踪报道。这些报道除对惠女水库建设过程进行描绘外，亦有不少文章旨在彰显惠安女社会形象。如《人民日报》的《惠女水库的故事》《万女锁蛟龙：一万三千女民兵修建"惠女水库"的事迹》，《福建日报》的《乌潭降龙——记惠安妇女兴建"惠女水库"》《万女巧治乌潭水》《万女锁蛟龙，旱年庆丰收》《惠女颂》，《泉州日报》的《劈山造湖的巾帼英雄》《水的赞歌》，《惠安报》的《颂乌潭娘子军》《从大罗溪到烟墩山》，等等。①

其二，文艺作品。如由水库民工创作并保存至今的诗作有200多首。尽管它们的美学价值不足称道，却是水库民工自我解读、自我塑造的朴实之作，对研究水库建设的社会动员、建设过程及民工心理大有助益。在惠女水库建设期间，不少造访者也赋诗相贺，他们以观众的身份与水库的建设者们产生互动，并提供自己的解读视角。庄东贤的长诗《惠女水库放歌》便是其中较著名的一首，该诗1963年6月16日发表于《福建日报》，如今被镌刻在水库旁的一道长墙上，成为库区物质景观的一部分。② 戏剧与歌曲、纪实小说也是这类赞歌中的重要作品，前文已多有引述，此处不再赘言。

其三，图像资料。惠女水库纪念馆至今仍存有上百张反映水库建设过程的摄影作品，足可以看出这类宣传资料在当时被十分广泛地运用。

---

① 参见祝平：《惠女水库的故事》，载《人民日报》，1959年11月9日；周长宗：《万女锁蛟龙：一万三千女民兵修建"惠女水库"的事迹》，载《人民日报》，1960年4月27日；《乌潭降龙——记惠安妇女兴建"惠女水库"》，载《福建日报》，1959年3月7日；陈中群、林占起：《万女巧治乌潭水》，载《福建日报》，1959年12月28日；吉景芳、王顺兴：《万女锁蛟龙，旱年庆丰收》，载《福建日报》，1963年11月22日；《惠女颂》，载《福建日报》，1963年6月4日；《劈山造湖的巾帼英雄》，载《泉州日报》，1959年1月24日；王钦之：《水的赞歌》，载《泉州日报》，1963年12月3日；陈兴进：《颂乌潭娘子军》，载《惠安报》，1958年12月4日；《从大罗溪到烟墩山》，载《惠安报》，1959年12月18日。
② 庄东贤：《惠女水库放歌》，载《福建日报》，1963年6月16日。

第三章　水利建设与全面建设社会主义时期惠安女形象之重塑

前文所引之摄影师张水林刊登于《福建画报》的作品，使这类宣传资料更加富有艺术性，传播范围也更为广阔。①

图3.13　惠女水库放歌　　　　　图3.14　惠安治山治水纪念碑

其四，碑刻铭文。这类宣传资料以"惠安治山治水纪念碑"最为著名。该碑意在表彰全面建设社会主义时期惠安县最重要县政之一——"治理穷山恶水"运动之成绩。由于惠女水库为这一"治山治水"运动的重要工程，因而在碑文中占据一定的内容。

其五，官方表彰。值得注意的是，在惠女水库建设工程中，女工们的壮举引起了国家层面的注意。如，1960年水库大坝落成后，国家水利部、中华全国妇女联合会均发来贺电。水利部的贺电强调："惠女水库大坝胜利建成，是在各级党政正确领导下，全体职工英勇奋战的辉煌功绩，是广大妇女对社会主义建设的伟大贡献。"全国妇联的贺电明确指出："用'惠女'命名水库是党和人民对英雄的惠安妇女劳动功绩的最高奖赏，是惠安妇女的光荣，也是全国妇女的光荣。惠女水库已为我国妇女在水利建设上树立了一面光荣红旗，充分证明了在党的领导下，解放了的中国妇女什么也能干，什么也能干得好。"② 另据一些记载称，朱

---

① 张水林：《惠女锁蛟龙》，载《福建画报》，1959年12月18日。
② 曾文法、蔡思成：《惠安县水利水电志》，惠安县水利电力局编，1992年，第216—217页。

德、傅作义、康克清等亦对惠女水库"大加赞赏"。①

二、舆论中的国家—女性

需要讨论的是,在关于惠女水库的各种舆论宣传中,人们如何认知和建构这一时期的国家—女性关系?总体而言,这主要体现为两个方面。

一方面,将惠女水库看作新中国成立后惠安县政治变动中的一次重要事件。如1963年6月6日《福建日报》的《惠女颂》一文,在对水库进行总体介绍后,以"诉苦"的方式对传统惠安社会进行一番揭露。

> 自然方面:十年九旱、臭头山、缺粮县;社会方面:男人离乡别井,女人肩负繁重经济压力,反动"政权"、封建"族权""神权""陋规"等对民众产生极大压力。②

与此相反,新中国成立后,惠安社会发生翻天覆地的变化。

> 妇女解放,她们摆脱政治上的压迫变成国家的主人,并开始承担起社会建设的主要责任。……总路线的精神武装了惠安妇女,总路线的思想同惠安妇女、惠安人民改造自然的迫切愿望结合在一起。于是,在惠安广大劳动妇女中潜藏着的无尽智慧和力量便一起迸发出来了,她们创建惠女水库这个史无前例的英雄业绩的斗争就轰轰烈烈地展开了!③

庄东贤的《惠女水库放歌》则先以赞叹的口吻说明惠女水库对该县的作用,接着笔锋一转到大的历史时间脉络之中,哀伤地回顾了"旧社

---

① 庄笑娘主编:《惠安县妇联志》,惠安县妇女联合会,1993年,第54页。
② 《惠女颂》,载《福建日报》,1963年6月6日。
③ 《惠女颂》,载《福建日报》,1963年6月6日。

第三章 水利建设与全面建设社会主义时期惠安女形象之重塑

会"恶劣的自然环境下惠安女的悲惨命运:"多少身强体壮的男子汉,抛妻离子过南洋。多少世间的苦难呵,堆压在惠安女的身上。""在那吃人的社会"里,"多少我亲爱的姐妹,为了养活子女养爹娘,肩挑重担惨死在深坑"。"在惨无人道的婚姻桎梏下","多少我亲爱的姐妹""手拉着手葬身鱼腹"。但这一切随着中国共产党的到来而改变,"昔日的奴隶呵"变成"今天的主人"。20世纪50年代末,为了"创造更灿烂的明天,惠安妇女呵,无比坚强,把建设的重担勇敢挑起,把三面红旗高高擎起"。她们建水库、改荒山,"用一双移山倒海的巨手,树立了新生活的里程碑"。惠女水库则成为这个历史进程中的重要事件。作者满怀抒情地写道:"呵,我的故乡的水库,——我的姐妹们光辉的创举!"①

这两篇文章的基本时间线索都是:新中国成立前、新中国成立初、20世纪50年代末。在这条国家政治变动的线索中,国家—惠女—惠女水库之间的关系为:1949年以前,旧的国家、社会、家庭、自然环境压迫惠安女性;1949年以后,中国共产党解放了惠安女;20世纪50年代末,国家领导惠安女进行建设,惠安女也通过建设惠女水库展现对新社会的积极拥护。由此可见,人们谈论惠安女解放时,并非着重于女性权力的获取,而是社会环境的变动。时人认为,惠女受压迫的根源,是自然与社会制度而非男权,男性们同样命运多舛。因而,促使惠安女解放的主要任务,是战胜自然环境和求得社会环境的优化。新中国的成立,使女性从社会压迫中解放出来,建设惠女水库则是力图改造自然的表现,也顺理成章地成为惠安女解放的标志性事件。正如南曲说唱《惠女锁蛟龙》所言:

> 三座大山压惠安,天灾人祸频相连,青山竟变秃头岭,绿野全成赤土园。炎日当空呈酷旱,洪流泛地涌狂澜。男儿啊!挥泪他乡走,妻子在家受苦难。自从解放乌云散,红日当空照惠安。惠女翻

---

① 庄东贤:《惠女水库放歌》,载《福建日报》,1963年6月18日。

身多觉悟，一心跟党走在前。一九五八年，党委号召传，为保丰收开水库，万千惠女竞争先。①

其他舆论宣传，无论是来自官方还是民间，也都基本上循此思路展开。

客观而言，这种将女性问题置于一整套社会文化结构中进行理解的解读方式，是十分合理的。其局限之处仍在于简单地将政治目标的实现，误认为是女性解放、男女平等的完成，从而一定程度上忽略了女性主体的心理感受。

另一方面，尽管国家力量在惠女水库建设中起了主导性作用，大多数舆论宣传在诉及水库的建设时，"国家"角色往往又被"背景化""配角化"，人们更愿意凸显惠安女的劳动形象。庄东贤的《惠女颂》写道：

> 当然，惠女水库建设过程中，曾经得到国家在物质上和技术上的极大支援。这个支援是不可少的。对于人民群众在社会主义建设中的各种创举和英雄业绩，我们党和政府从来都是尽最大力量给以必要的物质支持和技术上的支援。但是，这里今天要大书特书的是在党领导下的惠安劳动妇女们向自然进军的雄心壮志和艰苦奋斗的革命精神，正是这种雄心壮志和革命干劲，才是改造自然的取之不尽的力量；也正是有了这种革命干劲，才使国家有限的物质和技术支援发挥了较大的效能。②

文章明确将叙述重点置于惠安女的劳动行为上，并申明国家力量的作用主要在"物质支持"和"技术支援"上。在1963年11月22日《福建日报》所刊的《万女锁蛟友　旱年庆丰收》一文中，国家力量也被"配

---

① 《惠女锁蛟龙》，见《惠女锁蛟龙——福建省革命曲艺观摩演出会节目选之三》，福建人民出版社1965年版，第2页。
② 《惠女颂》，载《福建日报》，1963年6月6日。

第三章　水利建设与全面建设社会主义时期惠安女形象之重塑

角化"，该文中描写国家力量之作用的文字仅有："惠安妇女一面劳动，一面愉快地唱着：'谁使惠女翻了身？谁救惠女出火坑？共产党毛主席，恩情如山比海深。没有东西报答您，只有一颗火热的心！'"① 1965 年的南曲说唱《惠女锁蛟龙》核心唱段，将大部分篇幅集中于惠安女的劳动情境上。与国家力量有关的文字仅有"一九五八年，党委号召传，为保丰收开水库，万千惠女竞争先""政治挂帅功夫好，思想领先技艺专"②等。1963 年，王钦之所作之《水的赞歌》也道："……勇敢的妇女是水利大军的主力，惠女水库的出现莫不使人惊奇！请翻开历史巨册，谁曾见过妇女创造这般光辉的奇迹？"③ 仍是"国家背景"与"赞美惠女"写作方式。

需要指出的是，尽管在各种舆论宣传中，国家角色被"背景化"，但它们意在凸显妇女参与国家建设的主体自觉，并由此将惠女水库建设描述为惠安女性解放进程中具有的典型意义的事件。因此，各种惠女水库舆论宣传表面上似乎弱化了国家的主导地位，而使得国家—女性的关系出现易位；其实不然，这些舆论宣传很敏锐地捕捉到国家性别政策发展的新趋势，即对女性劳动能力、女性政治参与热情的张扬。这些风向一致、立论相通的舆论宣传，其实是国家政治深刻影响社会舆论导向的结果。

小　结

新中国成立初期的一系列改造，使中国的女性解放运动逐渐深入。甚至可以认为，在彼时的历史环境下，女性生活已由以传统文化主导，转向以国家政治主导。正如英国学者迪莉娅·戴文所言，"政治性"主

---

① 《万女蛟龙　旱年庆丰收》，载《福建日报》，1963 年 11 月 22 日。
② 《惠女锁蛟龙》，见《惠女锁蛟龙——福建省革命曲艺观摩演出会节目选之三》，福建人民出版社 1965 年版，第 3—12 页。
③ 王钦之：《水的赞歌》，载《泉州日报》，1963 年 12 月 3 日。

惠安女：一个特殊女性群体社会形象变迁中的国家与乡村（20世纪30—90年代）

导了这一时期中国女性的发展。① 但到20世纪50年代末，这种政治主导模式已无法循常规的速度浸入女性生活之中。此后，这种发展模式产生了变奏，国家对社会运行规则进行了再次重构，建立了一系列新的体制，进一步增强了其"全能国家或总体性国家"（Taylor语）② 的角色。国家向社会的全面扩张，也再度改变了基层妇女的生活方式。在这一大的历史情境下，惠安女的思想、行为进一步受到国家力量的形塑，女性形象的国家化趋势走向巅峰，并创造了留存至今的象征符号。

惠女水库的诞生，最先是因为国家的水利建设运动，其民工以女性为主体，一方面缘于国家的社会动员，另一面也与当地的两性分工传统息息相关。但透过惠女水库的建设过程可以看出，其成为这一时期惠安女形象国家化臻于极致的标志，是借助一系列的仪式或类仪式的方式实现的。通过各种动员、竞赛、奖惩及其他日常生活中的仪式活动，惠女水库建设过程最终成为国家动员、领导女性进行经济建设，宣传"铁娘子"精神的典范。透过这些具体、可视的仪式化活动，国家将其社会性别政策下渗到每一个普通女民工身上，并以塑造新女性形象的方式实践和传播这些政策。

"重新回到公共的劳动中去"③ 是妇女解放的基础。从这个意义上说，惠安女参与到惠女水库建设中，一定程度上成为这一群体走向解放的标志。然而，回归到公共劳动空间中的女性如何发挥自身的能力求得解放？以男性为参照，在生理能力上寻求平等，抑或是发挥女性自身之特点，在承认差异的基础上进行努力？这也是惠女水库所彰显的妇女解放路径留给后人的深思之处。

---

① ［英］迪莉娅·戴文：《中国的发展模式及其对妇女的影响》，胡泳、范海燕译，见李小江、朱虹、董秀玉主编：《平等与发展：性别与中国》第二辑，生知·读书·新知三联书店1997年版，第1—7页。
② 转引自高丙中：《民间仪式与国家的在场》，见郭于华主编：《仪式与社会变迁》，社会科学文献出版社2000年版，第311页。
③ 《马克思恩格斯选集》第4卷，人民出版社1972年版，第70页。

第四章　文艺热与改革开放初期惠安女形象新变化

>……
>以古老部落的银饰
>约束柔软的腰肢
>幸福虽不可预期，但少女的梦
>蒲公英一般徐徐落在海面上
>……
>唤醒普遍的忧伤
>你把头巾一角轻轻咬在嘴里
>这样优美地站在海天之间
>……
>于是，在封面和插图中
>你成为风景，成为传奇。①

1981年，诗人舒婷创作了著名的《惠安女子》一诗。传统、神秘、美妙、悲情成为该诗模塑惠安女形象的主要基调。惠女水库工程建设所塑造的革命、开放、阳刚、乐观的惠安女精神气质顿然消失。在诗人的

---

① 舒婷:《惠安女子》，见舒婷:《致橡树》，江苏文艺出版社2003年版，第80页。

惠安女：一个特殊女性群体社会形象变迁中的国家与乡村（20世纪30—90年代）

感知中，惠安女形象时常成为"封面""插图"和"风景"。而在这些视觉媒介中，"古老的部落的银饰，约束柔软的腰肢"，奇特而质朴的服饰、海边渔女优美的身姿成为惠安女的主要标识。不过，穿透这一表象，惠安女所蕴含的"普遍的忧伤""把头巾一角轻轻咬在嘴里"的坚毅性格，更是诗人关怀的重点。

舒婷诗歌对惠安女形象的解读方式并非个案，纵观改革开放以后的相关史料，相似的描述并不少见。换言之，舒婷《惠安女子》一诗不是偶然之作，它代表社会建构惠安女形象的一种新趋向。本章将对改革开放初期①，文学艺术作品中的惠安女形象进行讨论，进而解读这一时期惠安女形象变化的深层原因。之所以选择以文艺作品作为研究对象，一是因这一时期社会各界对于惠安女形象的建构主要通过此种形式进行；二是因今日人们对于惠安女形象的宣传主要也是借助文艺形式开展，这与改革开放初期的这股文艺潮流息息相关。

第一节 改革开放初期的惠安女社会形象

1978年中国共产党第十一届三中全会以后，中国开始走上改革开放之路，整个社会迎来巨大转型，人们的价值观念也出现较大变化。受这一潮流冲击，在各种社会舆论，尤其是文学艺术作品中，惠安女形象再次出现转变。与此前30年急剧的国家化、政治化相比，改革开放初期，除了一些反映妇女解放的政治性叙述外，惠安女形象中传统、乡土的气息再次被高扬。但通过这些描述，人们并非意在猎奇，而是试图追索中

---

① 中国当代史学界通常将1978年中国共产党第十一届三中全会的召开至1992年邓小平视察南方和中国共产党第十四次全国代表大会的召开称为改革开放初期。关于中国当代史的分期问题，可参见朱佳木：《对中国当代史定义、分期、主线问题的再思考》，载《当代中国史研究》，2010年第1期。

国传统性别文化中与社会现代化发展趋势相契合的元素。

一、独特服饰的传统文化意蕴

改革开放初期，惠安女形象触动了文艺家们的创作灵感。他们纷至沓来，深入惠安乡村采风，并将惠安女形象变成诗歌、小说、散文、影视作品以及杂志的"封面""插图""风景"。1985年，惠安女干部刘银在一篇文章中描述道，惠安女"服饰鲜艳夺目，式样独特，往往是画家和摄影师们猎取的对象"①。1988年，惠安作家陆昭环出版的小说《双镯》，即以"北京来的风尘仆仆的摄影家"为秀姑、惠花两个小姑娘"照相"为小说之开场。作者感慨道，惠安"是一块艺术家刚发现的土地"。② 尽管陆氏的说法并不准确，20世纪80年代以来，惠安乡村曾迎来惠安女文艺热却是事实。1990年9月，《人民日报》一篇报道如是写道："她们与其他妇女的明显区别，是那一身具有浓厚地方色彩的优美服饰。长期以来，影视界、文艺界、新闻界，以及人类学家、社会学家、历史学家们对惠安女的服饰多有表现、介绍、论述以致争论，共同之点是惊呼'美得很'。"③

文艺家主要陶醉于惠安女④别具一格的服饰风貌，即所谓"封建头、民主肚、节约衫、浪费裤"。正如时人的词作所云："花布络青丝，竹笠遮风雨。节约衣衫露细腰，浪费宽肥裤。"⑤ 这种服饰风格主要有以下特点。

---

① 刘银：《惠安妇女今昔》，载《中国建设》，1985年第3期。
② 陆昭环：《双镯》，海峡文艺出版社1988年版，第2页。
③ 罗同松：《惠安女的脚步》，载《人民日报》，1990年9月2日。
④ 更确切地说是"惠东女"，奇特服饰只存在于惠安东部的崇武、小岞一带，惠安西部、南部、北部妇女的服饰与闽南其他地区妇女的服饰并无太大差异。
⑤ 张宗洽：《卜算子·题惠安女子画像》，见张宗洽：《宗洽自选词》，陕西省广播电视大学中华词学研究室编，1988年，第28页。

"封建头":她们的"头部常常被斗笠和头巾包裹得仅露出一张脸,因此被戏称'封建头'"。

"节约衣":"又名'截衫',既窄又紧,短得连肚脐也遮不住,使着装者的腰、脐、腹部暴露无遗。这种'截衫'的胸围、袖围收缩,紧贴着胸部和手臂;衣袖长度只到小臂的一半,而衣长更仅至脐部,衣沿则被做成大幅度的椭圆形,向外弯展至袖拢。"

"浪费裤":指的是"每只裤管宽度均有40—50厘米,是一般裤管宽度的一倍。"

另外,"银饰链"也是惠女服饰的重要组成部分,"惠女的手臂上所戴的银镯和腰间佩带的银链,它们是多数惠安女喜欢的饰品。出门时,她们要把折叠整齐的花手帕放于腰侧衬衫口袋内,并故意将一半露在外面,颇显地域风情"。[①]

前文已指出,民国以来惠安女服饰风格不断发生变化。"随着时代的变革,惠安女的服饰在保留传统习俗的基础上,又不断地把生活中的美集中起来,经过孕育和发展,不断升华。"[②]不过,与民国时期不同,改革开放初期,人们不再以"问题化"的眼光审视惠安女的奇特服饰,而更多以弘一法师所称的"世外桃园"之感赞叹和称颂这种着装风格。如一些学者认为,惠安女独特服饰源于"上古先民的文化遗存,经长期历史演变而成"。也有一些人与离奇的民间传说相联系,认为这种服饰乃是因宋代惠安"仙岛"(即小岞半岛)官员李文会强娶民女康小姐所致。当两人的大女儿出嫁时,"康小姐把女儿打扮成当年自己被逼婚时的惨状。这种打扮流传下来,成了今天……妇女的服饰"[③]。亦有人猜测

---

① 以上引自王新禧:《八闽奇葩——惠安女》,载《百科知识》,2006年第11期。关于惠安女服饰特点的详细描述,可参见《福建风物志》编写组:《福建风物志》,福建人民出版社1985年版,第287—289页。

② 罗同松:《惠安女的脚步》,载《人民日报》,1990年9月2日。

③ 刘银:《惠安妇女今昔》,载《中国建设》,1985年第3期。

道，惠安女是"边陲海疆的少数民族"①。这种"世外桃园"之慨在一些诗作中体现得最为明显。1986年，惠安文学刊物《䓤花》中有描写小岞妇女装束的诗作云："蓬门久已厌丝罗，素朴风存品亦高。为爱自家装束好，不隋流俗斗时髦"；"短裾窄袖美腰身，胜似天仙降世尘。妆点一般新意态，掩遮半脸怕窥人"②，将此意蕴淋漓尽致地表达出来。

文艺家在经历了猎奇之感之后，逐渐透过奇特服饰，深入"了解当地人的思想感情和风俗特点"；继而从"文化"而非"社会问题"角度，对特殊服饰所根连的惠安女内在形象进行解读。正如学者所言："惠安女的服饰形象至少蕴涵了两个特征：一是劳动的、健康的；二是风情的、浪漫的。它的形象中有着传统的精致服饰与粗犷服饰的劳动印迹，环境因素中海、风、石等交织而成的浪漫气息。"③改革开放初期，人们往往在惠安女服饰、惠安女形象中寻找阴柔的传统女性之美和天然、质朴的传统劳动者痕迹。

关于前者，作家李华章感慨道，惠安女"那肥大的'飘荡裤'和短小的'节约衫'叫人偷偷地欣赏和遐想：'飘荡裤'具有中国传统的古朴风味，却掩埋了南国少女迷人的线条美；而那露出肚脐的'节约衫'，带有多么明显的现代意识和格调。她们光着的那部分古铜色胴体，打上南国少女日晒海浴的印记"④。陈瑞统编写的电视宣传片《今日惠安女》，则强调惠安女的"爱美"之态。他认为，惠安女身上充分展现了人类爱美的天性，这显著体现在她们的服饰特征上。

  闪亮的黄斗笠，彩色的花头巾，头上的装饰物多姿多彩；文静而又腼腆的面庞，瓜子脸，柳叶眉，凌厉的海风也无法改变她们光

---

① 陈瑞统：《今日惠安女》，见《今日惠安女 电视片脚本初稿》，泉州市对外文化交流协会，1987年，第3页。
② 守青：《小岞妇女风俗录》，载《䓤花》，惠安县文化馆编，1986年。
③ 王耀伟：《对惠安女艺术形象的思考》，载《福建艺术》，2006年第6期。
④ 李华章：《桃花鱼赋》，西南交通大学出版社1990年版，第23页。

惠安女：一个特殊女性群体社会形象变迁中的国家与乡村（20世纪30—90年代）

洁娇嫩的脸颊。虽然还不习惯用口红珍珠霜美容，却爱对着明镜窥视心灵的秘密。她们随身携带着小圆镜和角梳子，在紧张的劳动之余，总爱对镜梳理一番。①

尽管文艺家依旧随处可见曾令人赞叹不已的"惠安女扛石头"景象，他们并未进行扁平化的男女平等叙述。作家林祁的诗作便对"惠安女扛石头"景象有一番描述："从花岗岩一般古老的时光走来，沉石压肩，特制的短实襟，偏裸露娇柔的身姿。"但林氏没有循此认为这是惠安女阳刚化气质的彰显，也没有认为这是一种男女平等之道。林氏主要表达了对女性主体的关怀，其诗写道："腰饰银晃晃，炫耀那则禁锢女性的传说。"② 创作了画作《小岞岛的妇女们》的汪彤，在惠安采集素材时也亲眼见识了惠安女的劳动能力。其文记述道："无疑她们是强壮有力的，她们挑石头，筑大港，能够一天从早挑到晚，一个人单独拉一板车石头。"但汪彤也注意到，惠安女对于"美"的执着追求。她写道，她们"喜欢在服饰装束上施展灵心巧手，从中得到美感的满足"，这表现在惠安女对头饰的注重，喜欢对着镜子整理容貌等上面。③

对于后者的评论则更多。如有论者指出："不少影视文学把镜头对准她们的黄斗笠、花头巾、紧短衫、宽松裤和银腰带，渲染她们的婚姻悲剧和奇风异俗。在许多人眼里，'封建头，民主肚，节约衫，浪费裤'成了惠安女的写真。"④然而，在文艺家看来，"奇妙的服饰并不足以代表50万惠安女。代表惠安女的应是比服饰远为本质的东西，那就是她们勤劳、朴素、贤慧的传统美德"⑤。一些论者甚至认为，惠安"妇女的

---

① 陈瑞统：《今日惠安女》，见《今日惠安女 电视片脚本初稿》，泉州市对外文化交流协会，1987年，第3页。
② 林祁：《惠安女》，见林祁：《情结》，湖南文艺出版社1990年版，第115—116页。
③ 汪彤：《〈小岞岛的妇女们〉的创作体会》，载《新美术》，1982年第2期。
④ 石玉生、巫奕龙：《今日惠安女》，载《瞭望周刊》，1990年11期。
⑤ 石玉生、巫奕龙：《今日惠安女》，载《瞭望周刊》，1990年11期。

勤劳贤惠"是中国劳动人民的典型代表,她们"在本质上具有中国劳动人民朴实、勤劳、憨厚的典型性"①。不难看出,尽管文艺家仍透过服饰以"劳动"定义惠安女,并指出从惠安女"参加劳动来看,可以说达到了妇女解放的标志"②,但与此前人们对于劳动的政治性色彩的强调有较大差别。20世纪五六十年代与政治结合的"劳动"语境已被转换,取而代之的是文化的欣赏和风土的描述。

二、悲剧命运文化解读的新倾向

"在远离你的地方想象,你咬着头巾听那笛声,踝足淌过咸涩的海水,想象那位诗人搁下笔,垂着深深的忧伤。"③ 1989年1月,《人民日报》发表了周所同的《惠安女子》一诗,不难发现作者提起惠安女时,心里充满了许多悲伤之慨。正如前述,惠安女有着浓厚的悲剧史。实际上,她们的长住娘家与集体自杀现象在改革开放初期依然残存。文艺家深入惠安乡间时,自然能亲眼所见、新耳所闻这些现象,并进一步将它们置入文艺作品中。舒婷的《惠安女子》也是如此,诗人一方面着迷于惠安女奇特的服饰、浪漫的风情,另一方面又深情地怜悯她们的悲剧命运。

舒婷诗歌的这种叙述方式,同样反映在其他文艺作品中。惠安作家陆昭环的小说《双镯》,描述了惠安乡间的特殊性别文化。这部中篇小说以改革开放初期惠安女生活中残存的姊妹社群、长住娘家、集体自杀等为叙事线索。从中可以感受到,姊妹社群对惠安女日常生活的深刻影响。这类社群中甚至存在令人称奇的同性恋爱现象。正因如此,姊妹社群的崩溃——如有人因生育子女不得不与丈夫同居——也会使其他妇女产生悲观绝望情绪进而采取自杀行为。从小说所揭示的情况看,长住娘

---

① 汪彤:《〈小岞岛的妇女们〉的创作体会》,载《新美术》,1982年第2期。
② 汪彤:《〈小岞岛的妇女们〉的创作体会》,载《新美术》,1982年第2期。
③ 周所同:《惠安女子》,载《人民日报》,1989年1月20日。

惠安女：一个特殊女性群体社会形象变迁中的国家与乡村（20世纪30—90年代）

家给许多妇女带来了困惑，但也有不少妇女——如小说主人公惠花——以之为逃避婚姻的策略，尤其是那些婚姻对象并不理想或对于夫家生活绝无好感之人更是如此。此外，惠安女参与集体自杀，亦有自愿与被迫并存的现象，这在小说中也有明显表现。如主人公秀姑说道："姐妹仔，生同生，死同死，你勿误我，我勿误你。"这类山盟海誓某种程度影响着惠安女的生命观念。① 小说对于惠安女悲剧史的揭示，以及对这些怪异风俗之态度，无疑相对灵活、自由。因此，《双镯》发表之后，社会反应褒贬并存。② 不过，这一时期地方政府所创作的惠安女文艺宣传作品，亦无法绕过对她们悲剧史的说明。陈瑞统的《今日惠安女》提到惠安女的"童婚"及集体自杀现象，并以严厉的批判口吻写道："惠安女确实有过一面沉重苦难的历史。数千年封建社会的黑暗统治，把贫穷、愚昧、落后带给这一片浸透血泪的土地；由于封建专制的长期禁锢束缚，尤其是吃人的封建礼教的严酷摧残，酿成了惠安女充满悲剧色彩的不幸命运。"③

改革开放初期，对于惠安女悲剧史的关注，影响最大的文艺作品当属电影《寡妇村》。该片拍摄于1989年，系根据电影文学剧本《寡妇村的节日》改编而成，由王进执导，珠江电影制片公司和香港银都机构有限公司联合摄制。影片讲述了东南海岬边一个渔村中，三对年轻夫妻因受长住娘家习俗约束而出现不同命运的故事。从剧中女性的着装可以看出，《寡妇村》明显取材于惠安。而影片之所以以"寡妇村"为名，实有三层意涵：一是该村多年前曾因成年男性出海遇台风全部死难，留下许多孤儿寡母，故称"寡妇村"；二是该村年轻女性普遍受长住娘家束缚，婚后无法与丈夫同居，过着"守活寡"的生活；三是新中国成立前

---

① 参见陆昭环：《双镯》，海峡文艺出版社1988年版。该书后被改编为同名电影，于1989年在香港上映。
② 参见陆昭环：《寻梦·红叶6 挂职实录》，海峡文艺出版社1996年版，第2页。
③ 陈瑞统：《今日惠安女》，见《今日惠安女 电视片脚本初稿》，泉州市对外文化交流协会，1987年，第3页。

第四章 文艺热与改革开放初期惠安女形象新变化

夕,该村又因全部男丁被国民党军队"抓壮丁",从此杳无音讯,再次成为"寡妇村"。《寡妇村》深入描述了惠安女的悲剧史。或许,就"寡妇村"的第一层意涵而言,影片的描述显得过于极端。但惠安东部渔村的男性因出海谋生遭遇种种灾难无法生还,留下家中孤寡的现象并不少见。就"寡妇村"的第二层意涵言之,很显然,无论妇女自愿或被迫长住娘家,她们中的许多人实际上过着"活寡"生活。"寡妇村"的第三层意涵亦非无中生有。如20世纪50年代初,惠安东部的崇武大岞村便有青年渔民100多人,因国民党败退台湾过程中大抓壮丁而抛妻弃子,背井离乡,流离台湾。台北基隆港的大岞新村便由此形成。①

《寡妇村》公映引起巨大反响,不过其广泛的影响力可能主要来源于该片"儿童不宜"的宣传噱头,这是改革开放之后中国电影界的首次。尽管褒贬不一,《寡妇村》很快便成为当年中国电影票房收入较高的影片之一,在许多城市观者如潮。据称,远在东北的哈尔滨市,便有几十家电影院先后上映该片,有几家电影院"无论日场夜场,场场爆满,甚至有的电影院还加设了分场加卖空座票和站票"②。由此,《寡妇村》也成为改革开放初期各地民众认知惠安女的最重要文艺媒介。

改革开放初期,各种文艺作品对惠安女悲剧史的描述,大多沿用了既有的妇女翻身解放的叙事模式。只不过,人们更着重于1978年之后惠安女如何在改革开放之中获得解放。如针对惠安女的苦难史,陈瑞统在《今日惠安女》中写道:"值得庆幸的是,噩梦醒来是黎明,阳光驱

---

① 陈国强、石奕龙主编:《崇武大岞村调查》,福建教育出版社1990年版。需要说明的是,《寡妇村》一片中所展示的因国民党败军大肆抓壮丁而出现的"寡妇村"现象,并不仅惠安有之。在闽南,最为著名的"寡妇村"乃漳州东山县铜钵村。1950年春,该村被国民党败军洗劫,掳走17—55岁成年男丁147人,加上自愿从军者6人,一共153人。这些男丁中有91人已婚,因而此次事件共留下91名寡妇,致使该村成为"寡妇村"。(参见孙用奇、许九编著:《寡妇村》,九州图书出版社1998年版,第8—9页。)因而,有人认为,1989年摄拍之《寡妇村》有取材东山县铜钵村之处。(参见林长华:《"寡妇村"悲欢录》,载《中国民兵》,1991年第1期。)

② 赵辉:《"〈寡妇村〉现象"小析》,载《电影评介》,1985年第5期。

惠安女：一个特殊女性群体社会形象变迁中的国家与乡村（20世纪30—90年代）

散了阴霾，这种令人心酸的历史悲剧已成陈迹。"他强调，1949年新中国成立，特别是1978年改革开放以后，随着各级政府"树新风、破陋习"宣传和运动的开展，"惠安女认识到自己不再是封建的奴隶，而是新时代的主人"。① 再如，导演苏克希望以惠安女如何在"在改革的春风觉醒"为目标，展开电视剧《惠安女》的创作。虽然苏克并不想将焦点放在惠安女的悲剧史上，但悲剧史并没有离开该剧。苏克指出，该剧集中对惠安女现代生活进行展现，希望以此让观众"为她们上百年来被封建思想所束缚、所压抑的命运洒下一掬同情之泪。更为她们在改革的春风中的觉醒与反抗报之以欣慰和支持"②。不难发现，翻身解放的叙事模式闪烁其中。

翻身解放的叙事并非彼时文艺作品反映惠安女悲剧史的唯一模式，更多维的认知亦开始呈现出来。其中，文化人类学式的叙事倾向十分明显。仍以电影《寡妇村》为例。导演曾声称该片为"民俗片"。不过，评论界却存在一些分歧。一些评论者也强调，该片是在"在传统的现实主义基础上，嵌入文化人类学的视角"，并且它反映的不只是一个小地区的风俗习惯，而是"对完整的人的本体存在，从意识表层到无意识表层，作了一次很有深度感和银幕感的审美观照"。

> 也许，这个渔村的奇特的婚俗，不光在现代的人类生活，而且在民族生活中，也是一个罕见的特例。或者像影片描绘的，这种陋俗在解放后已经铲除了。但是，对生命意识的压制性理性文化观念，还在程度不同地以各种变形渗透在我们民族生活的各个领域中，这就需要我们通过这个特例，并超越这个特例去进行反思。③

---

① 陈瑞统：《今日惠安女》，见《今日惠安女 电视片脚本初稿》，泉州市对外文化交流协会，1987年，第3页。
② 苏克：《在改革的春风中觉醒》，见辛述威编：《电视剧的实践之路》，山东文艺出版社1990年版，第321—322页。
③ 黎奋：《青归柳色新——影片〈寡妇村〉浅析》，载《当代电影》，1989年第4期。

第四章 文艺热与改革开放初期惠安女形象新变化

但也有论者认为，电影《寡妇村》以"封建与反封建"为创作主旨，是对电影文学原作《寡妇村的节日》的误解。因为惠安女的长住娘家习俗，本身并非产生于封建社会，更何况这一习俗的某些规定，如夫妇分居期间仍可各自过自由恋爱生活①，与封建社会的"夫权体制"相背离。论者认为，长住娘家习俗的产生与维持，有其复杂社会原因。对于惠安女社会风俗的认知，应当保持文化人类学的视角，对这一习俗进行深入观察、理解和体会。② 不论何种看法，"文化人类学"显然成为评论者共同认为的表现惠安女特殊文化的重要途径。惠安作家陆昭环的小说《双镯》也表现了某种文化人类学的倾向，这部小说并未用沿用"封建与反封建"或者"阶级解放"的叙事传统，而是以一对姊妹花为个案描述惠安长住娘家妇女的生活与情感。此外，刘清河 1989 年在《民间文学》上发表的《一个惠安女的悲喜剧》亦以一对年轻夫妇为个案，描述惠安女美英如何在小姑子的巧妙安排下与丈夫实现同居的故事。该短篇小说虽然也触及了社会对于夫妇正常同居的阻碍（小说中以婆婆为代表），但在作者看来这并非无法逾越的鸿沟。③

显然，人类学家的学术探索对这种文化认知的发展颇有影响。如林惠祥先生 1962 年发表的《论长住娘家风俗的起源及母系制到父系制的过渡》所提出的核心观点，即惠安长住娘家风俗乃原始时代母系社会向父系社会过渡的文化"残留"，在许多文艺家的作品中都有体现。④ 此外，一些学

---

① 这种情况在惠安地区很少发现，但在其他地区的"不落夫家"妇女中却有一定的存在。
② 以上参见个个：《〈寡妇村〉影片与剧作有根本性差异——与〈寡妇村〉导演商榷》，载《电影评介》，1989 年第 8 期；陈立洲、王雁：《影片〈寡妇村〉与原作径庭》，载《电影艺术》，1989 年第 7 期。
③ 刘清河：《一个惠安女的悲喜剧》，载《民间文学》，1989 年第 7 期。该文被《新华文摘》1989 年第 9 期转载。
④ 参见个个：《〈寡妇村〉影片与剧作有根本性差异——与〈寡妇村〉导演商榷》，载《电影评介》，1989 年第 8 期；陈立洲、王雁：《影片〈寡妇村〉与原作径庭》，载《电影艺术》，1989 年第 7 期。

者所提出的惠安女族属问题,亦在文艺界广为流行。① 文化人类学认知模式从学术界扩散到文艺界,实际上是改革开放初期学术文化发展,并深入影响和推动社会认知的一个缩影。它使人们可以在更多维的视野中讨论惠安女特殊文化现象。

三、劳作身影的改革文化象征

改革开放初期,惠安女的"劳动"问题并不仅仅作为奇特服饰问题的附带性议题,也时常成为文艺家探讨惠安女,建构惠安女形象的主要元素。正如一篇抒情短文所言:"惠安女从来就是生产的主力军,不仅耕作、制盐、渔猎,样样是能手,而且一有空闲,就外出承包建筑,用她们美好的心灵、灵巧的双手,建造起一幢幢房舍,开发着一座座乐园……"人们对于惠安女所拥有的劳动精神、劳动能力和在惠安社会生产中的作用充满肯定和称赞。论者感慨道:"啊,惠安女!美丽、善良、勤劳、勇敢的惠安女!八闽山水的精灵!中华民族的秀杰!"② 不过,总体而言,文艺家大多描绘的是惠安女在传统的农业、渔业和家务领域的劳动能力。

尽管如此,随着时代变迁,人们也试图将这种传统的劳动者形象与改革开放时代潮流联系起来。1993年3月,《人民日报》发表的叶文玲《梦中的海湾》一文便写道:"而当我着魔般痴立街角,看着蓝衣黑裤银练束腰的惠安女,或拖拉又大又沉的运石车,或轻骑铃声急脆的自行车,英武非常地穿梭渔港大道,翩若惊鸿地飞驰在镇上最繁华的'台湾新街'时,我终于深识了她们体魄与精神的灵异:惠安女艳如山花的容

---

① 参见陈瑞统:《今日惠安女》,见《今日惠安女 电视片脚本初稿》,泉州市对外文化交流协会,1987年,第3页。
② 闻毅:《啊,惠安女》,见闻毅:《太行情·烟霞梦》,天津人民出版社1994年版,第205页。

第四章 文艺热与改革开放初期惠安女形象新变化

貌和娇俏如燕的身影,是开放的春风盈盈吹拂,更是辛勤劳作的俊美创造!"① 尽管文中描述的劳动影像并不新奇,但叶仍然用改革开放的思维审视惠安妇的劳动场景。

实际上,随着改革开放不断深入,惠安女也渐渐走出传统的劳作领域,参加到各种工商业领域中。一些纪实性文艺作品敏锐地注意到这种变化,并开始有意识地赋予惠安女"劳动"形象新的文化意涵。陈瑞统在电视宣传片《今日惠安女》脚本中写道:

> 在(惠安)净峰山下,崇武海湾,在泉州古城,洛阳江边,在厦门、深圳、珠海经济特区,到处都留下惠安女辛勤创业的足迹,到处都可以看到她们英姿焕发的身影!……虽然她们的文化水平还不高,见识也不广,可是当你看到她们以一双灵活的巧手,在坚硬粗糙的岩石上雕刻出各种精美玲珑、生动传神的工艺品,谁又能对她们的智慧和才能产生怀疑呢?②

黄维中1989年1月发表于《人民日报》的《今日"惠安女"》写道:"在富民政策的指引下,惠安妇女在各行各业中,以生力军的姿态登上大规模商品经济的舞台。""在商品竞争海洋中,一大批经济女能人、女企业家在侨乡脱颖而出。"黄维中采访了"惠东半岛和惠北、惠南等地",他发现惠安女已大量加入各类企业中,在刺绣、制鞋、石雕等工业中发挥其勤劳之精神和劳动能力,"开通了致富路"。③

不少论者更明确地提出,随着改革开放深入,惠安女的劳动已由传统田园劳动转变为商品经济条件下的现代劳动。1990年9月,罗同松

---

① 叶文玲:《梦中的海湾》,载《人民日报》,1993年3月4日。
② 陈瑞统:《今日惠安女》,见《今日惠安女 电视片脚本初稿》,泉州市对外文化交流协会,1987年,第3页。
③ 黄维中:《今日"惠安女"》,载《人民日报》,1989年1月22日。

惠安女：一个特殊女性群体社会形象变迁中的国家与乡村（20 世纪 30—90 年代）

在《人民日报》发表的《惠安女的脚步》写道，惠安女已"从田地走向更为广阔的外部世界，登上了商品经济的舞台"。罗同松特别注意到，惠安已出现不少女企业家，"她们都是从田地里走出来的"。① 同年，《瞭望周刊》发表的《今日惠安女》也提出了惠安女劳动形象的意涵之变：

> 在改革开放之风劲吹的今天，惠安女走出家门，走出田头，在大千世界里闯荡，在各行各业中大显身手……今天惠安女已不满足于日出而作、日落而息、面朝黄土北朝天的简单劳动了。她们学科学，用科学，因地制宜，大搞开发性生产，一大批出类拔萃的种植、养殖女能人脱颖而出。她们向瘠田要高产，向荒山要林果，向滩涂要海味，用惠安女特有的勤劳智慧，大念'山海经'，使 928 平方公里的惠安大地充满了勃勃生机。②

此外，也是在该年，《现代中国》杂志上一篇题为《惠女新姿》写道："过去，惠安女一天到晚，不是下田拿锄，就是围转锅台。可是近几年来，全县已有十几万妇女走出家门，参加商品生产，其中五百四十多名妇女当上了厂长、经理、车间主任和技术员。"③

由此可见，尽管不少文艺作品仍醉心于将惠安女塑造为传统劳动者之典范，她们的劳作身影已逐渐融入改革开放的大背景之中，惠安女参与商品经济的创业精神也开始引起人们对于女性在改革开放中的贡献的思索。在迄今为止的许多文本之中，惠安女的新劳动形象与其传统悲剧形象往往构成一组对照，从而使得社会舆论中所建构的惠安女形象更为丰富多彩。

---

① 罗同松：《惠安女的脚步》，载《人民日报》，1990 年 9 月 2 日。
② 石玉生、巫奕龙：《今日惠安女》，载《瞭望周刊》，1990 年第 11 期。
③ 孙山：《惠安女新姿》，载《现代中国》，1990 年第 9 期。

第二节　改革开放与惠安社会
性别文化之变迁

改革开放初期,由奇特服饰、悲剧传统、现代劳动所构成的惠安女社会形象被人们所广泛关注,并作为重要的中国女性符号流行于各类公共媒介。但这种变化并非单纯的文化兴趣转向,更是社会运行中各种力量,特别是各种性别文化力量此消彼长的指示。

一、传统性别文化的回潮与困扰

1978年以后,中国社会进入转型时期,市场经济逐步取代计划经济成为社会主要经济体制,中国经济采取更多灵活多变的方式以符合实际发展的需要。对外开放局面的打开,更加速了这一趋势。在农村,土地联产承包责任的确定正是这种政策灵活性的体现,农民依法承包取得经营权的土地极大鼓励了他们的生产积极性。

经济的发展带来了文化观念的转变,文化多样化成为社会发展的主流形势。在此情境下,传统文化出现大规模回潮的情景:宗族文化的重建;宗教场所、仪式的复兴;传统习俗也被人们重新拾起;等等。作为惠安女特殊文化的标志,惠女服饰开始被人们重新挖掘,长住娘家也开始被人们审视,惠女社会形象的内容也发生了嬗变。

传统文化的回潮,看似与改革开放以后的社会发展趋向相悖,但却有其必然性。1949年新中国的成立,并非一次传统意义的政权更替,而是以一种新的政体代替旧的政体,以一种新的意识形态取代旧的意识形态。为了确立这一新秩序,新中国成立初期曾一度采取批判性的态度对待传统秩序,以及这种秩序所依赖的社会文化基础。举凡宗族力量、宗教活动、寺庙神龛、传统习俗等传统文化的物质符号、仪式行为、组织

惠安女：一个特殊女性群体社会形象变迁中的国家与乡村（20世纪30—90年代）

机构纷纷被打倒和取缔。新中国成立初期，通过政治、经济、文化、立法等措施，对传统社会性别制度的解构，正是这种政治潮流发展的体现。但不难发现，政治上的努力只是使传统文化元素暂时地收缩到社会边缘地带，却未能从人们的心灵上将之消除。这体现在惠安一域的社会性别制度变迁上，便是新的秩序不断建立，旧的文化仍在基层社会中悄悄保留下来，新旧杂陈成为一种常态。

不过，改革开放初期，传统文化的回潮存在较为驳杂的景象。精华的保存固然令人欣喜，但糟粕的混入也无法避免。当人沉醉于惠安女奇特的服饰、古老的风俗、浪漫的风情时，一些不合理的性别文化现象也沉渣泛起。在惠安，最为严重的便是早婚的继续流行。据统计，1981—1984年，惠安东部的净峰乡"十四周岁以下结婚的一百七十七对"[①]。1985年4月，对惠安东部小岞乡所属之新桥、前海，净峰乡所属之城前、墩中四个村的调查发现：4个乡村法定婚龄以下订婚的达3355人，占该年龄段总人数的62.3%；已结婚1347人，占该年龄段总人数的25%。其中，已订婚人员中，10周岁以下的有1795人；已结婚人员中，15周岁以下183人。[②] 1989年，惠安"惠东中学初一年级的一个班级里，四十七名学生中百分之九十以上已经订婚，其中三人完婚"[③]。早婚使妇女备受其害。

改革开放初期，惠安女存在的问题不止于此。妇女集体自杀也依然令人痛心疾首。如1987年春，惠安崇武镇港乾村出现四少女集体自杀事件[④]；1990年2月5日东岭镇又发生五女集体自杀事件[⑤]。1990年代

---

① 参见陈国华：《惠安女的奥秘》，中国文联出版社1999年版，第92页。
② 《惠安县童婚、早婚和轻生自杀情况的汇报》，载《惠安快讯》第15期（增刊），1986年7月3日，转引自张国琳编：《中国传奇惠安女》上册，海峡文艺出版社2015年版，第124页。
③ 参见陈国华：《惠安女的奥秘》，中国文联出版社1999年版，第92页。
④ 陆昭环：《文事风尘录》，天马出版有限公司1996年版，第278页。
⑤ 陆昭环：《寻梦·红叶》，海峡文艺出版社1996年版，第356页。

第四章 文艺热与改革开放初期惠安女形象新变化

中期以后,惠安妇女集体自杀现象才基本停息,并逐渐淡出人们的视野。① 据一份内部报告指出,"一九八三年至一九八五年惠安县发生自杀事件一千五百余起,其中一九八四年发生的八百零三起中,女性达六百起"②。

惠安的这些社会性别问题因何而起?其中自有其社会原因。如惠安东部地区许多男性因长期出海,"走船讨海三分命",风险较大,因而不少父母为了却人生之愿,早早为子女选定对象或择期完婚。这造成童婚、早婚现象严重。但在很大程度上,早婚的流行与传统陋习的回潮紧密关联。如由于改革开放初期"生产的不断发展和各种劳务收入的不断增加,有钱人刮起高订金、高聘金。高档'嫁妆'和大摆宴席、大讲阔气之风,一对婚嫁的聘金由过去的二三百元发展到几千元"。这使得惠安的社会心理备受影响。由于"怕'涨价',于是大家争着为儿子结婚"。③

惠安县的社会性别问题引发社会各界关注,批评之声源源不断,中央及地方政府亦深感忧虑。据称,1986年5月,《法律与生活》杂志曾刊登内参文章《惠安妇女自杀现象严重应引起全社会高度重视》一文,引发中央高层及福建省主要领导重视。④ 为此,惠安地方政府不得不采

---

① 其实,20世纪80年代,存在妇女集体自杀风潮的不只是惠安一县。1980年代至1990年代初,正当人们为惠安妇女集体自杀现象讶异不已之时,江西抚州地区接续发生了多起乡村妇女集体自杀事件。据载,其始作俑者集体自杀于1983年清明节,此后愈演愈烈,蔓延成风。1983至1990年间,抚州各县共发生此类事件12起,参与者53人。实际上,江西抚州地区的这些集体自杀现象,与惠安女的集体自杀原因基本相似。传统性别文化对乡村社会的持续影响是其根本原因。参见共青团抚州地委:《女青年结伴投水自杀透视及对策》,载《青年探索》,1990年第1期;侯建刚:《绝缘——江西农村女青年集体自杀纪实》,载《中国妇女报》,1988年10月14日。
② 资料原载中共惠安县办公室编:《惠安快讯》第12期(增刊),1986年6月4日,转引自张国琳编:《中国传奇惠安女》上册,海峡文艺出版社2015年版,第115页。
③ 资料原载中共惠安县办公室编:《惠安快讯》第12期(增刊),1986年6月4日,转引自张国琳编:《中国传奇惠安女》上册,海峡文艺出版社2015年版,第115页。
④ 转引自张国琳编:《中国传奇惠安女》上册,海峡文艺出版社2015年版,第116—117页。

取措施予以制止。1986年,在中共福建省委的督促下,惠安县提出了"解决封建陋习,扭转社会风气"的计划。其中,针对早婚、童婚的具体做法是:(1)深入调查,做到心中有数;(2)成立相应的机构,组织工作组,召开各种会议,制定治理方案,领导、组织治理工作;(3)运用各种形式,如会议、标语、幻灯、广播、墙报、小学生宣传队等,深入乡村进行宣传;(4)建立岗位责任制,实行包宣传、包摸底、包汇报、包制止、包处理"五包干";(5)行政干预与经济处罚相结合。针对自杀则采取了正面宣传教育、普及农村文化、健全民事调解组织、争创文明村镇和五好家庭、开展扶贫、宣传和普及抢救知识、做好思想疏导和教育工作、派宣传队等办法。①

不过,以早婚、童婚等为表象,以自杀风气为恶果的不合理的传统社会性别文化的回归,更深刻的意义在于,它提醒人们,"随着新中国的成立和社会主义制度的确立,妇女解放任务已经完成,男女平等目标已经实现"②的论断过于乐观。改革开放之后,国家力量虽不可能如此前一般事无巨细地介入乡村社会,但如何转换思路,协调好与乡村社会的关系,解决乡村中的妇女问题、两性关系问题,仍然十分重要且影响深远。

二、新的经济、文化生活方式的出现

改革开放初期,随着政治形势变化,惠安社会在性别关系领域既有问题回潮的一面,也有正向发展的一面。由于社会经济和文化模式出现转变,惠安女生活日趋现代化,思想也逐渐开通,从而使她们开始在国家行政力量之外,获得摆脱其悲剧史的另一条重要途径。

---

① 《惠安县童婚、早婚和轻生自杀情况的汇报》,载《惠安快讯》第15期(增刊),1986年7月3日,转引自张国琳编:《中国传奇惠安女》上册,海峡文艺出版社2015年版,第126—128页。
② 杨凤:《当代中国女性发展研究》,人民出版社2007年版,第92页。

第四章 文艺热与改革开放初期惠安女形象新变化

经济模式的变化使惠安女生计方式开始迥异于她们的祖祖辈辈。改革开放初期,"以阶级斗争为纲"被彻底否定,实行以经济建设为中心、改革开放的政策。这对于中国乡村民众的生计模式形成了巨大的重塑性力量。国家不再将乡村民众完全动员到农业生产之上。随着商品经济受到高度重视,以及工业化进一步发展,大量农村劳动力向第二、第三产业转移,农业不再是他们唯一的希望。作为沿海县份,惠安较早感受到这种潮流的冲击。

此后,一些富有开创精神的惠安女开始走上创业之路。"她们充分发挥吃苦耐劳的当家本领,兴办创汇乡镇企业、创汇农业;在来料加工、劳动出口等领域大显身手;她们是石雕、玉雕、金木雕、石板材、针织、制鞋、抽纱、玩具、文化用品等创汇产品生产的生力军。"① 1988年,惠安县"乡镇企业总产值2.3亿元、出口创汇2256万元,其中妇女创造的产值1.5亿元,创汇1368万元。不仅如此,全县还有一万多个妇女到深圳、珠海、厦门等地从事建筑行业和承包工程"②。一些妇女成为乡镇企业的"小老板"。如在1979年底改革开放刚刚开启时,惠安南部东园乡锦丰村的黄秀玉便办起了"家庭鞋厂"。1986年,她到新加坡探亲,利用机会向当地学习制鞋技术,"带回两大提包款式各异的样鞋"。"凭着多年悉心钻研鞋样的丰富经验,她……试制成功了新颖独特的'春秋鞋'。"这款鞋在1987年全国北戴河展销会上赢得好评,顾客竞相订货。同年10月,在全国鞋帽专业会议上,黄秀玉又与顾客签订60万双的购销合同。再如,不少妇女开始投身石雕业,这一惠安的著名产业。20世纪80年代后期,在石雕领域成就较大的,主要有崇武镇五峰村妇女李阿尾以及青石影雕师刘碧兰。前者在1984年创办了惠安第一家家庭石雕厂——振兴石雕厂,"专门生产供外贸出口的艺术石雕……产品远销日本、美国、法国及东南亚各国"。后者的美术影雕

---

① 刘佳景:《惠安巾帼》,载《中国妇女》,1993年第3期。
② 黄维中:《今日"惠安女"》,载《人民日报》,1989年1月22日。

惠安女：一个特殊女性群体社会形象变迁中的国家与乡村（20 世纪 30—90 年代）

多次参加海外展览，曾得到"不朽的艺术"的美誉。① 许多普通妇女则纷纷走入新开设的乡镇企业和商店，融入商品经济发展的潮流之中。据统计，20 世纪 80 年代，惠安县共有 1 万多妇女"外出参加建筑承包工程，足迹遍布全国 30 个省、市、自治区。全县乡镇企业 17.1 万从业人员中，八成以上为妇女；全县从事外向型经济生产的 12.9 万人中，妇女占 75.2%，达 9.7 万人"②。

经济方式的转变，不仅使惠安女的生计模式发生巨变，也使她们的物质生活得到较大提升。一些刚刚过上富足生活的惠安女，盖起了新楼，拥有了存款。③ 人们对于服饰美的追求也有更多的渠道。正如著名词作家张藜在《惠安女》歌词中所写："当年这里很贫瘠，有一条头巾也不易，如今你再看惠安女，惠安城的姑娘有福气。小街的头巾流成了河，一朵更比一朵密。"④ 不过，更为重要的是，经济的发展和生活的变迁，使惠安女"视野开阔，从封闭的历史走向开放"，走出悲观情绪。"众多惠安女认识了自我存在的价值，增强了与封建陋习抗争的能力，革除了轻生的陋习"，从而使得自杀及集体自杀之风有了走向消解的根本途径。正如一些惠安的地方干部所言："观念……起了变化，今天的惠安女想的是致富和贡献，谁还想什么轻生！"⑤

改革开放初期，对惠安女生活方式和思想观念起到深刻影响的，还有她们的文化水平的不断提升。高文盲率一向是中国女界的一大弊病，惠安女界也是如此。新中国成立后，虽然基础教育大规模发展，同时开展了多次扫盲运动，惠安的女性文盲人口数量仍居高不下。1990 年的人口普查数据显示，惠安县 15 岁以上的女性人口总数为 364255 人，其中文盲、半文盲人口为 173518 人，占这一年龄段女性人口总数的 47.64%。相

---

① 黄维中：《今日"惠安女"》，载《人民日报》，1989 年 1 月 22 日。
② 石玉生、巫奕龙：《今日惠安女》，载《瞭望周刊》，1990 年第 11 期。
③ 罗同松：《惠安女的脚步》，载《人民日报》，1990 年 9 月 2 日。
④ 张藜：《那些词儿：张藜歌词创作集》，中国民主法制出版社 2009 年版，第 492 页。
⑤ 罗同松：《惠安女的脚步》，载《人民日报》，1990 年 9 月 2 日。

第四章 文艺热与改革开放初期惠安女形象新变化

较之下,这一年龄段男性文盲、半文盲人数为24921人,仅占这一年龄段男性人口总数的8.03%。① 这一严峻的形势不得不促使惠安地方政府高度重视。改革开放以后,惠安地方政府不断通过各种举措发展妇女教育,尤其是保障学龄女童接受基础教育。如从1983年起,惠安县开始"狠抓小学入学率、巩固率、毕业率、普及率……全面实行普及初等义务教育"。② 据《泉州市教育事业统计资料》显示,自1978年起,惠安学龄女童入学率逐渐升高。1978年学龄女童入学率为77.64%,1983年为82.28%,1988年为95.52%,1993年为99.24%。③ 与此同时,惠安初中女学龄儿童的入学率也在1978年17.32%的基础上不断提升。④ 此外,不少成年教育措施,如农民教育、业余教育、技术培训等,均用以辅助提升妇女的文化水平。由于在妇女扫盲上取得巨大成效,1991年,惠安县获得"全国巾帼扫盲奖"的称号。⑤

文化水平影响惠安女生活和思想甚大,从而也关系到她们能否获得逐渐化解不良风习、摆脱悲剧历史的根本之法。以惠安女自杀之风为例。1986年,《法律与生活》刊登引发轰动的《福建省惠安县妇女自杀现象严重》一文认为,教育落后乃惠安女自杀风行的主要原因之一。"教育落后,文化水平低,妇女接受科学知识和法律知识的机会很少",这促使她们常常选择以自杀为化解生活矛盾之法。⑥ 同年,惠安地方政府在剖析惠安女自杀之风时也指出,"文化水平低"使妇女"一时想不

---

① 参见《福建省1990年人口普查资料》,转引自李丽敏:《惠安女子教育的历史、现状与展望》,福建师范大学硕士学位论文,2003年,第31页。
② 惠安县教育局编:《惠安县教育志(1981—2010)》,方志出版社2011年版,第178页。
③ 参见《泉州市教育事业统计资料》,转引自李丽敏:《惠安女子教育的历史、现状与展望》,福建师范大学硕士学位论文,2003年,第14页。
④ 参见李丽敏:《惠安女子教育的历史、现状与展望》,福建师范大学硕士学位论文,2003年,第15页。
⑤ 惠安县教育局编:《惠安县教育志(1981—2010)》,方志出版社2011年版,第3页。
⑥ 资料原载中共惠安县办公室编:《惠安快讯》第12期(增刊),1986年6月4日,转引自张国琳编:《中国传奇惠安女》上册,海峡文艺出版社2015年版,第115页。

开往往走上轻生自杀的路"。① 就普遍的观点而言，提升文化水平对于化解妇女自杀之风的作用，可能在于使她们获得"科学""法律"等改变主体认知的"知识"，使她们减少迷信盲从，敢于并懂得维护自身权益。但还有一个常常被人忽略的原因，即由于接受教育特别是学校教育，惠安女的生活圈开始逸出既往的地域和社群范围。正如前文所言，基于血缘和地缘关系的姊妹社群，是惠安女自杀集体化的关键推力。同时，封闭的地缘和社群关系，也是一些惠安女性绝望情绪往往无法得到正向排解的原因。如1987年，有学者研究了惠安东部崇武镇大岞村两个姊妹社群，发现其中受教育程度较高的姊妹社群，成员的工作去向较为多元：有的担任村中的团支部书记，有的成为保健站人员，有的成为各地工厂的工人，有的成为个体户，当然也有的继续从事渔业和家务劳动。但另一个受教育程度较低的社群，成员则主要在家从事家务劳动。② 可见，教育正使新一代惠安女获得更广阔生活空间，这使得她们拥有更多的解决生活困难的办法，进而减少盲目自杀之现象，尤其是集体自杀之现象。③

小 结

改革开放初期，以文艺作品为代表的社会舆论，对惠安女社会形象的讨论形成了三种趋向：一是以欣赏传统乡土文化之眼光，发现和挖掘惠安女特殊服饰的美学意蕴，进而将惠安女塑造为中国传统劳动女性的象征。二是以更为多维的视角定位和理解惠安女的特殊风习和悲剧历

---

① 《惠安县童婚、早婚和轻生自杀情况的汇报》，载《惠安快讯》第15期（增刊），1986年7月3日，转引自张国琳编：《中国传奇惠安女》上册，海峡文艺出版社2015年版，第126页。
② 蔡永哲：《崇武大岞儿童成长教养中性别差异的探讨》，见乔健等主编：《惠东人研究》，福建教育出版社1992年版，第125—127页。
③ 改革开放以后，由于经济能力、教育水平、生活方式的变迁，中国社会的自杀率有所下降，这是当代学者已逐渐认可的一个观点。相关研究可参见张杰、景军等：《中国自杀率下降趋势的社会学分析》，载《中国社会科学》，2011年第5期。

史，将惠安女视为特殊性别文化的保有者和受害者。三是以改革开放历史发展视角观察惠安女的新变化，将惠安女塑造成时代潮流的衷实追随者。不难看出，一直以来被用以塑造惠安女社会形象的三个重元素：服饰、劳动、怪习，仍然继续被运用，只是有了新内容。

改革开放初期，惠安女社会形象的新变化，有其内在的动力之源：首先，由于社会形势的变化，传统性别文化纷纷回潮，泥沙俱下。那些造成惠安女悲剧的各种风习再次甚嚣尘上。由于社会对传统文化关注，故而惠安女的奇特服饰甚为人们所注意；也由于传统陋习的浸染，长住娘家、早婚童婚、自杀之风盛行，人们也再次对惠安女的悲剧充满批判和同情。其次，改革开放初期，国家政治力量的发展，也引致另一个结果，即商品经济浪潮的袭来和社会建设的进一步提升。在新的历史转折点上，惠安女也充分发挥其既有的劳动精神，形成创业之风，从而使得她们的社会形象有了新的发展。再次，改革开放之初，随着教育的恢复与发展，惠安女受教育程度逐渐提升，这也使她们获得了摆脱悲剧境遇的新途径。总之，外在的惠安女社会形象建构，其根源仍在于内在的国家政治与乡村基层社会关系之变动，尤其是国家力量发展引致的乡村性别体制之变动。

结　论

　　惠安女是中国特殊的女性群体，这一群体拥有许多特殊性别文化。新中国成立以后，惠安女的特殊性别文化多次发生剧烈变化。这些变化以地方性的角度，反映了近代以来中国妇女解放、两性平等的发展进程，也在一定的意义上揭示了国家与乡村社会的互动关系。本书对这些相关问题进行研究。

　　通过研究可以发现，一直为社会各界热衷讨论的惠安女形象，在不同历史时期有着不同主题。民国时期，受集体自杀风气的影响，惠安女特殊性别文化开始超越地域性而成为举国热议的女界话题。由于集体自杀、长住娘家等风俗的存在，人们将惠安女视为问题人群。新中国成立以后，集体自杀现象依然存在，但随着国家政治力量推动下的社会改革运动的开展和社会价值观念的重建，惠安女社会形象发生转变。一方面，由于与国家政治密切联系的"劳动"成为定义女性的新的文化框架，惠安女的劳动形象开始凸显出来；另一方面，也由于国家政治的需要，许多妇女加入民兵组织，"不爱红装爱武装"亦构成惠安女的新形象特征。新中国成立之初，惠安女社会形象的变化，实质上是其形象国家化、政治化深入发展的表现。不过，此时惠安女界并没有创造出足以作为其群体形象代表的象征符号，这使她们与中国其他地区的女性在社会形象上并无多大区别。全面建设社会主义时期，惠安女形象国家化程度进一步提升。这一时期，惠安女被塑造成中国劳动妇女之代表，是

"铁娘子"精神的典型体现者。在各种生产建设运动中,惠安女创造了各种各样的象征符号,尤以惠女水库最具代表。在惠女水库的建设过程中,各种仪式或类仪式的活动不断上演,它们展示了国家如何动员女性投身于社会经济建设的历史过程。同时,这些仪式或类仪式的活动也塑造了惠安女的外在和内在形象。外在形象:通过改革传统服饰,使惠安女的"劳动者"的象征获得物质载体,各种仪式和类仪式活动也使惠安女在行为上成为"铁娘子"的典范。内在形象:这种形象塑造方式,实践着国家的女性解放设想,即通过"劳动"过程中的生理突破,消除两性差异,实现两性平等。改革开放初期,随着政治形势的转变,惠安女社会形象再一次发生变化。这一群体的奇特服饰、传统风俗、地域风情备受文艺家钟爱,她们的悲剧历史也被以更多维的视角进行理解。在劳动问题上,虽然惠安女仍被塑造成"劳动妇女"的典范,但一方面"劳动"的乡土特色取代了政治尺度,自然、质朴的浪漫主义被强调;另一方面,她们的劳动精神在新的经济发展浪潮中的展现,也受到人们关注。

社会性别理论认为,"社会中的男人、女人不是与生俱来的,也不是由生理性别决定的,而是社会历史文化建构的结果"[1],文化是性别不平等的根源。这从惠安女集体自杀现象中得到印证。本书的研究认为,清末以来的惠安女集体自杀风潮,其根源在于当地的社会性别制度所依托的文化机制,它由本地的自然环境、生计模式、社会组织、婚姻方式、宗教意识、乡土舆论等构成。正因性别不平等的文化建构性,近代以来,中国妇女解放一直寻求向决定性别不平等的文化机制发起挑战。人们常常从批判传统社会性别文化入手,呼吁女性解放。

但要从文化上摧毁两性不平等的机制,注定是艰难而漫长的。特别是在中国乡村,传统文化根深蒂固,而现代文化又鞭长莫及。正如有学者在评价"辛亥革命"时指出:"(辛亥革命以后)农村地区,革命仅

---

[1] 杨凤:《当代中国女性发展研究》,人民出版社2007年版,第2页。

惠安女：一个特殊女性群体社会形象变迁中的国家与乡村（20世纪30—90年代）

意味着换了皇帝和服制，汉人又坐了龙庭；整合乡村社会的，依然是以家庭伦理为本位的旧有价值以及与此同构的规范、制度。集合着中国绝大部分人口的乡村，在社会结构与价值系统上，与共和改制及其蕴含的价值意向进入互不承认的紧张状态。"[①] 中国乡村与现代社会之间的疏离，到南京国民政府时期也未能得到很好的解决。彼时，作为负有社会管理职责的国民政府，对女性解放的介入，渐渐由低度、被迫的介入转为积极、适度的介入。从对惠安女集体自杀的防控情况来看，彼时的惠安地方政府无疑愿意采取适当的措施对这种现象进行遏制；同时，也希望通过如官方支持的妇女会的努力，积极宣传民族国家意识，将惠安女纳入国家可控制资源的框架中。但这种努力遭遇了困境，干预方法的不当、政治权威不足、文化解读的偏狭使国民政府的努力一无所获。因而，这一时期国家力量在与文化力量的较量中处于相对的下风。

国家与乡村社会力量的对比，在1949年以后发生巨大的转变。从20世纪50年代初起，国家通过各种方式，将新的机构、制度和价值观念传播渗透到社会各个层面之中。为了建立新的秩序，新兴的人民共和国十分重视对传统文化的吸收和改造，特别是倾力破除其中的糟粕，解除它们对人民群众思想和生活的束缚。在与传统不良文化的博弈中，国家力量逐渐占据主导地位，这使其能更强有力地开展妇女解放运动，指导女性日常生活、塑造女性形象。1949—1978年，惠安女的经历印证了这一变化过程。不过，从现实情形看，由于种种因素，国家力量也未能完全破除传统社会性别制度，释解其对民众的压迫之力。20世纪80年代以后的局面固不待言，在20世纪五六十年代亦是如此。新中国成立初期，虽然在国家的强有力支持下，地方政府在宣传贯彻《婚姻法》、治理集体自杀特殊风气、重建现代妇女组织、整合社会舆论资源服务于女性解放的宣传等方面取得不少成就，但许多民众乃至基层干部的思想

[①] 许纪霖、陈达凯：《中国现代化史（第一卷）（1840—1949）》，学林出版社2006年版，第254页。

并未得到彻底的更新。体制的前进与思想的落后还彰显出一定的矛盾。两性不平等，女性被传统性别文化拘束的现象尚有一定程度的遗存。到了20世纪五六十年代，"男女平等"理念在社会各个层面得到广泛的宣传。但对惠女水库建设过程的研究表明，"男性优势"的观念仍潜藏在人们的思想深处，成为人们的行为习惯。国家力量虽对传统的性别不平等现象和观念进行抑制，但仍无法完全将它们根除。因而，1978年以后，一旦整体形势出现变化，社会发展有了新的关注点，传统的思想观念、文化惯习又出现回潮景象。

因此，20世纪惠安女社会形象变迁虽乃地方性文化现象，反映的却是近代以来中国传统文化力量与国家力量的深度博弈，是以国家政治力量为主导的女性解放模式兴起、发展、高潮和转向的过程。可以肯定的是，在国家力量推动下中国社会性别制度已极大程度向现代化转变，但单纯依靠国家力量亦无法完全解决既有的问题。社会性别关系局面的最终改变，需要国家力量的引导和推动，但更需要的是社会文化本身的根本性变化，只有如此，中国的社会性别关系局面才能得到根本性改革，才能最终为"男女平等"找到更好的出路。

历史已然证明，改革开放特别是20世纪90年代以后，在中共的领导下，惠安县经济、社会现代化高速推进，其社会文化亦随之发生深刻变化，惠安的两性平等关系已出现根本性转型。受此影响，原本已处于强弩之末的惠安女特殊风气逐渐消散，惠安女进一步摆脱了其悲剧命运，走向新的生活世界。

附录 20 世纪 30 年代女性报刊对乡村妇女问题的诊断与求解
——以《女子月刊》为例

清季以降,随着工业化、城市化的推进,近代中国城乡二元化日趋明显。相较于都市的畸形繁荣,乡村日益显现出经济崩溃、社会疲病、民生凋敝的困局。尤其到 20 世纪二三十年代,由于城市现代化的持续深入,此种背离愈加明显。如何因应危机,重建乡村,中国各派知识分子、政治团体交相争鸣,竞相试验。在这股乡村建设热潮中,报刊一直充当各路言论的重要集散空间,成为时代脉搏的关键反映者。关于报刊与 20 世纪二三十年代乡村问题、乡村建设讨论的关系,学界已有一定研究①,但其中仍有值得探讨的余地。如从社会性别视角切入,对彼时报刊如何反映占乡村人口一半,且处于极端受压迫地位的乡村妇女,如何为解放这一群体开出良方的研究,尚付阙如。本文以著名的《女子月刊》(以下简称《女月》)为例,对这些问题进行一些梳理,以就教于专家学者。

---

① 本文原载《福建论坛》,2019 年第 3 期,收入本书时,略作修改。王先明的多篇文章考察了《东方杂志》《益世报》等报刊对乡村问题的关注,进而分析民国报刊媒介对乡村问题的聚焦与导向。王欣瑞也对《东方杂志》《独立评论》《大公报》中的乡村建设论文进行解读,从中剖析民国乡建的观察和讨论。

附录 20世纪30年代女性报刊对乡村妇女问题的诊断与求解

一、《女月》的乡村视角及其源起

《女月》是20世纪30年代的著名女性刊物，1933年3月创刊于上海，1937年7月全面抗战爆发后被迫终刊，凡5卷53期。刊物所有人为著名历史学家姚名达，姚名达之妻黄心勉，以及文化界名人陈爱（即莫耶）、封凤子（即封季壬）等先后担任过该刊主编。《女月》创刊后，一度成为引领妇女解放风潮的旗帜。曾参与办刊的鲍祝宣回忆道："抗日战争前，在上海出版的期刊中，专以女性为读者对象、态度较为严肃的只有三份，这就是商务印书馆出版的《妇女杂志》，生活书店出版的《妇女生活》和女子书店出版的《女子月刊》。"[1] 然则，创刊于1915年的《妇女杂志》已于1932年初被日军炸毁，抗战时期有较大影响力的《妇女生活》迟至1935年才创办。《女月》可谓及时填补了这种历史性空缺，这也是其发挥重要影响的独特机缘。实际上，姚名达等人正是鉴于《妇女杂志》被毁，"女子获得知识之不易，质疑问难之无所"，才决心创设该刊；而且刊物亦有"内容全仿"《妇女杂志》"而更扩充之"之初衷。[2] 由于此种承继，也因编者欲"替天下女子制造一座发表言论的播音机，建筑一所获得知识的材料库，开辟一个休息精神的大公园"[3]，《女月》遂形成"态度较为严肃"的办刊风格。不难发现，刊物内容选材广泛，但基本上围绕着妇女运动、女性生活、女性婚恋、女性职业、女性教育等重要议题，且多以专栏形式编辑。由于知识丰富、可读性强，该刊影响颇广，曾分售海内外40余城市[4]。

在《女月》探讨的诸多妇女问题中，乡村妇女问题乃焦点之一。该刊风行5年间，除文学作品外共刊载农村问题专论60余篇，涉及江、

---

[1] 鲍祝宣：《女子书店与女子月刊》，载《妇运史研究资料》，1984年第2期。
[2] 《女子月刊》，载《出版消息》，1933年第7期。
[3] 《发刊词》，载《女子月刊》，1933年第1期。
[4] 《女子月刊分销地》，载《女子月刊》，1933年第8期。

惠安女：一个特殊女性群体社会形象变迁中的国家与乡村（20世纪30—90年代）

浙、闽、粤等十数省的40余县乡村。从题材上看，这些文章大致可分两类：一是具体描述各地乡村妇女生活境况的文章，如《徐州农村妇女的悲楚生涯》（1936年第5期）等，主要载于刊物常设之"妇女生活"专栏。文章作者与所描述的乡村关系复杂：有生于斯、长于斯的当地人；有生于斯、未长于斯的离乡游子；也有来自外乡的定居者和来去匆匆的旅人。这使该刊的乡村妇女问题关注面十分广泛，但有时也不免流于印象，失之粗浅。二是妇运问题论文。其中一些文章，如《怎样才可以解放中国的农工妇女》（1933年第2期），在宏观分析中国妇运形势时，将乡村妇女作为重要考察对象，这令人更清楚地看到乡村妇女解放的必要性与重要性；另有一些文章专论乡村妇女解放策略，如《农村妇女教育的理论与实际》（1934年第7期）等，试图引导人们形成解决乡村妇女问题的思路、承担起乡村妇运的历史使命。此外，《女月》还有一些以乡村为背景的文学作品，如描述乡村妇女悲惨命运的小说《乞丐》（1933年第4期）、控诉乡村妇女低下地位的诗歌《村女愁》（1934年第6期）等，它们通过情与理的交织，为读者生动、深入地描绘出中国乡村妇女的悲剧处境，也部分提出了乡村妇女问题的症结所在。

毋庸讳言，《女月》并非首先关注乡村妇女问题的近代女性报刊，但从讨论的广度、频度和深度上看，却是近代中国发起这种讨论的最重要女性刊物。早在20世纪20年代初，老牌的《妇女杂志》已对一些乡村的妇女生活①、妇女教育②进行调查和论说。1928年，该刊又在第14卷第1期上开辟"生活号"，集中描述各地妇女的生活状态。但整体而言，《妇女杂志》对乡村妇女的关注较为零星，即便1928年的"生活号"也仅《察哈尔农村妇女状况及救济的方法》等少数文章专述乡村妇女问题。《女月》每期设置的"妇女生活"专栏，似有师学《妇女杂志》之意，但也在很大程度上扩充了乡村妇女的内容。这使其在该议题

---

① 参见纫茝：《风俗调查：我邑乡村的妇女生活》，载《妇女杂志》，1921年第9期。
② 参见《怎样救济失学的妇女？农村妇女教育的调查》，载《妇女杂志》，1922年第2期；《自由论坛：乡村中的妇女教育问题》，载《妇女杂志》，1924年第2期。

的讨论上极具代表性。值得注意的是，女性报刊之外，中华平民教育促进会之《农民》杂志也曾于20世纪20年代中期开设"乡村妇女界"专栏。不过，从内容上看，该刊更多致力于向乡村妇女传播各种新知，如"乡村妇女应注意家庭卫生""婴儿的保育法"等①，而非专注于乡村妇女本身的问题。并且该刊基本意识仍是"妇女的本分在整理家务"②，其对女性权利的认知与提倡远逊于《女月》。

20世纪30年代初，《女月》对乡村妇女问题的特别注重，与其所处的历史环境及刊物自身定位密切相关。

首先，"乡村危机"持续深入和社会的普遍关注，令《女月》的编者、作者无法回避这一议题。20世纪30年代初，全球性经济危机，"循环无已的天灾，连续不断的内战"进一步使中国乡村经济濒于"崩溃的绝途"③，"救济农村""乡村建设"愈发成为时代强音。受此触动，包括《大公报》《益世报》《东方杂志》《独立评论》等在内的许多报刊掀起讨论乡村问题的高潮。《女月》作为具有强烈社会服务意识的报刊显然不能自外于时潮。而在女性视野的导引下，尤能感受到"力壮筋健的男子，尚得不到出路，那素来薄弱的女子，当然也是过其悲悽惨苦的生活了"④，进而从女权视角提出和讨论相关议题。

其次，近代妇女解放运动对乡村妇女的忽视，是《女月》关注这一问题的关键推力。毫无疑问，自19世纪末至20世纪30年代，中国妇女解放运动在一些关键领域上已取得不凡功绩。但正如许多《女月》作者所言，"妇女解放的声浪，虽波动了全国……农村妇女，还是在黑暗地狱中"⑤，"她们的思想、生活，还和百年前一样。她们屈服于男子专制

---

① 参见《农民》杂志1927—1928年"乡村妇女界"专栏。
② 茹真：《家庭中的饮食》，载《农民》，1927年第3卷第18期。
③ 谭蕙青：《安徽内地妇女生活素描》，载《女子月刊》，1933年第4期。
④ 《中国妇女的出路》，载《女子月刊》，1934年第1期。
⑤ 新武：《云南妇女概观》，载《女子月刊》，1933年第10期。

淫威之下，以'定命'来解脱自身一切的困苦而不知自拔"①。乡村妇女之所以被忽略，主要"是从事运动者错认了方向，与不彻底之故，过去只做了上层的活动，却没有下层的实力"②，"女子的解放，并不是少数几个小资产阶级们的解放，它是整个女子们的解放"③。正是在这种整体解放思路下，《女月》不断呼唤有识之士"负起唤醒同性"④ 之责，采取行动帮助受尽压迫的乡村妇女。

再次，《女月》"眼光向下"的办刊风格是其关注乡村妇女的情感基础。《女月》虽由知识精英创设，对底层女性却十分关注，并试图为这些群体发声。据姚铭达之妻黄心勉回忆，早在1929年姚氏就有办"女子图书馆"、著"妇女中国史"，以便女子认识自身的宏愿。1932年1月28日，日军炸毁妇女杂志社及姚黄之家，毁家弃业之际他们眼见"闸北一带成千上万小脚妇人，携儿背物，两步三跌，啼声泪面"，而租界依然歌舞升平、醉生梦死，遂觉有必要"办一个女子月刊，从言论上唤醒同胞，从知识上开发同性"。⑤ 因此，与一般专注于介绍现代都市生活的女性杂志不同，《女月》彰显出严肃的批判和反思的风格，特别是"黄心勉主编时期……相当关注女性特别是底层女性的生存状态"⑥。乡村妇女作为底层女性重要组成，自然也成为《女月》讨论的重要对象。

二、《女月》视野中的乡村妇女问题

当代学者的研究表明，20世纪二三十年代，中国报刊的乡村问题讨论基本围绕着乡村危机的呈现、成因及对策展开。作为女性刊物，《女

---

① 《普及常识于农村妇女之方案》，载《女子月刊》，1934年第1期。
② 之新：《中国妇女的出路》，载《女子月刊》，1934年第3期。
③ 林灏：《中国妇女运动的回顾和展望》，载《女子月刊》，1933年第3期。
④ 《发刊词》，载《女子月刊》，1933年第1期。
⑤ 姚黄心勉：《一年来之女子书店》，载《女子月刊》，1933年第2期。
⑥ 李晓红：《女性的声音：民国时期上海知识女性与大众传媒》，学林出版社2008年版，第144页。

月》对乡村问题的诊断，则主要围绕近代女性解放运动相关议题，聚焦于乡村妇女的生活状态、社会地位、生产活动、教育程度、智识水平、婚姻形式、情感心理等层面。然而，也由于较为固定的认知模式，中国乡村妇女也被描绘成一个特征趋同化、形象刻板化的群体。

其一，生计极端艰辛。民生窘境乃20世纪二三十年代乡村危机基本面相，也是舆论关心和讨论乡村问题之重点。而在妇女群体上，生计问题更连结着著名的"生利、分利"说。从60余篇相关文章中可以看出，与男性相比，20世纪30年代乡村妇女因乡村危机不得不进城务工的仅是少数现象，大多数人仍然深锁于乡土社会之中。然而，经济窘境也使"男耕女织"的性别分工传统难以维持，妇女必须承担繁重的家庭和农业劳动。新武在《云南妇女概观》一文中写道，云南乡村妇女虽"多数都是裹缠小足"，仍须"帮助丈夫到田间工作"，同时还要从事纺织、手工等其他家庭劳动。① 不只在南方，北方村落中也是如此。王廷炯《河北井陉妇女一年中的生活》记述道，乡村妇女承担采桑养蚕、汲水灌田、割麦碾谷、锄田种锦等繁重的劳动任务。② 也正因此，林督在《梅县的妇女》一文中强烈表示："谁个也不能说我们梅县的妇女是寄生虫！那种勤劳的习惯，无论世界上哪国的女子，恐怕没有能够和她匹敌的！"③ 问题在于，乡村妇女虽"流自己的汗，吃自己的饭"④ 而非"分利"者，在经济破产大环境下，却也不能免于极贫困境。正如高玉芬所言，中国乡村女的总体生活状况是："居则土屋，茅瓦，食则粗米、淡菜，衣则不足以御寒，夏不足以避暑"。⑤ 也正因此，妇女们"大多面有饥色，瘦骨难看"⑥。而在一些地区，极度贫困助长人口买卖，妇女是最

---

① 新武：《云南妇女概观》，载《女子月刊》，1933年第10期。
② 参见王廷炯：《河北井陉妇女一年中的生活》，载《女子月刊》，1936年第5期。
③ 林督：《梅县的妇女》，载《女子月刊》，1934年第2期。
④ 辜铁泮：《福州的妇女》，载《女子月刊》，1934年第10期。
⑤ 高玉芬：《怎样才可以解放中国的农工妇女》，载《女子月刊》，1933年第2期。
⑥ 王季良：《四川的妇女》，载《女子月刊》，1933年第4期。

惠安女：一个特殊女性群体社会形象变迁中的国家与乡村（20世纪30—90年代）

大受害者。如安徽内地乡村妇女由于水灾毁去家业，"一家老小都出去实行风栖日露的逃荒生涯"，最后只得卖人度日。①

其二，地位极度卑贱。提升妇女社会地位是近代以来中国妇女解放运动的重要目标。但多数《女月》作者发觉，这在城市或稍有成绩，乡村依然如故，到处布满"鄙视妇女的观念，到处都藏伏有恐吓妇女的恶魔，社会简直没有妇女的立足余地"。正如郑超莲在《上林妇女的苦况》中所言，在乡村中"男子宿娼嫖妓是常事。而女子呢？走路都不敢抬头，不然就要引起人们的非议"②。乡村妇女地位卑贱尤以她们的家庭地位为甚。平夫在《乡间的媳妇生活》中愤慨地指出，乡村妇女"是家庭中的奴隶……是家庭中的最下等人"，她们"上畏公婆，下怕丈夫，就是小叔小姑，她们也都要怕着"。③ 这种卑贱的命运甚至在妊娠、分娩等危险期也没能改善。比如，新武描述云南乡村妇女时写道："妇女在妊娠期中，仍是不断地工作着，纵许在炎热的夏天，寒冷的冬天，也得跑出田野工作；至于一般医生于妊娠期中卫生上的要求，在她们是漠然的，倘有不测，亦不过付之于命运罢了。"正是因此，乡村妇女的自杀或被杀现象奇多，"因忍受不住这种苦痛……跳井、跳河、上吊、吃鸦片或被打死的，不计其数。"④

其三，择偶权严重缺失。20世纪30年代，"婚姻底基础是建筑在双方底感情上，这似乎从仅仅口号的时期，进展到大家公认为真理的时期"。⑤ 但当人们回望中国乡村时却猛然发现，所谓"'集团结婚''某某俩实行同居'……只有给都市人享受，摩登青年男女出头罢了"⑥。乡村妇女择偶权严重缺失，她们"绝对没有发言权的，如若她们对于婚姻

---

① 谭蕙青：《安徽内地妇女生活素描》，载《女子月刊》，1933第4期。
② 郑超莲：《上林妇女的苦况》，载《女子月刊》，1935年第10期。
③ 平夫：《乡间的媳妇生活》，载《女子月刊》，1935年第3期。
④ 新武：《云南妇女概观》，载《女子月刊》，1933年第10期。
⑤ 魂影：《江北妇女概况》，载《女子月刊》，1934年第3期。
⑥ 彭城骥：《客家妇女生活》，载《女子月刊》，1935年第12期。

参加意见,这女子便会被人认为不知羞耻,有败门风"。① 许多作者还指出,普通农家妇女盛行早婚或"指腹为婚"②,"如果女子到了十六七岁还没有订婚的话,那她们的父母就会恐慌了……只须对方的男子愿意要的话,稍出一些'礼银',就可猫猫虎虎地嫁出去了"③。由于经济贫困,中国乡村还广泛存在"童养媳""等郎妹"等婚姻陋习④。身陷这种困境的妇女过着悲惨的生活。如北虹的《义乌的婚嫁》写道:"中国的童养女,向来不当她是'人'看待的,她一上七八岁时,就要帮着做事,早晨天没发亮起身,一直到晚没有一刻儿休息,倘使一个不讨好,那不是脚踢,就是拳打。"⑤

值得注意的是,《女月》作者并不认为乡村妇女完全无表达情欲的途径。曼娜《农村妇女的贞操问题》一文不无夸张地写道:"农村妇女淫乱的程度,并不弱于都市妇女,所谓'台基''香巢''私奔''吃盐'和'打醋瓶'……等无不尽有。"作者分析指出,这些非正常的情欲表达主要有如下原因:其一是生活困难,出卖肉体;其二是环境影响,近墨者黑;其三是丈夫外出,不甘寂寞;其四是爱慕虚荣,巴结富贵;其五是崇尚迷信,谋求风水。⑥ 不过,无论正常与否,逸出传统性别文化轨范的情欲表达并不见容于乡村,常常招致十分严厉的惩罚,这更显标出乡村妇女择偶、婚恋权利的严重缺失。如广东客家人中一旦发现青年男女在山中互唱情歌,"捉住了,便要受严重的惩罚,即使没有捉住,男子会被族人唾骂,名誉扫地;女子也会给族人惩罚,轻则把她嫁掉,重则处死刑"。这是因为人们认为,"青年男女,互相恋爱,实行所谓新式的文明结合",是"有违祖宗遗下'男女授受不亲'的教

---

① 范振庭:《冀南妇女生活情形》,载《女子月刊》,1934年第12期。
② 翁玉华:《乡村妇女生活素描》,载《女子月刊》,1935年第2期。
③ 罗健达:《广西农家的妇女概况》,载《女子月刊》,1933年第4期。
④ 陈联寿:《贵县的婚姻风俗》,载《女子月刊》,1935年第5期。
⑤ 北虹:《义乌的婚嫁》,载《女子月刊》,1935年第12期。
⑥ 曼娜:《农村妇女的贞操问题》,载《女子月刊》,1937年第7期。

训"。①

其四，教育水平十分低弱。从清末至20世纪30年代，中国妇女教育突飞猛进，一些乡村中女子教育也有发展。如广西北流农村普遍设立"国民基础学校和妇女训练班"，且"每间国基校学生中，女生最少也占三分之一强"。②不过，就全国而言，广大乡村妇女仍处于无教育境地，很多乡村"学校固然也设得有，但女子却完全没有读书的"③。受过教育的乡村妇女也大多仅小学水平，受中学和大学教育的极其稀少。在《女月》作者看来，乡村妇女教育水平低下，有经济和思想两方面原因。一是经济上，受"农村经济破产的影响……女孩子当然更没有读书的希望了"④。二是思想上，一方面，"女子应守闺门的，那好出外抛头露脸去混着男子在一块"，"女子不在家学做工，将来到人家去，好得人家骂"⑤等祖训仍盘桓于乡人脑际；另一方面，许多人认为"女子总是管理家务的，要求高深的学问作什么用呢？出嫁后，是完全别人家的了，又何必多费金钱，以利别人呢"⑥。更引《女月》作者深思的是，即便受教育的妇女也存在动机不纯，有教育无觉悟的窘境。比如郑醒痴在《德安妇女素描》中抱怨道，部分乡村女性之所以获得受教育机会，乃因"有钱用到女儿读书的上面去，在一般平民的眼光里，是一件特殊光荣的事；同时将来论婚时，也容易为男方所仰攀，绝没有一个家长是为着他女儿的将来生存问题而把她们去受教育的"⑦。白锋《大埔的妇女》也批评，乡村中受过教育的妇女，"一般把读书认为资格、文凭，这金字招牌作为嫁时一件辉煌的嫁妆，新娘子表面的装饰"⑧，鲜少有人利用

---

① 林青天：《广东客族的妇女生活》，载《女子月刊》，1934年第2期。
② 璧玉：《广西北流农村妇女生活》，载《女子月刊》，1937年第3期。
③ 黄一帆：《昆明县妇女生活实况》，载《女子月刊》，1934年第7期。
④ 林督：《梅县的妇女》，载《女子月刊》，1934年第2期。
⑤ 郑超莲：《上林妇女的苦况》，载《女子月刊》，1935年第10期。
⑥ 翁玉华：《乡村妇女生活素描》，载《女子月刊》，1935年第2期。
⑦ 郑醒痴：《德安妇女素描》，载《女子月刊》，1934年第12期。
⑧ 白锋：《大埔的妇女》，载《女子月刊》，1937年第7期。

所学知识投入乡村妇女解放事业中。

其五,"迷信锢蔽"尤深。由于缺乏教育,无知无识,乡村妇女大多极端迷信,但凡求神问卜、念经冲煞、烧香许愿、生病求药、天旱迎神之事应有尽有。"在她们底意识中,唯一的办法,便是诉诸神鬼,安之命运,她们以为一切的祸福,都是操在神鬼、命运手里。"① 迷信之风不仅使乡村妇女浑浑噩噩,由于她们"甘愿受着痛苦的生活而不思改善"②,也在极大程度使得中国妇女解放事业备受阻碍。

三、教育乃唤醒乡村妇女之关键

《女月》自赋"唤醒同性"之责,自然十分关注乡村妇女解放之道。对于这一群体病态之施治,《女月》也曾刊出一些总体方案。如高玉芬在回答"怎样才可以解放中国的农工妇女"时提出四点举措:一应提倡妇女教育,二应加入政治工作,三应力谋经济独立,四应要求机会均等。③ 但大多数作者基于中国妇女运动总体进程认为:"妇女问题中的职业问题和教育问题是比较重要的,是在现时应急需想法救济的两点。"具体到乡村妇女,作者们论为,"职业问题,倒没有什么可以讨论……她们大多数都是在农作、家庭里过生活……可说都是生产的工作……她们最大……的缺憾,就是没有享受教育的机会"④。受教育程度的低下又可谓乡村妇女诸种病态的症结所在。正如黎娜在《靖江的乡村妇女》一文中所言:"乡村妇女所独有的优点,是刻苦耐劳,可是因为缺乏智识,少有经济独立的能力,所以依旧处于黑暗的环境中,屈服于旧礼教之下。"⑤ 由是,多数作者主张,寻求乡村妇女解放之道,关键在普及教

---

① 璧玉:《广西北流农村妇女生活》,载《女子月刊》,1937年第3期。
② 张桂芬:《徐州农村妇女的悲楚生涯》,载《女子月刊》,1936年第5期。
③ 高玉芬:《怎样才可以解放中国的农工妇女》,载《女子月刊》,1933年第2期。
④ 黄震瀛:《乡村中的妇女教育问题》,载《女子月刊》,1933年第10期。
⑤ 梨娜:《靖江的乡村妇女》,载《女子月刊》,1937年第5期。

惠安女：一个特殊女性群体社会形象变迁中的国家与乡村（20世纪30—90年代）

育，进行智识上的引导。

然而，无论在何种程度上，普及乡村妇女教育皆非乡村自身可能解决。其根本原因在于师资缺乏。乡村虽也有受教育之妇女，"她们毕业之后，多数回到乡土去作'贤母良妻'，只少数能找点事来做做，或找个小学职位"①。因此，《女月》作者率多认为，普及乡村妇女教育仍需依靠都市里的受教育女性。正如黄震瀛《乡村中的妇女教育问题》一文中所揭示的，普及乡村妇女教育的首要条件，"就是要已经觉悟而富有学识的女子，愿抛弃了都市生活，大踏步跑进……清淡的乡村教育界去，最好是就在乡村小学校里服务"。②王自珍也呼吁道，农村妇女亟待"智识阶级的姊妹""去灌溉她们的知识"，"负起领导农村妇女的责任"是都市知识女性"最重要而不可刻缓的工作"。③然而，一些《女月》作者也意识到，由于教育资源分布不均，"知识妇女"和"劳动女性"已形成相互区隔的两个集团。"在劳动妇女的眼光看来"，知识妇女已变成"压迫者"的一员。如何消除这种隔阂？她们指出，"最有效的方法，是知识妇女应该放弃其自己的优越地位，与乡村妇女一起行动……并须设法提高她们的知识，使她们明了自己的地位"，这样才能促使乡村妇女"加入妇运阵线"，达到妇女整体觉醒。④

需要注意的是，《女月》作者所提倡的乡村妇女教育，并非简单的"文字下乡"，而是要根据乡村社会的需求设立方案。比如黄震瀛提醒道，应注意传播性的知识、育儿法、男女关系、教学文字、常识时事、卫生医药，以妇女日常生活需求为施行教育之标准。⑤周佛林提出，应重视"心理""本能""环境"等要素。在此基础上，周氏列出七种普教方案："以戏剧代教育""编制时代歌谣散布农村""举行勤俭救国运

---

① 璎琪：《博白妇女界一瞥》，载《女子月刊》，1935年第10期。
② 黄震瀛：《乡村中的妇女教育问题》，载《女子月刊》，1933年第10期。
③ 王自珍：《负起领导农村妇女的责任来呀》，载《女子月刊》，1935年第11期。
④ 孙岚：《妇女的两个集团》，载《女子月刊》，1935年第11期。
⑤ 黄震瀛：《乡村中的妇女教育问题》，载《女子月刊》，1933年第10期。

动""举行人格救国运动""举行识字运动""设立农村妇女义务学校""提倡连环读书办法"。林祥英提出"农村教育"的"社会化、农业化"。"社会化的农村教育"包括改进家庭、改革风俗、增设通俗教育设备、农村妇女金融的救济等。"农业化的农村教育"指取材于农村，以农业为中心对乡村妇女的教育。①

可以发现，《女月》虽寻求以教育解放乡村妇女，却并不提倡以知识女性为乡村妇女的改进目标。这源于她们对中国妇女解放运动现状的反思与批评。作为自我的群体认同，《女月》作者总体上对知识女性表示赞赏。例如著名的妇运工作者吕云章归纳道，中国知识女性"衣服整洁，态度文雅，举止沉着……国家事，社会事，都具有十二分的热忱，大多数很明白人生的意义和公民责任"。但她同时也认为，中国知识女性也并非毫无值得反思之处，特别是在经济独立方面，与"勤俭持家"的乡村妇女相比，这派妇女"亦分利分子"，离"新中国所需的新妇女"尚有距离。② 20 世纪 30 年代，随着城市社会"摩登之风"糜烂，不少女学生也开始追求享乐，"务必修饰得花枝招展，跳舞厅，电影院，为每日必到处，学校仅做她们底交际招牌而已"。一些作者失望地指出，长此以往"可谓多一女子求学，社会多一游民"。③ 因而，知识女性并不是《女月》作者改造乡村妇女的理想目标。

《女月》的乡村妇女改造方向，与其办刊理念及作者们的妇女解放思路相契合，即强调女性的社会责任和国家意识。《女月》"发刊词"开宗明义提出："我们应该服务于社会，尽忠于国家。"④《女月》的女性解放目标显然袭用了 20 世纪初以来塑造女国民的妇女解放思维，但同时也受到"九一八"事变后人们国难体验的刺激。如一些作者便指出："为民族求生存，为国家争地位，这许多热心爱国的妇女，真是今日中

---

① 《普及常识于农村妇女之方案》，载《女子月刊》，1934 年第 1 期。
② 吕云章：《新中国需要哪种女子》，载《女子月刊》，1933 年第 1 期。
③ 王蕴蒨：《醒吧！女同学们》，载《女子月刊》，1933 年第 2 期。
④ 《发刊词》，载《女子月刊》，1933 年第 1 期。

国所最需要的啊!"①。作者们更是循此理念,提出中国"新妇女"的标准。如吕云章写道,"适合于新时代的中国所需的新需要的新妇女……最大原则",除"在家庭为良好的主妇"外,应"在社会为有用的分子……在国家为忠诚的国民"。②范琦认为,女性应向"为国家作有益的事业,为后起的女同胞作个模范""为自身谋自立""为国家尽我们一份国民的天职"③的方向努力。正是在这种意识下,《女月》作者为乡村妇女解放制定了标准。她们认为,中国乡村妇女解放应以"明了男女平等""实行经济独立""养成爱国观念""了解主妇的责任""认清对于子女的责任""确除迷信"等为目标,这包含了国家、社会、家庭、个人四个层次的要求。④

四、《女月》乡村叙事的他者之限

以《女月》为代表的 20 世纪 30 年代中国女性报刊对乡村妇女问题的研究和讨论,一定程度上影响了近代中国妇女解放进程。尽管早在 20 世纪 20 年代,报刊已对乡村妇女有所关注,但彼时这一群体总体上仍处于"没人理"⑤的状态。直至 20 世纪 30 年代初,随着各方呼吁和报刊媒体积极引导,乡村妇女问题才逐渐受到妇女运动者的关注。"晚清民国报刊数据库"相关数据可供侧面说明:以"乡村+妇女"及"农村+妇女"为关键词输入检索可得,1920—1929 年两项总文章数仅为 55 篇,1930—1939 年则为 237 篇。这表明乡村妇女问题社会关注度有较大提升。然则,报刊媒体虽在一定程度上反映社会现实,它们所建构的媒体世界与现实世界仍然有不小差距。以《女月》为代表的女性报刊,在

---

① 待名:《中国今日所需要的妇女》,载《女子月刊》,1933 年第 1 期。
② 吕云章:《新中国需要哪种女子》,载《女子月刊》,1933 年第 1 期。
③ 范琦:《今日妇女的醒悟与改革》,载《女子月刊》,1934 年第 3 期。
④ 《普及常识于农村妇女之方案》,载《女子月刊》,1934 年第 1 期。
⑤ 《短评:乡村妇女没人理》,载《农村月刊》,1930 年第 6 期。

附录　20世纪30年代女性报刊对乡村妇女问题的诊断与求解

反映和讨论乡村妇女问题时也存在诸多他者之限。

首先,问题诊断的偏差。毋庸置疑,《女月》对彼时乡村妇女问题的诊断,整体上是准确的。然而,一方面由于固化的女权主义视角,另一方面也由于许多作者停留于印象式描述,使该刊在某些具体问题的观察上与社会现实之间存在差距。如《女月》作者对乡村妇女早婚多有批判,但同时期的社会调查资料质疑道:"中国人结婚年龄过早,是为世人所指责,而为国人所认的。但中国乡村人口,究竟是否早婚,早婚究至若何程度,都需要精确的分析。"从法律角度看,中国乡村妇女早婚现象并非如想象之中的严重。民国《民法·亲属篇》规定,女子婚龄须满16岁。而李景汉20世纪30年代初在定县对766对夫妻进行调查发现,妇女初婚年龄以15—19岁占多数,占总人数的68.93%,15岁以下的仅占总人数的7.7%。① 金陵大学教授美国人卜克(J. L. Buck)1930年前后对七省2330农户的调查表明,女子平均初婚年龄为17.9岁。社会学家黄迪1938年在北平清河县的调查发现,女子平均初婚年龄为19.3岁。② 陈国樑、卢明等1936年在广东澄海县樟林地区的调查发现,16岁以下结婚女性仅为总人数的2.0%。③ 也有部分地区妇女平均初婚年龄在16岁以下,如山西太谷县东山底村女子平均初婚年龄仅为15.2岁,但这种情况并不多见。④ 因此,《女月》作者对于乡村妇女早婚及相关问题的诊断似过于简单。

其次,解放路径的理想化。《女月》所热衷的教育解放方案,有重要理论和现实价值,但却过于理想。这种解放方案也非《女月》首创,而是随着"教育救国"运动的兴起而充盈于20世纪二三十年代各种报

---

① 李景汉编著:《定县社会概况调查》,上海人民出版社2005年版,第156页。
② 武寿铭:《太谷县贯家堡村调查报告》,见李文海主编:《民国时期社会调查丛编(二编)·乡村社会卷》,福建教育出版社2009年版,第273、274页。
③ 陈国樑、卢明:《樟林社会概况调查》,见李文海主编:《民国时期社会调查丛编(二编)·乡村社会卷》,福建教育出版社2009年版,第1033页。
④ 武寿铭:《太谷县贯家堡村调查报告》,见李文海主编:《民国时期社会调查丛编(二编)·乡村社会卷》,福建教育出版社2009年版,第274页。

惠安女：一个特殊女性群体社会形象变迁中的国家与乡村（20世纪30—90年代）

刊媒介上。但正如当代学者所指出，乡建工作者对教育的功能存在"过分夸大"之嫌，忽视政治因素而单纯依靠各种教育，无法解决民国乡村问题。① 对于教育在妇女解放效用上的过分夸大，《女月》重要作者上官公仆也有警觉："即使我们认为给了中国妇女以相当的教育"，"胜于雄辩的事实，使我们不能不否认，单凭这样的手段，在现实的社会里，是无法达到我们所预期的妇女运动的终极目的"。上官氏敏锐地指出："妇运前途的真正阻力，是封建势力和封建意识的存在；同时，又资本主义经济的尖锐化的矛盾，给妇女加上了一个新的枷锁。"为了去除这双重枷锁，他呼吁妇运工作者发动政治改革运动，只有"发动一个广大的群众运动，去铲除那封建势力和意识，毁灭那资本主义的经济制度，那才是妇女运动的出路"。② 应当说，上官氏的认识切中了彼时中国妇运的根本之弊，但此种认识在《女月》中并不多见。

再次，主体经验的缺失。《女月》乡村妇女问题认知的种种偏失其源有自，即缺乏对乡村妇女主体经验的体察。尽管《女月》努力作女界"播音机"，其对乡村妇女的观察、构想与叙述多来自知识女性。即便有些作者身处农村，知识精英的他者叙事的特征也十分显著。由此，《女月》在对一些乡村具体问题的研读及论说时，不免沦于表面，其所提出的解放方案也过于理想。就前者而论，我们还可以从《女月》对福建惠安妇女集体自杀之风的反应看出。在《自杀同盟》一文中，作者痛斥集体自杀行为是"懦弱表现"，"假使不是丧心病狂，那也有一些神经错乱"。在作者看来，"这种惨剧的发生，是由不合理家庭，不合理礼教的驱迫，而不合理家庭和不合理礼教，乃是不合理社会下必然的产物"③。简单地以"懦弱""丧心病狂""神经错乱"界定女性自杀行为，显然并非深入了解妇女病痛的态度。实际上，现有研究发现，礼教压迫也仅是重要原因之一。就引起自杀的集体化而言，当地妇女间流行的"金兰

---

① 郑大华：《关于民国乡村建设运动的几个问题》，载《史学月刊》，2006年第2期。
② 上官公仆：《中国妇女运动的出路》，载《女子月刊》，1935年第3期。
③ 允：《自杀同盟》，载《女子月刊》，1935年第11期。

盟"结拜组织发挥着至关重要的作用,妇女们通过义结金兰将这种组织变成生活和情感倾诉的主要场域,正是这种组织为自杀的集体化提供了基础。① 由此可见,《女月》对于乡村妇女的认知,并不完全是作者们感知和体验乡村妇女生活的结果,有时也是简单依照妇女解放的既定概念对乡村妇女进行建构,而没有真正明达乡村妇女问题的症结所在。

综上所论,对于乡村问题的热议是20世纪30年代中国社会的重要现象,这一时势与知识界对近代以来妇女运动成效的反思与检讨,以及《女月》自身的办刊理念相交汇,形成了对乡村妇女的格外关注。人们试图通过在如同《女月》之类的报刊上替乡村妇女发声,揭露她们在日常生计、社会地位、婚恋权利、教育机会、信仰意识等方面的种种病状,提出以教育作为解决问题的关键方案。但由于种种狭限,这些认识和解决方案也存在诊断偏差、过于理想、主体经验缺失的问题。需要继续指出的是,《女月》折射出的这种媒体对乡村妇女问题的讨论模式虽是陈年旧事,然则"农业农村农民问题是关系国计民生的根本性问题",实现乡村振兴成为当前国家发展重要战略,如何认识和解决好包括妇女问题在内的各种乡村问题仍是时代焦点。在此背景下,研究历史上有关乡村问题的公共舆论,避免"疏离乡土"式的问题认知与对策提出,依然具有重要学术和现实意义。

---

① 参见杨齐福、汪炜伟:《民国时期惠安女集体自杀现象之探究》,载《福建论坛》(人文社科版),2009年第7期。

参考文献

一、报刊资料

《申报》《点石斋画报》《时事报馆戊申全年画报》《赏奇画报》《大公报》《东方杂志》《益世报》《每周评论》《时报》《农村月刊》《女子月刊》《中央时事周报》《社会评论》《现代》《正论旬刊》《政干通讯》《妇女共鸣》《群言》《自由新闻》《华报》《福建县政》《福建妇女》《新福建》《厦门晶报》《惠安旅厦学会月刊》《惠安旬刊》《惠师学生》《人民日报》《中国妇女报》《瞭望周刊》《福建日报》《福建画报》《晋江农民报》《闽中日报》《泉州报》《惠安报》《薯花》

二、史志和文史资料

［明］张岳：《惠安县志》，嘉靖九年蓝印本。

［明］叶春及：《惠安政书》，福建人民出版社1987年版。

［清］陈志仪修，胡定纂：《顺德县志》卷三，乾隆十五年刻本。

［清］黄德溥等修，褚景昕纂：《赣县志》，清同治十一年刻本。

［清］任果等修，檀萃等纂：《番禺县志》，海南出版社2001年版。

杜唐：《惠安乡土志》，惠安民众教育馆铅印本，1934年。

《民国新修丰顺县志》，汕头铸字局梅县分局，1943年。

《福建风物志》编写组：《福建风物志》，福建人民出版社1985年版。

《宿松县志》，江西人民出版社1990年版。

《道县志》，中国社会出版社1994年版。

惠安县水利电力局编：《惠安县水利电力志》，1992年。

庄笑娘主编：《惠安县妇联志》，惠安县妇女联合会，1993年

泉州市妇女组织志编辑室编：《泉州市妇女组织志》，1993年。

惠安县崇武镇地方志编撰委员会编：《崇武镇志》，1996年。

萧亭主编：《广东省志·风俗志》，广东人民出版社2002年版。

福建省地方志编纂委员会编：《福建省志·妇女运动志》，福建人民出版社2008年版。

惠安县教育局编：《惠安县教育志（1981—2010）》，方志出版社2011年版。

中国人民政治协商会议福建省泉州市委员会文化文史资料委员会编：《泉州文史资料》第6辑，1988年。

中国人民政治协商会议福建省泉州市委员会文化文史资料委员会编：《泉州文史资料》第4辑，1988年。

中国人民政治协商会议福建省惠安县委员会文史资料研究委员会编：《惠安文史资料》第4辑，1985年。

中国人民政治协商会议福建省惠安县委员会文史资料研究委员会编：《惠安文史资料》第8辑，1992年。

中国人民政治协商会议福建省惠安县委员会文史资料研究委员会编：《惠安文史资料》第16辑，2002年。

中国人民政治协商会议福建省惠安县委员会文史资料研究委员会编：《惠安文史资料》第17辑，2003年。

中国人民政治协商会议福建省惠安县委员会文史资料研究委员会编：《惠安文史资料》第20辑，2006年。

开平县政协文史组编:《开平文史资料》第 11 辑,1985 年。

中国人民政治协商会议江西省全南县委员会文史资料研究委员会编:《全南县文史资料》第 4 辑,1994 年。

三、档案资料

《关于惠安县检查贯彻婚姻法的情况报告》,福建省档案馆馆藏,1953 年,档号:0133 - 001 - 0078 - 0028。

《惠安县妇女自杀统计表》,惠安县档案馆馆藏,1950 年,档号:32 - 1.1 - 1 - 6。

《三区妇女工作报告》,惠安县档案馆馆藏,1950 年,档号:32 - 1.1 - 1 - 4。

《一九五二年上半年惠安县妇女自杀情况会报》,惠安县档案馆馆藏,1952 年,档号:32 - 1.1 - 2 - 3。

《惠安县挽救妇女自杀工作总结》,惠安县档案馆馆藏,1952 年,档号:32 - 1.1 - 2 - 13。

《惠安县贯彻婚姻法工作总结》,惠安县档案馆馆藏,1952 年,档号:32 - 1.1 - 2 - 12。

《福建省人民法院工作组惠安县十四区贯彻婚姻法工作组总结》,惠安县档案馆馆藏,1952 年,档号:32 - 1.1 - 2 - 14。

《惠安县解放以来妇女自杀的转变过程》,惠安县档案馆馆藏,1952 年,档号:32 - 1.1 - 2 - 1。

《惠安县 1953 年妇女自杀情况汇报》,惠安县档案馆馆藏,1953 年,档号:32 - 1.1 - 5 - 8。

《关于惠安县七个月来非正常死亡情况的报告》,惠安县档案馆馆藏,1953 年,档号:32 - 1.1 - 4 - 1。

《惠安县宣传贯彻婚姻法运动基本总结》,惠安县档案馆馆藏,1953 年,档号:32 - 1.1 - 5 - 5。

《惠安妇女自杀情况的报告》,惠安县档案馆馆藏,1953年,档号:32-1.1-5-7。

《惠安县第二、三、四三个区召开妇女代表会议的情况报告》,惠安县档案馆馆藏,1954年,档号:32-1.1-4-3。

《从二区松林乡调查有关婚姻演变的情况报告》,惠安县档案馆馆藏,1954年,档号:32-1.1-4-4。

《惠安县制止妇女自杀工作总结》,惠安县档案馆馆藏,1956年,档号:32-1.1-4-11。

《惠安县目前妇女自杀情况检查报告》,惠安县档案馆馆藏,1956年,32-1.1-4-10。

四、惠女水库纪念馆馆藏主要资料

《大会快报》,1960年3月30日。

《大会快报》,第2期,1960年3月31日。

《大会快报》,第4期,1960年3月31日。

《第五大队新春祝词》,1959年1月28日。

《防汛水利快报》,第19期,1959年10月20日。

《防汛水利快报》,第41期,1960年1月16日。

《防汛水利快报》,第42期,1960年1月20日。

《防汛水利快报》,第50期,1960年2月20日。

《副刊》,1959年1月23日。

《功臣统计表》,1960年3月10日。

《号外》,1959年11月30日。

《惠安水利》,第2期,1958年12月10日。

《惠安县各界人民慰问团慰问词》,1958年12月15日。

《惠安县各界人民慰问团慰问词》,1959年12月31日。

《惠女水库简报》,第136期,1960年3月19日。

《惠女水库简报》，第138期，1960年4月1日。

《惠女水库简报》，第140期，1960年4月10日。

《快记》，第25期，1959年2月15日。

《快记》，第37期，1959年11月29日。

《快记》，第38期，1959年11月29日。

《快记》，第39期，1959年11月29日。

《快记》，第40期，1959年11月30日。

《快记》，第41期，1959年11月29日。

《快记》，第42期，1959年11月30日。

《快记》，第43期，1959年11月30日。

《荣誉榜》，1960年2月7日。

《上游公社慰问电》，1959年4月10日。

《水利快报》，第45期，1958年9月10日。

《水利快报》，第47期，1958年9月28日。

《水利快报》，第48期，1958年10月2日。

《水利快报》，第52期，1958年10月25日。

《水利快报》，第53期，1958年10月30日。

《水利快报》，第54期，1958年11月4日。

《水利快报》，第60期，1958年12月22日。

《水利快报》，第61期，1959年1月10日。

《水利快报》，第62期，1959年1月20日。

《水利快报》，第64期，1959年2月5日。

《苏金伙日记》，由苏金伙本人提供。

《乌潭简记》，第25期，1958年10月22日。

《乌潭简记》，未知期数，1958年11月1日。

《乌潭简记》，第59期，1959年1月29日。

《依靠群众兴建乌潭四个月》，1958年11月8日。

《喜报》（未标明时间）

惠女水库诗歌，未分类，有两百多首。

五、其他资料

孙仲基：《惠安玉塘村人口之研究》，福建师范大学图书馆藏本，1933年。

《惠安县人口农业调查》，福建省政府秘书处统计室，1936年。

晋江专区文化局、晋江专区戏剧协会合编：《惠女新传》，1964年。

《惠女锁蛟龙——福建省革命曲艺观摩演出会节目选之三》，福建人民出版社1965年版。

章炳麟著，汤志钧编：《章太炎政论选集》上，中华书局1977年版。

梁绍壬：《两般秋雨庵随笔》，上海古籍出版社1982年版。

晋江地区妇运史资料编纂小组编：《妇女运动史资料汇编》，1985年。

惠安县文化馆编：《惠安民间故事》第二册，1986年。

陈瑞统：《今日惠安女 电视片脚本初稿》，泉州市对外文化交流协会，1987年。

泉州市妇女联合会、泉州市妇女运动历史资料编纂小组编：《妇女运动史资料·妇女组织史专辑》，1988年。

陆昭环：《双镯》，海峡文艺出版社1988年版。

林祁：《情结》，湖南文艺出版社1990年版。

李华章：《桃花鱼赋》，西南交通大学出版社1990年版。

赵银杏：《历代风俗诗选》，岳麓书社1990年版。

惠安县民间文学集成编委会编：《中国歌谣集成·福建卷·惠安分卷》，1993年。

闻毅：《太行情·烟霞梦》，天津人民出版社1994年版。

秦牧：《秦牧全集》，人民文学出版社1994年版。

中国第二历史档案馆、泉州市地方志编纂委员会、鲤城区地方志编纂委员会合编:《民国时期泉州地区档案资料选编》,1995年。

陆昭环:《文事风尘录》,天马出版有限公司1996年版。

陆昭环:《寻梦·红叶》,海峡文艺出版社1996年版。

孙怀伟编著:《玉塘孙氏官房家谱》,1999年。

雷梦水、潘超等主编:《中华竹枝词》,北京古籍出版社1997年版。

孙用奇、许九编著:《寡妇村》,九州图书出版社1998年版。

舒婷:《致橡树》,江苏文艺出版社2003年版。

汪呈辉:《汪呈辉回忆录》,2004年文本,由作者提供。

惠安县菱水库管理处编:《惠安县菱溪水库发展简史》,2004年。

林子雄点校:《清代广东笔记五种》,广东人民出版社2006年版。

毛敦礼:《毛敦礼戏曲集》,惠安科山书院丛书,2007年。

毛敦礼:《夕照放歌》,惠安科山书院丛书,2007年。

《万女锁蛟龙》,惠女水库管理局编印,2007年。

张藜:《那些词儿:张黎歌词创作集》,中国民主法制出版社2009年版。

梁启超:《饮冰室合集专集》第二册,中华书局2015年版。

六、著作

(一)国外著作

《马克思恩格斯选集》第4卷,人民出版社1972年版。

[美]韩丁:《翻身——中国一个村庄的革命纪实》,韩倞等译,北京出版社1980年版。

[美]麦克法夸尔、[美]费正清:《剑桥中华人民共和国史(1949—1965)》,王建朗等译,上海人民出版社1984年版。

[加]布施丰正:《自杀与文化》,马利联译,文化艺术出版社1992

年版。

［美］克利福德·格尔兹：《尼加拉：十九世纪巴厘剧场国家》，赵丙祥译，上海人民出版社1999年版。

［日］小野和子：《中国女性史——1851—1958年》，高大伦、范勇编译，四川大学出版社1987年版。

［法］埃米尔·迪尔凯姆：《自杀论社会学研究》，冯韵文译，商务印书馆1996年版。

［法］彼得·伯克：《制作路易十四》，麦田出版社1997年版。

［法］西蒙娜·德·波伏娃：《第二性》，陶铁柱译，中国书籍出版社1998年版。

［美］柯文：《历史三调：作为事件、经历和神话的义和团》，杜继东译，江苏人民出版社2000年版。

［美］贺萧：《危险的愉悦——20世纪上海的娼妓问题与现代性》，韩敏中、盛宁译，江苏人民出版社2003年版。

［瑞典］戴纽特·沃瑟漫：《自杀：一种不必要的死亡》，李鸣等译，中国轻工业出版社2003年版。

［加］朱爱岚：《中国北方村落的社会性别与权力》，胡宝坤译，江苏人民出版社2004年版。

［加］宝森：《中国妇女与农村发展：云南禄村的六十年的变迁》，胡宝坤译，江苏人民出版社2005年版。

［美］罗丽莎：《另类的现代性——改革开放时代中国性别化的渴望》，黄新译，江苏人民出版社2006年版。

［美］苏珊·布朗米勒：《女性特质》，徐飚、朱萍译，江苏人民出版社2006年版。

［美］阎云翔：《私人生活的变革：一个中国村庄里的爱情、家庭与亲密关系（1949—1999）》，龚晓夏译，上海书店出版社2006年版。

［美］维克多·特纳：《仪式过程：结构与反结构》，黄剑波、柳博赟译，中国人民大学出版社2006年版。

［法］彼得·伯克：《图像证史》，杨豫译，北京大学出版社 2008 年版。

［英］艾华：《中国的女性与性相：1949 年以来的性别话语》，施施译，江苏人民出版社 2008 年版。

［美］李丹：《理解农民中国：社会科学哲学的案例研究》，张天虹、张洪云、张胜波译，江苏人民出版社 2009 年版。

［美］李怀印：《乡村中国纪事——集体化和改革的微观历程》，法律出版社 2010 年版。

［美］吉尔伯特·罗兹曼主编：《中国的现代化》，国家社会科学基金"比较现代化"课题组译，江苏人民出版社 2010 年版。

［法］朱丽娅·克里斯蒂娃：《中国妇女》，赵靓译，同济大学出版社 2010 年版。

［美］贺萧：《记忆的性别：农村妇女和中国集体化历史》，张赟译，人民出版社 2017 年版。

（二）国内著作

《毛泽东文集》第六卷，人民出版社 1999 年版。

中共中央文献研究室：《关于建国以来党的若干历史问题的决议》（注释本），人民出版社 1983 年版。

罗琼：《妇女解放问题基本知识》，人民出版社 1985 年版。

陈国强：《强崇武研究》，中国社会科学出版社 1990 年版。

陈国强、石奕龙：《崇武大岞村调查》，福建教育出版社 1990 年版。

阴法鲁、许树安：《中国古代文化史》第 3 册，北京大学出版社 1991 年版。

计荣：《中国妇女运动史》，湖南出版社 1992 年版。

乔健、陈国强、周立方：《惠东人研究》，福建教育出版社 1992 年版。

薄一波：《若干重大决策与事件的回顾》（修订本），中共中央党校出版 1993 年版。

罗琼：《当代中国妇女》，当代中国出版社 1994 年版。

谢春涛：《大跃进的狂澜》，河南人民出版社 1994 年版。

马建钊等主编：《华南婚姻制度与妇女地位》，广西民族出版社 1994 年版。

闵家胤主编，中国伙伴关系研究小组著：《阳刚与阴柔的变奏：两性关系和社会模式》。中国社会科学出版社 1995 年版。

李小江、朱虹、董秀玉主编：《平等与发展》，生知·读书·新知三联书店 1997 年版。

晋夫：《文革前十年的中国》，中共党史出版社 1998 年版。

王政、杜芳琴：《社会性别研究选译》，生活·读书·新知三联书店 1998 年版。

费孝通：《乡土中国　生育制度》，北京大学出版社 1998 年版。

《新中国妇女参政的足迹》编写组编：《新中国妇女参政的足迹》，中共党史出版社 1998 年版。

陈国华：《惠安女的奥秘》，中国文联出版社 1999 年版。

李小江、朱虹、董秀玉主编：《主流与边缘》，生知·读书·新知三联书店 1999 年版。

侯杰：《中国民众意识》，山西教育出版社 1999 年版。

李小江、朱虹、董秀玉主编：《批判与重建》，生活·读书·新知三联书店 2000 年版。

郭于华：《仪式与社会变迁》，社会科学文献出版社 2000 年版。

庄孔韶：《银翅：中国的地方社会与文化变迁》，生活·读书·新知三联书店 2000 年版。

黄树民：《林村的故事：一九四九年后的中国农村变革》，生活·读书·新知三联书店 2002 年版。

侯杰：《世俗与神圣——中国民众宗教意识》，天津人民出版社 2001 年版。

翟书涛：《选择死亡》，北京出版社 2001 年版。

李小江等：《文化、教育与性别——本土经验与学科建设》，江苏人民出版社 2002 年版。

李小江等：《历史、史学与性别》，江苏人民出版社 2002 年版。

屠文淑：《社会心理学理论与应用》，人民出版社 2002 年版。

徐家良：《制度、影响力与博弈》，中国社会出版社 2003 年版。

李银河：《女性权力的崛起》，文化艺术出版社 2003 年版。

《惠安文化丛书》编委会编：《民俗风情》，福建人民出版社 2003 年版。

翟学伟：《中国社会中的日常权威：关系与权力的历史社会学研究》，社会科学文献出版社 2003 年版。

杨念群、黄兴涛、毛丹主编：《新史学：多学科对话的图景》（上下），中国人民大学出版社 2003 年版。

李小江：《主女人自己说话——文化寻踪》，生活·读书·新知三联书店 2003 年版。

安贞元：《人民公社化运动研究》，中央文献出版社 2003 年版。

夏晓虹：《晚清女性与近代中国》，北京大学出版社 2004 年版。

秦启文、周永康：《形象学导论》，社会科学文献出版社 2004 年版。

郑杭生：《社会学概论新修》，中国人民大学出版社 2004 年版。

苏红：《多重视角下的社会性别观》，上海大学出版社 2004 年版。

孙秋云：《文化人类学教程》，民族出版社 2004 年版。

杨祥银：《与历史对话——口述史学的理论与实践》，中国社会科学出版社 2004 年版。

朱炳祥：《社会人类学》，武汉大学出版社 2004 年版。

佟新：《社会性别研究导论：两性不平等的社会机制分析》，北京大学出版社 2005 年版。

周新国：《中国口述史的理论与实践》，中国社会科学出版社 2005 年版。

庄孔韶：《人类学通论》，山西教育出版社2005年版。

许纪霖、陈达凯：《中国现代化史（第一卷）(1840—1949)》，学林出版社2006年版。

陈益元：《建国初期农村基层政权建设研究：1949～1957——以湖南省醴陵县为个案》，上海社会科学出版社2006年版。

黄金麟：《历名、身体、国家——近代中国的身体形成（1895—1937）》，新星出版社2006年版。

侯杰：《〈大公报〉与近代中国社会》，南开大学出版社2006年版。

郑国明：《正在消逝的历史》，中央编译出版社2006年版。

庄孔韶：《人类学概论》，中国人民大学出版社2006年版。

彭兆荣：《人类学仪式的理论与实践》，民族出版社2007年版。

杨念群主编：《新史学（第一卷）：感觉·图像·叙事》，中华书局2007年版。

杨凤：《当代中国女性发展研究》，人民出版社2007年版。

当代上海研究所：《口述历史的理论与实务——来自海峡两岸的探讨》，上海人民出版社2007年版。

吴飞：《自杀作为中国问题》，生活·读书·新知三联书店2007版。

胡志毅：《国家的仪式：中国革命戏剧的文化透视》，广西师范大学出版社2008年版。

李强主编：《中国社会变迁30年（1978—2003）》，社会科学文献出版社2008年版。

黄兴涛：《"她"字的文化史：女性新代词的发明与认同研究》，福建教育出版社2009年版。

梁景和：《现代中国社会文化嬗变研究（1919—1949）——以婚姻家庭妇女性伦娱乐为中心》，社会科学文献出版社2009年版。

周长鲜：《妇女参政：新中国60年的制度（1949—2009）》，中国社会科学出版社2009年版。

梁景和：《中国社会文化史的理论与实践》，社会科学文献出版社

2010年版。

海青：《"自杀时代"的来临？——二十世纪早期中国知识群体的激烈行为和价值选择》，中国人民大学出版社2010年版。

邓小南、王政、游鉴明主编：《中国妇女史读本》，北京大学出版社2011年版。

杨齐福：《近代福建社会史论》，社会科学文献出版社2011年版。

刘筱红：《改革开放以来中国农村妇女角色与地位变迁研究——基于新制度主义视角的观察》，中国社会科学出版社2012年版。

李殿元编著：《天神地祇——道教诸神传说》，四川人民出版社2012年版。

顾秀莲主编：《20世纪中国妇女运动史》（上中下），中国妇女出版社2013年版。

罗荣渠：《现代化新论——中国的现代化之路》，华东师范大学出版社2013年版。

徐晓琴：《新中国成立以来农村妇女社会地位变迁——以忻州为例》，中国妇女出版社2014年版。

董怀良：《改革开放以来中国婚姻"私事化"研究（1978—2000）》，社会科学文献出版社2016年版。

耿化敏：《中国共产党妇女工作史（1949—1978）》，社会科学文献出版社2016年版。

黄巍：《自我与他我——中国的女性与形象（1966—1976）》，社会科学文献出版社2016年版。

刘彦文：《工地社会：引洮上山水利工程的革命、集体主义与现代化》，社会科学文献出版社2018年版。

王跃生：《社会变革与婚姻家庭变动：20世纪30—90年代的冀南农村》，生活·读书·新知三联书店2019年版。

七、论文

林惠祥：《论长住娘家风俗的起源及母系制到父系制的过渡》，载《厦门大学学报》，1962年第4期。

蒋炳钊：《惠安女是否是少数民族》，载《东南学术》，1988年第5期。

吴绵吉：《惠安妇女长住娘家习俗述议》，载《东南文化》，1988年第2期。

蒋炳钊：《惠安地区长住娘家婚俗的历史考察》，载《中国社会科学》，1989年第3期。

曾惜惜：《惠安崇武人体形态特征的初步研究》，载《厦门大学学报》，1989年第2期。

蓝达居：《历史学与人类学的对话：惠东人文研究》，载《厦门大学学报》，1995年第4期。

张宇莲：《新中国性别平等政策与妇女地位》，载《中华女子学院学报》，1996年第2期。

蓝达居：《历史传承与族群互动——福建惠东女现象试析》，载《广西民族学院学报》，1997年第2期。

郭志超：《田野调查与历史文献稽考：惠东文化之谜试解》，载《厦门大学学报》，1998年第3期。

黄嫣梨：《建国后妇女地位的提升》，载《清华大学学报》，1999年第3期。

庆格勒图：《建国初期绥远地区贯彻婚姻法运动》，载《内蒙古社会科学》，2000年第3期。

张进福、刘向敏：《刍议民俗风情的评价与引导——以福建惠安女民俗为例》，载《福建论坛》，2000年第12期。

张志永：《建国初期华北农村婚姻制度的改革》，载《当代中国史研究》，2002 年第 5 期。

郭于华：《心灵的集体化：陕北骥村农业合作化的女性记忆》，载《中国社会科学》，2003 年第 4 期。

李巧宁：《1950 年代中国对农村妇女的社会动员》，载《社会科学家》，2004 年第 6 期。

江沛：《天津娼业结构及其改造：1949—1957》，载《中国社会史评论》第 5 辑，商务印书馆 2004 年版。

高小贤：《"银花赛"：20 世纪 50 年代农村妇女与性别分工》，载《社会科学研究》，2005 年第 4 期。

肖爱树：《建国初期妇女因婚姻问题自杀和被杀现象研究》，载《齐鲁学刊》，2005 年第 2 期。

左际平：《20 世纪 50 年代的妇女解放和男女义务平等：中国城市夫妻的经历与感受》，载《社会》，2005 年第 1 期。

金一虹：《"铁姑娘"再思考：中国"文化大革命"期间的社会性别与劳动》，载《社会学研究》，2006 年第 1 期。

李巧宁：《新中国对新女性形象的塑造：1949—1965》，载《山西大学学报》，2006 年第 6 期。

王秀华：《惠安女服饰文化和婚俗文化探析》，载《经济与社会发展》，2008 年第 7 期。

汤水清：《20 世纪 50 年代初期中国乡村贯彻〈婚姻法〉过程中的死亡现象探析》，载《社会科学》，2010 年第 2 期。

刘维芳：《新中国妇女地位的历史巨变》，载《当代中国史研究》，2010 年第 5 期。

庄秋菊：《1950 年〈婚姻法〉的颁布与北京工人婚姻观念的变化》，载《党史研究与教学》，2013 年第 2 期。

史春风：《从服装变迁看新中国成立初期妇女与国家》，载《扬州大学学报》（人文社会科学版），2013 年第 4 期。

罗波：《清末民国时期留隍与惠安两地妇女集体自杀共性探析》，载

《广西师范大学学报》（哲学社会科学版），2014年第5期。

罗波：《20世纪前后粤东留隍地区妇女集体投江与侨乡社会》，载《八桂侨刊》，2014年第3期。

李洪河：《新中国成立初期的旧产婆改造》，载《中共党史研究》，2014年第6期。

宋少鹏：《革命史观的合理遗产——围绕中国妇女史研究的讨论》，载《文化纵横》，2015年第4期

刘长林、章磊：《上海因婚自杀报道与实施新〈婚姻法〉动员》，载《史学月刊》，2015年第8期。

王海洲：《新中国女性的国家认同建构（1949—1984）》，载《学海》，2016年第3期。

王瀛培：《团结与改造：从旧产婆到社会主义接生员——以上海为例的讨论》，载《妇女研究论丛》，2017年第4期。

张华：《"民主和睦"：1950年〈婚姻法〉的宣传实施与新家庭建构》，载《开放时代》，2018年第4期。

陈曦：《五四妇女史观能否解读赵五贞？——重读毛泽东对"赵五贞事件"的评论文章》，载《中华女子学院学报》，2018年第2期。

满永、孙静：《一九五三年上海市婚姻法运动月研究——以上海工业局档案为中心的考察》，载《党史研究与教学》，2019年第1期。

吴凤仪：《婚姻的再诠释：广东顺德自梳与不落家之女性》，香港中文大学硕士学位论文，1996年。

王文杰：《惠安妇女自杀死亡现状及其影响因素分析》，中国协和医科大学硕士论文，2002年。

李丽敏：《惠安女子教育的历史、现状与展望》，福建师范大学硕士论文，2003年。

李从娜：《1950年代湖北妇女健康事业探析》，华中师范大学硕士论文，2007年。

傅惠玲：《20世纪20—30年代的惠安地方军事化与乡村社会——以

民团活动为讨论中心》，厦门大学硕士论文，2008年。

侯艳兴：《性别、权力与社会转型：1927—1937年上海女性自杀问题研究》，复旦大学博士论文，2008年。

张和强：《工程惠安女：大跃进时期惠安女身体的规训与解放》，台湾大学硕士论文，2017年。

张海：《新中国成立初期湖南省宣传贯彻婚姻法运动研究》，中共中央党校博士论文，2017年。

白若楠：《新中国成立初期贯彻婚姻法运动研究——以陕西省为中心》，陕西师范大学博士论文，2018年。

后　记

　　本书源于我的硕士学位论文，尽管经历几番修改，其中仍有不少缺憾之处。在写作和修改这本小册子过程中，许多师友给予我大量帮助，如若没有他们，拙论也无法顺利付梓。

　　我十分感恩硕士阶段的诸位老师，尤其是我的导师杨齐福教授。杨老师学识渊博、思维活跃、治学严谨，对学生的指导一丝不苟。本书选题最初便是得益于入门后，杨老师让我在口述历史以及近现代中国社会史方面所进行的学术探索。此后，在本书资料收集、写作构思、观点提炼等过程中，杨老师也倾注了大量心血，部分内容更经过他字斟句酌、细细审定。遗憾的是，由于我学识有限，本书最终成稿并未能达到杨老师的期盼。

　　关于妇女性别史研究，我博士阶段的指导老师侯杰教授，也给予我极大教诲。在津门学习期间，侯老师事无巨细均开怀指点，他的许多洞见，常使我茅塞顿开。本书在修改过程中，侯老师也多次关怀，时常鼓励。对于本书未能及时吸收学界最新研究成果，侯老师亦大加鞭策。尽管闽都与津门相去十里，侯师的谆谆教诲、金针相度，仍时常令我感动。

　　我也十分怀念随同浙江大学阮云星教授学习的日子，感激阮师曾经带来的学术盛宴。本书中呈现出的一些人类学的影子，很大程度上受惠于阮师主持的人类学课堂。正是在阮师的课堂上，我获得了一些人类学的知识。阮师对本书的写作也颇为关怀，时常在一些具体问题上对我进行点拨，开拓了我的研究思路。

在本书写作、修改和出版过程中，中国海洋大学蔡勤禹老师，北京工商大学陈晋文老师，山西省社会科学院李卫民老师，河南大学张秀丽老师，福建省社会科学院张燕清老师，福建师范大学谢必震、陈永森、傅慧芳、吴宏洛、郑碧强、吴巍巍等老师以及马克思主义学院、社会历史学院的领导和同事们，给了我许多指导。泉州华侨历史博物馆傅惠玲女士、惠女水库的建设者们，以及惠女水库纪念馆、惠安县档案馆的工作人员为我提供了不少宝贵资料。我在硕博学习时期的同门、同学，特别是李从娜、董虹、李文健、徐文彬、侯亚伟、王玲等经常为我带来新的学术信息。正是由于这些师长、同事、友人的帮助，才有了我这点小小的成果。在此，谨致以最诚挚的谢意。

我还想特别感谢我的家人以及平日里与我朝夕相处、谈天论地、情同手足的几位好友，他们在生活中带给我温暖、给予我力量，使我能安心工作、投入研究。我也要用此书来纪念已故的舅父汪照元先生，当初若非舅父的提示与帮助，也许便无本书一些重要组成部分的讨论。而今斯人已逝，我唯有用此书寄托对他的思念。

汪炜伟
2021 年 4 月于福建师大